亚太经济一体化的新方向

主编 唐国强
[美]彼得·派特瑞

世界知识出版社

图书在版编目（CIP）数据

亚太经济一体化的新方向 / 唐国强，（美）派特瑞主编. —北京：世界知识出版社，2015.12
 ISBN 978-7-5012-5098-1

Ⅰ.①亚… Ⅱ.①唐… ②派… Ⅲ.①区域经济一体化—亚太地区—国际学术会议—文集 Ⅳ.①F114.46-53

中国版本图书馆CIP数据核字（2015）第289812号

书　　名	**亚太经济一体化的新方向** Yatai Jingji Yitihua De Xin Fangxiang
主　　编	唐国强　［美］彼得·派特瑞
责任编辑	余　岚　刘　喆
责任出版	王勇刚
责任校对	陈可望
出版发行	世界知识出版社
地址邮编	北京市东城区干面胡同51号（100010）
电　　话	010-65265923（发行）　010-85119023（邮购）
网　　址	www.ishizhi.cn
经　　销	新华书店
印　　刷	北京京科印刷有限公司
开本印张	720×1020毫米　1/16　14印张
字　　数	237千字
版次印次	2015年12月第一版　2015年12月第一次印刷
标准书号	ISBN 978-7-5012-5098-1
定　　价	35.00元

版权所有　侵权必究

缩 写 表

ACI	亚洲竞争力研究院
ADB	亚洲开发银行
AEC	东盟经济共同体
AIIB	亚洲基础设施投资银行
APEC	亚太经合组织
ASEAN	东南亚国家联盟（简称"东盟"）
BIT	双边投资协定
BOT	建设—运营—移交
CEPEA	东亚全面经济伙伴关系协定
CETA	加拿大—欧盟贸易协定
CGE	可计算一般均衡
CJK FTA	中日韩自贸区
CMIM	清迈倡议多边化
DSM	争端解决机制
EA	东亚
EAFTA	东亚自由贸易区
EG list	APEC 环境产品清单
EPA	经济伙伴关系协定
EU	欧盟
FDI	外商直接投资
FTA	自由贸易区
FTAAP	亚太自贸区
GATS	服务贸易总协定

GATT	关税与贸易总协定
GCC	海湾合作委员会
GDP	国内生产总值
G-20	二十国集团
GVC	全球价值链
IPR	知识产权
ISDS	投资商诉国家争端解决体制
ITA	信息技术协定
KORUSFTA	韩国—美国自由贸易协定
LDEs	最不发达/欠发达经济体
MAFF	农业、林业、渔业部
MDB	多边开发银行
MERCOSUR	南方共同市场
METI	经济贸易与产业部
MFN	最惠国
MNC	跨国公司
MTS	多边贸易体系
NAFTA	北美自由贸易区
NAMA	非农产品市场准入
NGO	非政府组织
OECD	经济合作与发展组织
PECC	太平洋经济合作理事会
P4	太平洋4国（智利、文莱、新西兰、新加坡）
RCEP	区域全面经济伙伴关系协定
REI	区域经济一体化
ROO	原产地规则
RTA	区域贸易协定
S&D	特殊与差别待遇
SME	中小企业
SOE	国有企业
SPS	卫生与生物卫生措施

TBT	贸易的技术壁垒
TPA	贸易促进授权
TPP	跨太平洋伙伴关系协定
TRQ	关税率配额
TRIPS	与贸易有关的知识产权协定
TTIP	跨大西洋贸易与投资伙伴关系协定
UNESCO	联合国教科文组织
USTR	美国贸易谈判代表
WTO	世界贸易组织

目录

CONTENTS

中文版序 　　　　　　　　　　　　　　　　　　　　　　唐国强 / 7
前　言 　　　　　　　　　　　　　　　　　　　　　　　唐国强 / 9

第一章　跨太平洋伙伴关系协定谈判

跨太平洋伙伴关系——下一步的展望 　　　　　黛博拉·凯·艾尔姆斯 / 2
日本的TPP之路 　　　　　　　　　　　　　　　　　　河合正弘 / 12
加拿大与TPP：短期战术与长期战略 　　　　　　　　休·斯蒂芬斯 / 28
智利与跨太平洋伙伴关系协定（TPP）：等待成果　罗德里戈·孔特雷拉斯 / 33
中国与TPP的距离有多远 　　　　　　　　　　　　　　张建平 / 42
TPP、中国与FTAAP：融合的案例

　　　　　　　　　　　　　彼得·派特瑞　迈克尔·布鲁默　翟凡 / 49

第二章　区域全面经济伙伴关系协定

区域全面经济伙伴关系协定：初步评估 　　　　加奈山·维格那拉加 / 60
关于东亚区域内的多轨合作伙伴关系 　　　　　吉斯曼·西曼庄塔 / 69

亚太区域经济一体化的阶段性设想——RCEP，TPP及FTAAP

浦田秀次郎 / 78

区域全面经济伙伴关系的中国视角　　　　　　　全　毅　沈铭辉 / 87

韩国当前自由贸易协定政策　　　　　　　　　　　　　郑仁教 / 98

澳日和澳韩自由贸易协定——给未来的启示　　克里斯多夫·芬德利 / 107

第三章　亚太经合组织

APEC2014：迎接新挑战　　　　　　　　　　　　　　　张蕴岭 / 116

亚太经济战略：促进增长，加强规则，巩固存在　　　马修·古德曼 / 121

当前亚洲和太平洋地区合作向何处去？　　　　　彼得·德雷斯代尔 / 131

将服务业置于APEC更加优先的位置　　　　　　　雪莉·史蒂芬森 / 141

联结APEC经济体的纽带：基础设施、治理和社会融入　陈企业　叶心仪 / 153

APEC在促进亚太区域经济一体化中的作用　　　　　　　刘晨阳 / 165

第四章　论合作框架的融合

TPP与RCEP：融合的前景　　　　　　　　　　罗伯特·斯克莱 / 172

亚太经济一体化：预测前行道路　　　　　　　　杰弗里·肖特 / 180

韩国的区域经济一体化战略　　　　　　　　　　　　金三洋 / 186

如何在当前区域贸易谈判中推动世界贸易组织多哈回合谈判？

威尼猜·差诚 / 195

亚太合作日程：从区域合作向全球领导角色转变　查尔斯·E.莫里森 / 205

中文版序

2014年夏，我会与美国太平洋经济合作全国委员会共同出版了《亚太经济一体化的新方向》一书的英文版。该书是国际上有关地区经济合作领域的资深专家的论文汇编，出版后引起良好反响。尽管亚太经济合作在过去一年多出现了新进展，但专家们对亚太经济一体化方向问题的思考仍有很高的参考价值。

为此，特将该书翻译成中文出版，以飨读者。

中国太平洋经济合作全国委员会会长
唐国强
2015年12月 于北京

前　言

中国太平洋经济合作全国委员会会长　唐国强

2014年是亚太经合组织（APEC）首次部长级会议召开25周年，也是茂物目标提出20周年。

2014年是继往开来的一年。回首亚太地区经济合作和一体化走过的25年，可大致分为三个阶段。

第一阶段始于1989年在澳大利亚堪培拉举行的APEC部长级会议。这成为亚太区域经济合作和一体化进程的官方起点。这一时期的高潮是APEC领导人宣布茂物目标，承诺发达经济体在2010年、发展中经济体在2020年实现贸易和投资自由化。然而，1997年的东亚金融危机以及部门先行自愿自由化（EVSL）项目的失败，使人们对亚太经济一体化和合作前景感到悲观。

第二阶段始于1997年，一直延续到2008年的全球经济危机。这一时期，东亚经济体，尤其是东北亚，在东盟（ASEAN）的带领下，形成了新一轮地区主义浪潮。美国在乔治·W.布什政府时期明确实施了竞争性自由化战略。域内的部分经济体，诸如韩国、新加坡和智利，成功与大型经济体缔结了多个双边自由贸易协定（FTA）。同时，一些较小的经济体组成了集团，例如跨太平洋战略经济伙伴协定（P4）。中国和日本就东亚地区主义未来发展方向提出了各自的建议，一个倾向于建立东亚自由贸易区（EAFTA）；而另一个主张东亚全面经济伙伴关系（CEPEA）。

第三阶段的特点是大型区域贸易协定。美国的乔治·W.布什政府和奥巴马政府先后在2008年和2009年宣布要加入跨太平洋伙伴关系协定（TPP），从而开启了区域经济合作和一体化进程的第三阶段。东亚提出全新的区域全面经济伙伴关系协定（RCEP），东盟在其中发挥核心作用。与此同时，太平洋地区的拉美成员开启了另一个具有良好前景的大型区域自贸协定（RTA）——太平洋联盟（Pacific Alliance，简称"PA"）。但是有些自相矛盾的是，这些大型的区域贸易协定，一方面反映了深化区域经济一体化的需要，另一方面却造成了碎片化局面。25年前APEC成立之初，在亚太地区只有3个合作论坛和3个FTA。现在，这一地区拥有25个合作机制和56个FTA。

回顾过去，自20世纪80年代以来，亚太区域经济合作和一体化得以深化，期间太平洋经济合作理事会（PECC）作为一个结合三方的非政府地区性组织一直推动这一进程。虽然APEC遇到挑战，但是它实施了强有力的经济增长战略，使亚太区域在全球经济中发挥了引擎的作用，并使APEC在全球经济版图中处于更为重要的位置。APEC致力于推动经济转型和改革，坚持茂物目标，探索重要愿景；APEC首倡建立亚太自由贸易区（FTAAP）的宏伟目标，极大地促进了亚太地区贸易和投资的自由化和便利化，推动了区域经济一体化；APEC推动发达成员和发展中成员群策群力，共同提升经济和技术合作，加强成员间的贸易和能力建设，始终坚持推动区域经济合作和一体化。

然而，如果区域经济合作要走得更远，APEC必须支持区域经济制度建设，推动相互竞争的机制之间以一种开放、包容、合作、共赢、透明和灵活的方式进行有效的互动，力争实现茂物目标，并开启有意义的后茂物目标议程。

如今，APEC应该成为重要思想的孵化器，并为实现FTAAP制定有意义且务实的路线图。过去8年间，APEC推动的FTAAP已经发展成为一个具有深远意义的愿景和有价值的目标。无数研究已经表明FTAAP将给亚太地区带来最大化的经济效益。

在实践中，APEC成员合作共建FTAAP具有坚实的基础。首先，域内发达经济体和发展中经济体均承诺要进行经济转型和改革。第二，APEC已经在宏观经济政策协调、贸易和投资自由化和便利化、互联互通、经济技术以及功能性合作上均取得了显著的进步。第三，双边和区域自由贸易协定已经开辟了新领域，制定了新标准，提供了新方法，这些可以成为长期目标设计的有利条件。最后，TPP和RCEP以及其他RTA可以成为新区域安排的有用参考。

因此，我们应采取行动将FTAAP的设想付诸实施，而不是再等待下一个8年，依然仅仅停留在概念讨论上。在共识的基础上，我们应该制订FTAAP的路线图，确立目标和原则，规划一个在10—15年内实现FTAAP的大致时间表。在路线图中，我们还需要在对既有成绩进行盘点的基础上，确定一系列可以采取的措施。为使路线图更加切实有效，我们还要在2014年取得一些成果，如可行性研究报告，并由今后APEC会议的主办方持续推进。

APEC应在促进TPP和RCEP之间的良性互动方面发挥建设性的作用。考虑到二者具有相互重叠的成员，TPP和RCEP实际上是相互补充的贸易安排。它们在实现更高层次和更大范围的经济一体化上具有共同的最终目标。它们虽然不可能完全融合，但可以很好地共存，以满足不同经济体多样化的需求。二者还有共同涉及的领域，在这些领域中，应尝试实现规则的协调一致。

在这方面，也许可以创设一个自贸区信息交换机制，以促进TPP和RCEP以及其他自贸安排之间的交流互动，以及相互之间的借鉴、促进、融合和补充。

无论未来如何发展，有一点是至关重要的，那就是明智的决策是需要智力支持的。PECC及其26个成员和准成员多年来致力于此。2013年，在温哥华举行的大会上，PECC重新承诺致力于开放的和一体化的地区愿景，此后中国太平洋经济合作全国委员会（CNCPEC）与美国太平洋经济合作理事会举行了双边会议。会上，查尔斯·莫里森博士赞同我提出的建议，PECC成员经济体应积极主动，再鼓干劲，提供智力贡献。我们一致同意采取共同行动，按照PECC的习惯方式推动区域经济合作。2014年中国是APEC会议的东道主，彼得·派特瑞教授在2013年7月发给我一份2014年联合行动计划，其中建议之一就是出版关于区域经济一体化的专著。

2013年11月14—15日，中国太平洋经济合作全国委员会主办了题为"亚太区域经济一体化：新发展和未来方向"的国际研讨会，取得圆满成功，这更坚定了我们共同出书的想法。随后，我会又在APEC非正式高官会之前举办了APEC研讨会，汇集了关于APEC未来发展的许多重要观点。有了这些新的思想，我们决定继续出版一本论文集，由派特瑞先生和我共同作为主编。查尔斯·莫里森博士领导的美国东西方中心为本书出版提供了资金支持。

本书的作者全部是上述两次研讨会的参与者。他们能够来参加会议已非常不易，而在百忙之中抽出时间，整理会议发言并写就这些文章更实属难得。彼得和我愿借此机会，向这些参与者作出的宝贵贡献致以诚挚的谢意。还需提及的是，本书中作者观点仅代表其个人，不能代表中国太平洋经济合作全国委员会、美国亚太理事会（USAPC）、东西方中心，或者PECC。

最后，我衷心地向为本书出版付出辛勤劳动的双方工作人员表示深深的感谢，尤其是彼得。除其个人学术贡献外，正是彼得在策划、有效协调合作以及审阅稿件方面所付出的努力才使本书得以最终呈现。

2014年6月于北京

（贺熙琳　译）

第一章

跨太平洋伙伴关系协定谈判

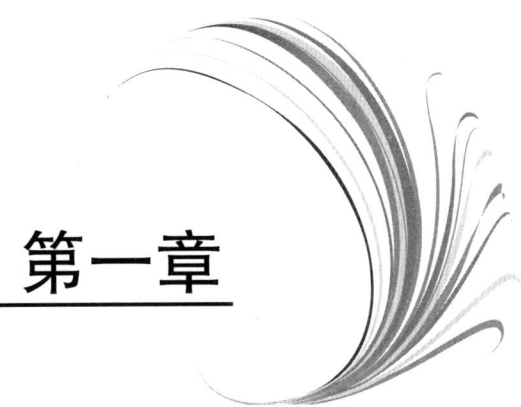

跨太平洋伙伴关系

——下一步的展望

新加坡亚洲贸易中心主任

黛博拉·凯·艾尔姆斯

最终博弈中的未尽事宜

经过四年多的磋商,澳大利亚、文莱、加拿大、智利、日本、马来西亚、墨西哥、新西兰、秘鲁、新加坡、美国和越南等12个参与成员的官员们对跨太平洋伙伴关系(TPP)正手忙脚乱地结束谈判。经过数十轮在不断扩大的成员之间的讨价还价,谈判者们已走到就未来TPP的深度、广度和雄心,最终做出政治决定的地步。

大多数难点本能够(也已经)在磋商的开始就预先估计到。本文不拟赘述具体的问题领域,如糖、乳制品、大米、知识产权或环境的章节(Elms 2013a, Schott et al.2013)等,而是将重点讨论谈判中一直存在的一些更具广泛影响的议题①。本文讨论的是谈判背景、"开放式协定"的概念、以及创建TPP秘书处的重要性。而且,本文还会探讨未来新成员的准入程序问题②。

---

① 为了展示在谈判中这个棘手的难点是多么深入和持久,利姆·埃尔姆斯和洛(2012)撰写的书更突出强调了在2013年10月时仍在争论的每一个问题领域,尽管作者团队已在2012年初完成了撰写。

② 见《跨太平洋伙伴关系协定:眺望下一步举措》的更新版本,亚洲开发银行研究院工作文件集,第443号,2013年12月。

这些影响更广泛的议题很可能对TPP未来成功与否至关重要。有关这些议题的很多想法，各方2010年3月在墨尔本开始谈判之际，就详细讨论过了。然而，当官员们开始认真处理技术问题时，大多数更深层次的问题就顾不上了。随着官员们跌跌绊绊地迈向终点，为协定中的这些具有深远意义的问题创造性地寻找解决方案就变得尤为迫切。

分组处理方式

贸易官员们所面临的最大挑战之一是使TPP达到从一开始就确立的"21世纪、高质量"目标的最高限，这促使他们尽可能周到地考虑他们行动的影响。TPP 12国一直以来都十分积极地参与自贸区协定（FTAs）的谈判，在很多谈判官员的眼里，TPP不过是另一个贸易协定罢了，尽管这个协定比很多其他的协定范围更广，谈判难度更大。

在墨尔本的第一轮磋商中，官员们想要创新思路，他们没有按照传统的章节，就商品、服务、投资知识产权等问题进行讨论，而是分成若干小组。这些小组需考虑涵盖多项议题领域的统领性主题。而且这些主题或许比过去自贸区的做法更好地顺应商业的"真实世界"。然而，当讨论开始涉及实质性领域时，分组处理的办法很快就难以为继了。官员们又返回到按传统章节讨论的老套路，分组处理的办法迅速被抛弃了。

唯一的例外是横向章节。在这里，TPP中几乎任何新的具有创造性的东西都经过反复讨论，其中包括扶助中小企业健全供应链、促进规制化（regulatory coherence），还有所有与发展和合作有关的内容。

然而，稍加思考就会发现，把所有这些不同领域的问题都放在一个篮子里，让小部分官员着手解决广泛的话题和关切，这一方法也将会问题重重。麻烦的是，以前的贸易协定都从未处理过这些问题，因为这些问题太棘手了。现在是棘手问题都被打包交由一个团队处理[①]。因此，横向章节的结果会让很多人失望，这一点并不令人惊讶。

---

① 当然，官员们会立即争辩说不论何时何地只要需要，他们就会有其他的人员，他们能够作为智力资源参与其中。但我认为，历史会告诉我们，大多数的团队是靠自己来处理横向章节中的大部分细节的。

扶助中小企业的努力旋即被分包给一个网站去处理①。很多供应链及商业互联互通的"精华"都被抽出去,放在了协定的其他部分。这对其他企业没有问题,但对供应链企业却是个例外。很多供应链企业尤其是在物流业中的企业数年来一直声称,供应链运营者面临的主要问题落在数个部委的中间地带,因此从未得到任何一个部委的妥善管理。TPP应当为一系列议题的集中讨论提供一个难得的良机,并使政府集中处理一系列错综复杂的关键的21世纪商业议题。如果把这些内容从其特定的章节中抽走,并将它们放回各个实质性章节里,如货物或服务,那么一些本应通过捆绑在一起才会得以释放的协同效应就会消失。

规制一致性议程可能是最令人沮丧的。每当TPP谈判国的官员们被问及协议中21世纪要素时,他们就提到规制一致性。其观点就是,如果可能,所有经济体将在食品、农业和其他领域尽量统一标准。如果做不到统一标准,他们将至少接受尽可能小的一小部分可兼容的多种标准。例如,如果经济体A准许对苹果采取某种类型的食品安全检测,那么,经济体B也将接受这个检测证明,即便他们的检测标准会有所不同。他们不会被迫将标准统一到同一水平(这被视作过于雄心勃勃),但是他们也会超越自贸区协议的典型形式,在多方参与的情况下尤其要这样。

2011年11月12日,在TPP领导人声明中特别强调了规制一致性,并指出成员应保证努力"提高监管实践,消除不必要的壁垒,减少在标准方面的地区差异,增强透明度,用一种使贸易更加便利的方式管理我们的监管程序,消除在测试和认证方面的冗杂,并增强在具体监管问题方面的合作"。

如此远大的志向导致了在落实方面的困难。让不同部委和机构的规则制定者们在围绕增强成员市场准入的议程上与贸易官员们合作尤其困难。最终,TPP关于规制一致性的内容将变为达成一致性的制度框架。它将包括信息查询点、信息获取程序和增强透明度等信息,而根本不会真正讨论标准问题。一些内容被纳入了卫生和植物检疫标准或者贸易技术壁垒等具体章节。但是总体上说,让规则制定者们就TPP进行合作的确是非常困难的②。比起开

---

① 并且我认为这甚至比听起来更糟糕,除非TPP创造出一个有意义的秘书处,否则像这种网站会很快倒闭,因为没有人负责维护。

② 如果"开放式协定"的理念形成,这可能不会是一个致命打击,因为规则制定者会定期讨论各种变化并且可能会向着和谐方向发展。

始时的信誓旦旦，最终结果远不够有雄心，也不够21世纪的水平。

开放式协定

然而并非一无所获。在初创TPP时的最好想法之一，就是把TPP创造成一个"开放式协定"。这一想法得到了官员们的普遍认同，因为他们看到世贸组织（WTO）的信息技术协定（ITA）存在的问题。在TPP谈判开始时，ITA又开始重新谈判。在ITA中，电子产品部门实现自由化，从而激发了巨大的增长，在亚洲效果尤为突出。但是官员们很快意识到磋商方式（正面清单）的一个严重缺陷，即要使某项技术自由化，只有将其包含在清单之中（c.f., Beltz1997, Lee-Makiyama2011, Lin2011）。这意味着，随着新技术的开发，它不会随着市场开放自动被包含在内。久而久之，在一个迅速更新换代的工业领域，ITA会因为其涵盖的产品越来越少而变得越来越无足轻重。比如，电唱机可能符合条件，但智能手机可能就不行。因此，让各经济体坐下来重启谈判也会极其困难和烦琐。

的确，FTA中通常有定期审议的条款。但是在实际操作中，这种审议经常未实施或者大部分是流于形式。即使当各经济体认真审查时，采用的修正条款通常包括文件法律语言的变化，使这一部分与另一部分相互一致或尽量使不同的FTA条款互相保持一致。但是，迄今为止，定期审议的做法还未用于FTA的重要重新谈判。

在其他的协定中，官员们并不会忘记这些问题。通常会采取两种不同的方法来避免在"现代"自贸区协定中出现不合时宜的保证。第一，官员们尽量在"负面清单"的基础上进行磋商。这一方式意味着，除非成员专门会面并宣布对开放部分的保留意见，否则，新的行业会自动向合作伙伴的偏好开放。TPP在投资和服务方面都会使用负面清单，部分是因为这将是一个不必对协定进行复杂修改而能够延续到未来的机制。它保证了新产业和新行业能够自动向投资或外部竞争开放。

其次，大多数的下一代FTA一开始就在协议中设立了复杂的委员会结构。参与方可同意创立一个能够每年或每两年召开的总体贸易委员会，又对该委员会辅之以货物、服务、投资、政府采购以及其他具体委员会。这些次级委员会或者说工作组也定期会晤，通常是每两年一次。

然而，虽然这些委员有定期开会的安排，但这些会议是否会持续且富有成果，这一点还有待观察。在最近达成的很多FAT中，由于协定刚刚完成尚未进行审议，因此，坦白地说，这些委员会设置有多大成效尚言之过早。如果协议有明显的缺陷，委员会将允许参与方改正问题。但是，不太可能为使协议能够更加行之有效而对协议进行修改或者改进。在大多数情况下，委员会会议将很可能是由低级别官员参加的简短会谈。

让我们回顾一下很多TPP成员国在签署多重自贸区协定方面的混乱情况吧。智利与60个经济体签署了协定。墨西哥在加入TPP前，与44个经济体签有12个自贸区协定。截止到2013年，新加坡签署了20个协定，另外还有5个协定在谈判之中。其中，很多协定伴有复杂的委员会管理机构。在大多数TPP经济体中，一些贸易部官员需将其整个职业生涯用于一个接一个的自贸区委员会审议工作。

正因为如此，TPP官员们在早期的会谈中建议采取稍许不同的路径。这个FTA将成为一个"开放式协定"。这意味着它不仅仅为每年的评议开放，还会进行定期的、持续的讨论，并不断进行修订。这样一来，TPP将会永不过时。

从制度的视角看，一个"开放式协定"的好处是TPP成员经济体将委托特定的个人来监督TPP承诺的落实情况。TPP将不会仅仅在每两年召开的委员上予以审议。

举例说，一个"开放式协定"会把TPP原文中有关规制一致性的限制性框架逐步变为更加具有实质性的东西[①]。TPP各经济体的规则制定者们能够参加会议，逐步习惯于彼此间协调规定，然后适应能够影响自身的变化。根据一个"开放式协定"，一些新元素，如次级联邦实体或州加入到政府采购承诺中，会变得相对简单些。在涉及具体的服务领域或次级领域中，一些保留意见，将随着时间的推进被移除，而不必需要就此进行整体的重新谈判。

在TPP谈判之初，已就"开放式协定"的想法进行过详细讨论。在之后的三年内的大部分会谈中，这一议题又被搁置了。这是因为官员们将注意力

---

① 除了欧盟，最接近于"开放式协定"这一理念的是"澳大利亚—新西兰更紧密的经济关系"（Leslie and Elijah 2012）。另一个潜在模式可能是亚太经合组织（APEC）自身。APEC成员做出的承诺随着时间不断发展。当然，不同之处就是APEC没有约束力。

转移到了关于具体章节的更实质性的会谈中。2014年当谈判进入尾声时，仍然不确定这个想法能否如愿以偿，还是说，将仅仅变成为通常FTA评议机制中的一个膨胀的或者增强的版本。

TPP秘书处

一个"开放式协定"如果想存续下来并且发挥作用，就需要有一个充满活力的秘书处致力于对TPP的监管。TPP的目的是未来持续的发展，至少在成员数量上是如此。如果"开放式协定"理念继续升势，该议题的领域和协定覆盖的范围也将日益扩大。

即使TPP一点也不扩大，它也包括将近30章节的内容和12个经济体成员。其中的很多规则超过了在WTO或者在其他FTA所允诺的内容。做出的承诺将在实施过程中的不同阶段引入，开始日期很有可能根据不同成员的情况有所不同。这也增加了管理协定的复杂性。

TPP将需要有敬业精神的工作人员从事监管工作，并且将工作开展到每一个经济体成员的商业领域中。否则，多年花费巨大、攻坚克难达成的条款有可能无法被充分利用。

例如，在协定中的很多承诺大大超出了在WTO中的义务。故此使用WTO的争端解决机制（DSM）无法解决TPP中的问题。和很多FTA一样，TPP具有自己的DSM。然而，与很多FTA不同的是，TPP的DSM旨在积极运用。争议案件的管理需要一个制度性的机制。如果TPP的DSM影响与日俱增，那么其案件量也会增长。甚至可以去想象这样一个场景：TPP发展成为了一个常设的争议解决系统（更加类似于WTO）。

撇开DSM不谈，这样一个复杂的协定不能如同其他很多双边FTA一样，仅仅是由负责亚洲事务的贸易官员来管理的。现有的区域性FTA目前没有涉及如此广泛的问题且不包括如此深入的境内承诺。这些FTA在不设秘书处的情况下工作，这不能成为未来TPP管理方式的令人信服的论据。其实很多参与TPP的官员对于协调工作的难度早已满腹牢骚了。

有些人曾建议把亚太经合组织（APEC）秘书处作为TPP的秘书处，毕竟

TPP是APEC通往亚太自由贸易区（FTAAP）的四种可能性之一①。目前，所有的TPP成员也是APEC成员。TPP的加入条款也给予APEC成员以特权②。先把TPP是否可能最终变为FTAAP这一问题放在一边，让我们看看APEC秘书处能否担当起TPP秘书处的双重责任吧。

至少有三条理由可以说明为什么利用APEC是有问题的：

第一，APEC对其目标的陈述是"作为理念的孵化器发挥作用"。如果把秘书处分成部分人员负责监管TPP，另一部分人员负责以约束力的方式孵化理念，那么APEC的作用将会消失。APEC已经有了一个非常复杂的结构，并且为数不多的秘书处成员，要以轮换举办地的方式召集有数千人参加的数百次会议。

第二，并不是所有的APEC成员同时也是TPP成员。APEC的非TPP成员极有可能非常反对把APEC的秘书处转变成TPP的秘书处。即使只有APEC秘书处的一部分人员忙于TPP事务，这也有稀释议程中非TPP部分内容的风险。

第三，两条通向FTAAP的可能路径目前正在发展：即TPP和区域全面经济伙伴关系协定（RCEP）。RCEP在亚洲有16个伙伴成员，或许在未来某时也需要一个秘书处，这取决于该协定能否发展成类似于TPP一样的谋求深度一体化的进程。但这意味着APEC秘书处实际上将分裂为三个不同的部分：即在APEC内的一个无约束力的理念中心、雄心高大的TPP以及雄心（稍许）不那么高大的RCEP。

从长期来看，有理由认为这些功能可能会在FTAAP下重新整合。与此同时，设立TPP秘书处的代价可能会十分高昂。然而，即使TPP最终演变成了FTAAP，这样的结果也将是十年（很可能二十年）之后的事情。在过渡时期里，商业能够从一个强大的、有效实施的、复杂的TPP协议的制度性结构中获得实质利益。

总之，运用APEC秘书处作为TPP的秘书处的想法并不高明。这两者可以进行协调，但是它们应当保持独立，这样才可为两大机构提供最优质的服务。TPP需要自己专门的秘书处，以管理这个复杂并具有约束力的协定。

---

① 其他路径现在被称作"区域全面经济伙伴关系协定（RCEP）"或者"东盟+6"，包括东盟10国加上中国、日本、韩国、印度、澳大利亚和新西兰；"东盟+3"；和"其他"。

② 相关条款来自最初的P4协定，其内容是，"该协定根据各参与方同意的条款向任何一个APEC经济体或其他国家开放（条款20.6）"。

TPP新成员的加入

除了围绕秘书处的制度性问题之外,另外一个更影响广泛的、长期性的且必须在TPP协议达成前解决的议题是新成员的加入问题。根据目前的"规则",新成员需首先向现有成员提出申请,才可以加入。每一个未来的成员必须参加一系列的双边会谈,以讨论其加入会对协议成员的整体关系带来的棘手麻烦。而这些问题需要在加入前得到解决或者在解决方案上取得进展,以避免对与其他方的谈判造成不利的干扰。最后,所有TPP成员必须集体批准新成员的加入。新成员必须等待最后的国内程序完成之后才能被允许看到谈判文本以及正式与其他成员坐下来谈判①。

当加拿大和墨西哥在2012年末加入的时候引入了一项非正式的条款。该条款阻止了新成员就任何已经被现有成员同意的已完结的章节或条款"重启谈判"。可讨论未决问题(即在方括号里的问题,也就是谈判者在文本中标明的不同意见),也可以提出新的问题,但是任何已达成的决定不得再议。

总体来看,这些有关新成员加入的程序表明,今后TPP的新成员将不可能参与TPP各项规则的谈判。新成员可以在货物、服务、投资、政府采购等方面的就自己市场准入承诺进行讨价还价,但他们在文件的其余部分将无可置喙。

对那些刚刚用了四年多时间就现有协定的每一个逗号、句子和段落进行了谈判的经济体而言,这种规定的意义重大。它们看不出有什么必要让新成员能够就刚刚敲定的文件的任何部分重启谈判。毕竟,很多人认为自2008年开始该协议就已经随时对新成员(尤其对APEC成员)开放,如果有哪个经济体想加入到谈判,他们完全可以举起双手,加入进来,就他们想讨论的重

---

① 实际上,这基本上意味着如果一个新成员未被纳入贸易促进授权(TPA)的适用范围,即未经美国国会批准,则必须等待美国贸易谈判代表办公室(USTR)通知国会开始谈判的意向。新成员此后需等待90天,期间美国内部要征求意见,然后其国内程序才得以结束。就现有的成员而言,马来西亚因为已经处于一个停滞了的双边会谈之中,因此"业已"获得了批准,并且几乎能够立即加入会谈。但是日本、墨西哥和加拿大不可以,它们必须在加入前等待90天。尽管TPA从技术上说已过期了,但情况依然。因为美国贸易谈判代表(USTA)是按照"仿佛"已经获得了TPA的情形进行TPP谈判的。关于现在被称为贸易促进授权(TPA)的细节,请参考Destler 2005,Fergusson et.al., 2013。

要问题进行谈判。

然而，灵活性的缺失与重要的政治现实发生了冲突。如果中国——当今世界上第二大经济体—加入的话，TPP将得到实质性增强。毕竟驱动这个庞大地区前进的最重要因素之一，就是有机会将全球价值链编织到一种无缝的贸易协定中去，这个协议中不仅仅是涉及关税减免，而且也包括实质的境内条款。因为很多潜在的第二批成员，如中国、韩国、中国香港和中国台北等均深度融入亚太地区的价值链中。它们如能加入TPP，将产生巨大的经济效益。（Wignaraja2013;Baldwin and Kawai 2013; Petri, Plummer and Zhai2012）

尤其对于中国来说，在根本没有机会就当前条款谈判的情况下加入现有TPP，这可能在国内层面带来政治困难。这意味着现有的TPP成员如果明智的话就要针对第一拨新加入者参加今后的谈判仔细考虑设立一个机制。在协定中写明每一个新加入者以后可就加入条款进行谈判，这一点肯定是难以接受的。因此需要对新申请加入国家所需的准入条款做出某种澄清。

一个建议是官员们现在创造性地推出一个条款，该条款对加入TPP的第一拨成员给予某种程度的灵活性。该条款不会整体重写协议，但允许一些轻微的修改，或者可能参与新规则或者新章节的编写。如果做得足够谨慎，它将满足新成员的要求，既能将他们的集体意见加入协议，也不会延长新谈判的时间。

这样的一个机制也将鼓励所有那些考虑加入协定以维护其利益的经济体加入TPP。这也更加有助于使所有潜在的新成员同时加入协定。一个替代的方案可能是持续并且定期增加新成员，但这将会问题不断。

协议中某些条款给予第一拨新申请者的特权对推动TPP的近期扩张有极大帮助。该条款不必对现在文本作整体修改，但能够表现出的灵活性可给新加入者以鼓励。否则，加入TPP变成了一个"要么接受，要么放弃"的命题，这样就会增加未来成员倾向于离开的风险。

转回到"开放式协定"

当然，协定的修订难以驾驭。这也对官员们提出一个最终的告诫。尽管有强烈的动机去创造一个"开放式协定"，以便使协定在向前发展时具有总体灵活性和进步性，但是至少还有一个挑战需要应对。对于那些需要经过批准程序才能通过TPP的经济体来说，文件中的一些改变也许存在无法超越的门槛，过此门槛将引发新一轮批准程序。换言之，需要解决的问题是，在无须引发成员国批准程序的前提下，在有关文本、规则、降税清单、承诺和新成员等方面的修订还有多大空间。在结束协定之前，这些条件应当被尽可能清晰地详细说明，以便使成员国知道未来从彼此身上期待什么。

结束语

结束TPP谈判的压力正在形成。达成协议也十分重要。12国将从这份协定中获得巨大的经济利益，但TPP并非仅仅是另一个FTA。它意味着就亚太地区各个经济体所关心的广泛经济议题制定贸易议程的机会。这意味着这个协定不应当仓促确立。更重要的是，它还意味着需要对具有更广泛影响的涉及TPP制度结构做出关键性决定。这些决定必须在TPP终止之前做出。决定涉及以下议题，比如把TPP创造为"开放式协定"、设立TPP秘书处，以及明确未来成员的加入条件等。做出这些抉择时需要小心翼翼，即使是当官员们为达成协议就剩下的最具敏感性的议题而奋力谈判时也应如此。这将十分艰难，但为保证TPP长期的成功，需要做出明智的决策。

（杨勇　译）

亚太经济一体化的新方向

日本的TPP之路

东京大学公共政策研究生院专案教授

河合正弘

前　言

尽管遭到国内农业游说集团的强烈反对，日本还是在2013年7月加入了跨太平洋伙伴关系（TPP）谈判。从那之后，日本一直就贸易和投资规则与其他成员经济体进行多边谈判，并就贸易自由化措施与其他成员，尤其是美国进行双边谈判。TPP有望成为一个全面的、高质量的21世纪自由贸易协议（FTA），其内容涵盖了21个领域，包括市场准入、原产地规则、服务、投资、知识产权、竞争政策、政府采购、环境、劳工，等等。这些的确都是支持亚太地区供应链发展所必需的21世纪议题。

TPP对日本来说很重要，可以帮助其在20年的经济低迷之后实现复苏，恢复持续增长。这也是"安倍经济学"增长战略的一部分。此外，寻求加入TPP，如同日本通过区域全面经济伙伴关系协定（RCEP）与东亚合作，以及通过日本—欧盟经济伙伴协议（EPA）与欧洲合作一样，符合日本的经济伙伴协议（EPA）政策。TPP和日本的各项经济伙伴关系协议的目的，都是深化日本与世界主要经济中心的联系，并以此为日本带来巨大的经济利益。

本文试图回答下面几个关键问题：从日本的角度来看，迄今TPP的进展如何？如果要成功达成TPP协议，日本面临的重要挑战是什么？TPP之后，下一步该做什么？

日本的经济挑战与贸易政策战略

日本政府将经济从20年低迷中的复苏视为至关重要的大事。没有增长，日本各种各样的重要问题就无法得到解决，如确保和扩大就业、在老龄化社会中维持可靠的社会保障体系，并将国债降低到可持续的水平等。

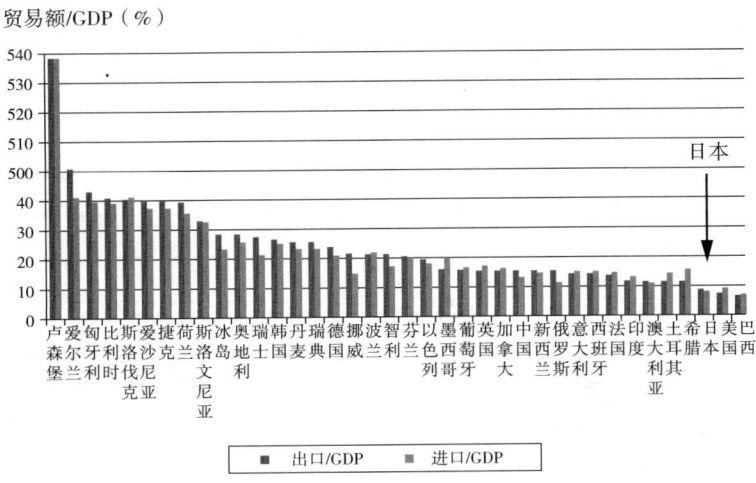

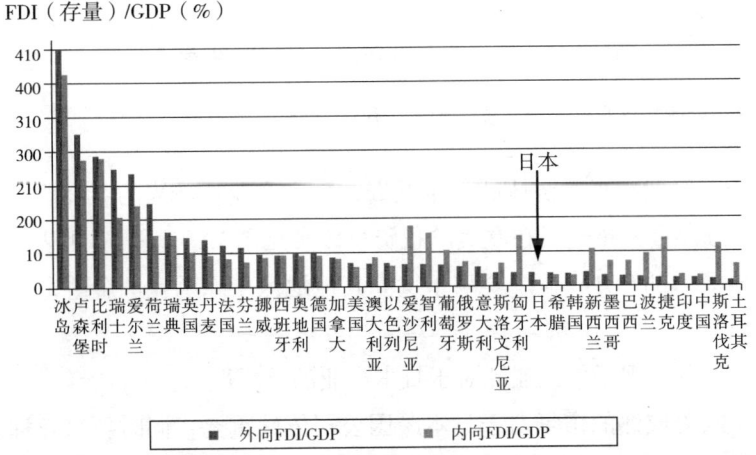

图1：日本的贸易和FDI的GDP占比的全球比较

来源：国际货币基金组织，国际金融统计；联合国贸发会议。

从国际比较的角度来看，日本经济在贸易和外国直接投资（FDI）方面都是相对封闭的。图1表明，日本的贸易（出口和进口）和FDI存量（内向和外向）在GDP中所占的比例都很低。这说明，日本还可以进一步开放经济，融入世界市场以强化其增长潜力。

日本的主要贸易和投资伙伴传统上都是美国和欧洲。但近年来，它与亚洲新兴经济体的贸易和FDI关系在不断深化。日本各大跨国公司最先在整个新兴亚洲中建立了广泛的生产网络和供应链，通过技术能力的提高帮助创立了"亚洲工厂"。图2表明，当人们日益担忧对中国的过度依赖并可能发生"中国风险"的时候，日本对中国的贸易依赖性已经迅速增加。

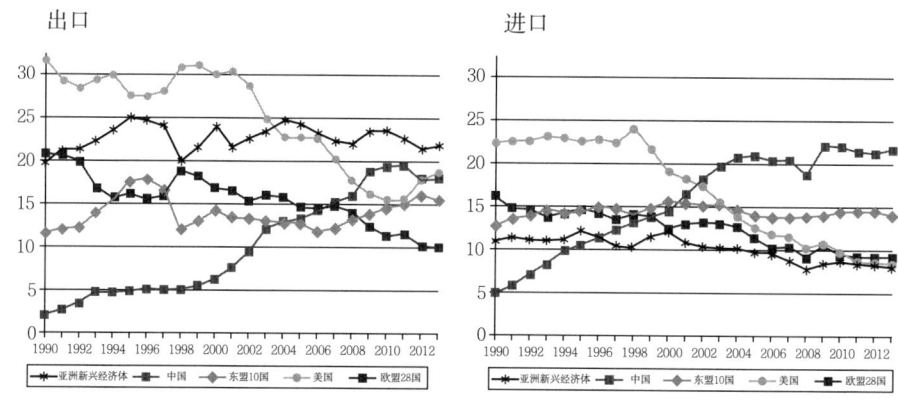

图2：日本与贸易伙伴贸易量的地理分布（%）

来源：国际货币基金组织，贸易方向统计。

由于在亚洲新兴经济体的大量投资，日本企业在新兴的亚洲已经积累了可观的FDI存量，超过了在欧美的投资量（参见图3A）。图3B则表明，在新兴亚洲核算后的FDI收益率要高于世界其他地区（除了亚洲金融危机后的那几年）。

图表充分体现了新兴亚洲对于日本产业的重要性。

鉴于欧美成熟的市场对于日本跨国公司依然重要，同时新兴亚洲在迅速增长，因此，日本将贸易和FDI的政策重点放在加强与欧美和新兴亚洲的经济联系上也就非常自然了。

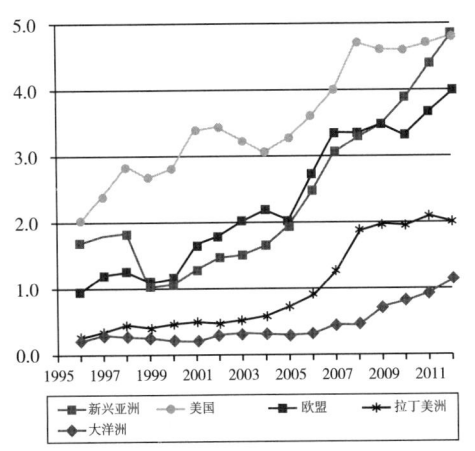
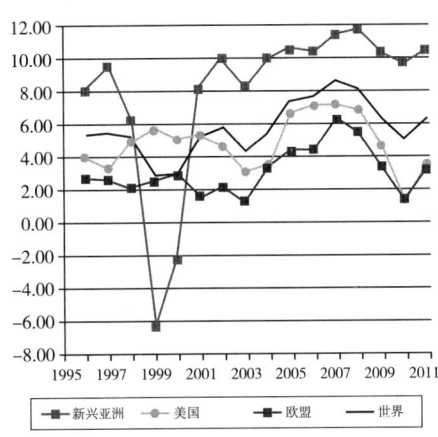

图3：日本FDI（存量）的GDP占比及核算收益率的全球比较

注：FDI的核算收益率是通过FDI存量与国际收支差额报告中的投资收益流量计算得出。

来源：日本银行。

日本的贸易战略

日本之前一直通过GATT/WTO多边机制推进贸易自由化的政策。但到了2000年前后，日本开始从唯WTO方式转向多轨方式，即同时推动WTO进程和EPA的政策。

迄今，日本已经实施的EPA有13个，对象包括一个地区（东盟）和12个经济体（7个东盟成员、墨西哥、智利、瑞士、印度和秘鲁）。刚刚与澳大利亚完成了EPA谈判，正在正式谈判中的有加拿大、哥伦比亚、欧盟、海湾合作委员会和蒙古以及"东盟+6"的RCEP、中日韩和TPP。

近来，日本的EPA发展道路受到了多个问题的困扰。其中一个是日本EPA伙伴的贸易覆盖率仅有19%，低于其他发达经济体（参见图4A）。这反映出一个事实：日本与其主要贸易伙伴，即美国、欧盟和中国之间都还没有达成EPA。近年，日本努力进行TPP、日欧EPA、中日韩FTA和RCEP的谈判，就是为了解决这个问题。毫无疑问，这些EPA为日本与美国和太平洋沿岸的拉美国家、欧盟以及中国进一步深化贸易联系提供了千载难逢的良机。

它们也有助于日本提高经济的开放度，实现更加多元的贸易和FDI关系。

另一个问题是日本的FTA/RTA自由化率也很低，只有84%—88%（参见图4B）。这与其大多数贸易伙伴的自由化率形成鲜明反差。比如，美国、欧盟、韩国、马来西亚和另外几个国家的自由化率已经高达95%以上。日本的低自由化率是由于对过多产品（主要是农业部门）进行保护造成的。

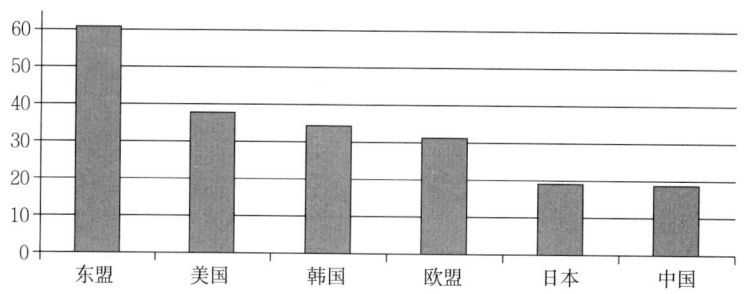

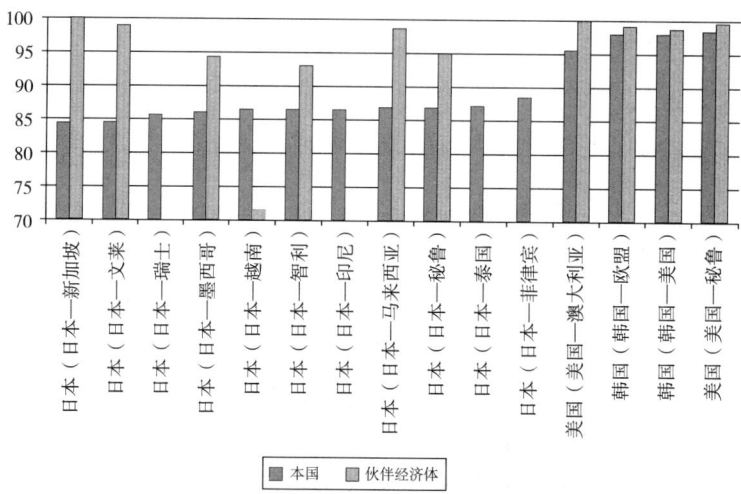

图4：日本EPA的特征：国际比较

注：FTA/EPA贸易覆盖率是与FTA/EPA伙伴经济体的贸易在本国贸易总额中所占比例。东盟数据包括东盟内部贸易，而欧盟数据则不包括欧盟内部贸易（如果包括的话，比例则为76%）。FTA/EPA自由化率是10年内实现零关税的关税细目在总细目中的比例。

来源：根据国际货币基金组织，贸易方向统计和日本内阁府数据计算得出。

阻碍日本关税减免的是对农业部门的政策考量，日本农业被认为缺乏国际竞争力，因此需要得到关税保护。日本面临的一个重要挑战就是如何增强农业部门的生产力和竞争力，这样才能经受来自扩大市场开放后的压力，逐渐消除关税。

TPP的要点

TPP常常被标榜为一个全面的、高质量的21世纪自由贸易协议（FTA）。这意味着它在原则上要消除所有的关税，并纳入大力支撑国际供应链的贸易和投资规则。如今12个APEC经济体正在进行TPP谈判，韩国、菲律宾和泰国有可能在近期加入。谈判涵盖了21个领域（分为29章），包括商品的市场准入（关税减免）、原产地规则、服务、投资，等等。①

TPP的突出特征之一是其谈判成员的多样性，包括发达和发展中经济体，以及农业进口和出口经济体。②尽管取得了一些进展，但让它们达成一个有意义的高质量协议仍是一项艰巨的任务。最具争议性的问题包括市场准入、知识产权（IPR）、竞争政策（尤其是国有企业改革）、政府采购、投资（尤其是投资者—国家争端解决（IDSD）机制）、环境和劳工。表1对上述问题及谈判成员间的不同意见进行了总结。

好几对成员正在TPP框架下进行市场准入的双边谈判。③其中要数美日之间的双边谈判最为激烈。日本一直雄心勃勃地要打开美国的制成品市场，尤其是汽车和家用电器，而同时却要守住自身的农产品市场。同样，越南也

---

① 关于TPP是否应该包括一个货币操纵条款，美国内部曾经进行过讨论。据说，在国际收支经常项目出现顺差而外汇的市场干预机制又阻碍货币升值时，就会出现货币操纵。

② 美欧FTA即跨大西洋贸易与投资伙伴关系协定（TTIP），所有的谈判成员都是发达经济体，相对而言属于同一类型。从这一意义上讲，由于WTO成员体的多样性，TPP应该能够成为未来多边贸易和投资自由化的模板。这正是未来WTO应该追求的模式，如果这个组织能够明显地重新激活并改型的话。

③ 这意味着任何一个国家与不同TPP伙伴达成的关税表都有所差别。美国、加拿大和墨西哥选择的方式是每个经济体针对不同的双边（谈判）伙伴可以采取不同的关税表，北美自贸区（NAFTA）基本上也是这一方式。另一方面，澳大利亚、新西兰和新加坡则认为所有TPP成员的双边之间都应采取相同的关税表。前一种方式可以在特定的双边伙伴间轻松地采取例外待遇，而后一种方式则要限制这种待遇。日本似乎倾向于在农产品上采用前者，而在制成品上采取后者。

雄心勃勃地想要打开美国的纺织品市场，而美国则处于守势。

表1：截至2014年6月TPP谈判中的争议性问题

领域	涉及最多的经济体	问题
市场准入	美国对日本	美国称日本的农产品关税应有实质性削减，日本则称美国应减免汽车关税。
知识产权	美国（日本）对马来西亚与越南	美国称药品的数据和（小说、电影、音乐等的）版权保护应该是长期的，马来西亚等则主张短期。
竞争政策	美国（澳大利亚、日本）对马来西亚、越南、文莱	美国称应取消对国有企业的倾斜政策（如补贴），为私企建立一个平等的竞争环境，马来西亚等则反对这一主张。
政府采购	新加坡（美国、日本）对马来西亚、越南、文莱	新加坡等主张政府采购应向外国企业开放，马来西亚等不愿开放。
投资	美国（日本）对澳大利亚（新西兰、马来西亚）	美国等主张引入投资者—国家争端解决机制，澳大利亚等则表示反对。
环境	美国（加拿大、日本）对越南、马来西亚	美国等主张提高企业活动的环境标准，越南等态度勉强。

来源：作者从多种渠道搜集整理。

贸易和投资规则的谈判则在所有经济体的参与下多边进行。在知识产权问题上，美国目前对新药数据的保护期原则上为5年（马来西亚、越南、澳大利亚和新西兰也是如此），但却坚持要将保护期延长到10年。在对小说、电影和娱乐产品的版权保护上，美国主张的保护期为70年（新加坡、澳大利亚、智利和秘鲁相同），而墨西哥为100年，其他经济体（日本、马来西亚、越南、新西兰、文莱和加拿大）则主张50年。

要确保国有企业占重要地位的经济体也有一个公平的市场竞争环境，是另一个争议很大的问题。马来西亚和越南强烈反对美国关于取消政府对国有企业优惠待遇的主张。马来西亚政府声称，这样的改革将迫使其重新考虑长期以来执行的促进本地马来人的政策，从而动摇社会基础。

政府采购也是一个敏感领域。在中央政府实现开放采购并在地方政府至少实现部分开放采购的经济体包括日本、美国、澳大利亚、加拿大和秘鲁。中央政府实现对外国企业开放采购的经济体则有墨西哥、智利、新西兰、新加坡和文莱。①对那些尚未开放任何采购的经济体，即马来西亚和越南，这个挑战是显著的。

在上述大多数领域中，发展中经济体成员可能需要一些有差别的处理方式。比如，（为了抵御传染性疾病）某些药品在发展中经济体的数据保护期应短于发达国家，因为前者需要低成本的非专利药品。发展中经济体需要足够长的时间来进行国有企业改革。值得注意的是，马来西亚和越南代表了许多发展中和新兴经济体的利益，而这个角色本来应该由中国扮演，如果它是TPP谈判成员的话。

不同TPP情境下的收益

派特瑞、普鲁默和翟凡的一项研究（2012），探讨了TPP和其他情境对

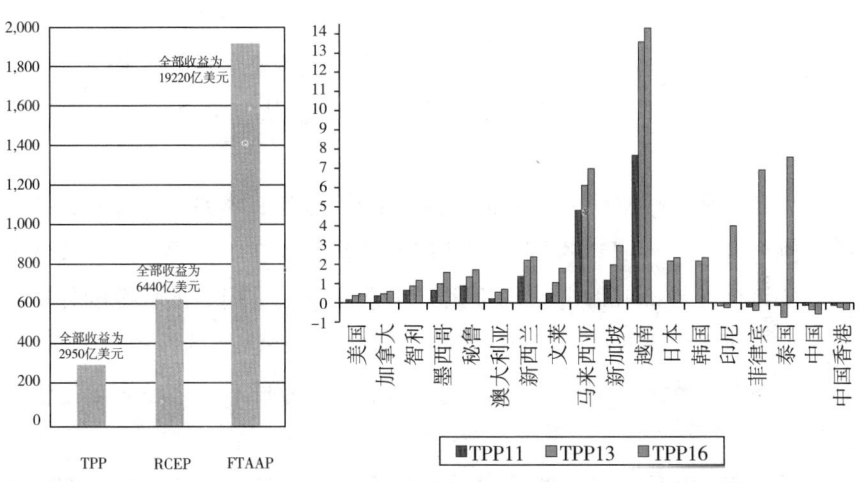

图5：不同情境下的收益情况

注：不同FTA情境在2025年与基线作比较后的百分比变化，（图五A中的TPP、RCEP和FTAAP；图5B中的TPP11国、TPP13国、TPP16国）对世界收益（图5A）以及对各个经济体的收益影响。TPP11不包括日本，TPP13包括韩国，TPP16进一步增加了印尼、菲律宾和泰国。

来源：派特瑞、普鲁默和翟凡论文（2012）。

---

① 日本、美国、加拿大和新加坡都是1994年4月WTO《政府采购协议》（GPA）的签字国，该协议共有15个签字方，亚洲签字的经济体还包括中国香港、中国台北和韩国。

TPP成员体和其他经济体收益的影响。图5A表明，从2025年收益与基线情境作比较后的百分比变化看，TPP对世界各国的收益有积极影响，但这一影响不如RCEP的那么大，更比亚太自贸区（FTAAP）要小得多。因此该研究表明，一旦TPP达成协议，APEC成员体们就应该将其与RCEP融合成FTAAP，因为从世界视角来看这能带来更高的收益。图5B表明，马来西亚和越南与发达经济体展开多项争议性谈判，却实实在在地会成为TPP的大赢家。该研究建议上述两国通过积极的国内改革来完成TPP谈判，因为只有国内改革才能使其在争议性的贸易和投资规则上达成协议。此外，该研究还表明，随着TPP成员的增加，各成员获得的收益也将增长。

TPP给日本带来的机遇和风险

在国内的一片争辩声中，日本于2013年7月加入了TPP谈判。产业界大力支持参与谈判，而农业游说集团则强烈反对。在安倍晋三首相2013年6月提出的增长战略中，一项核心内容就是TPP等经济伙伴关系。

日本的机遇

作为日本增长战略的一大关键支柱，TPP可以给日本带来三项直接受益。一是激励外国企业在日本投资；二是扩大日本厂商在美国等与日本尚无EPA安排的经济体的商品和服务市场准入；三是通过东道国更加平等的外资待遇和知识产权保护，增加日本跨国企业在TPP成员经济体的投资信心。此外，通过简化贸易手续和商业人士的流动，TPP还将为日本的中小企业提供更多的商机。

但是，TPP给日本带来的最大无形效益是：日本能够参与21世纪亚太地区贸易和投资规则的设计。由于TPP可能成为迈向FTAAP的一个步骤，TPP之下的各项规则就有可能构成未来亚太地区普遍规则的基础。

TPP还能给日本带来其他利益。它可以强化美日政治关系，实现日本贸易的多样化，以应对过度依赖中国的担忧以及感觉中的"中国风险"。TPP还能改变日企在美国市场上相对韩企的不利地位，因为后者享有特惠税率。TPP谈判还能使中国更加坚定地推进RCEP谈判，同时推动欧盟加速日欧经济伙伴协议的谈判。最后，TPP还能为彻底改革和强化日本农业提供机会。

关于韩国企业的优势地位，值得做进一步阐释。随着韩美自贸协议在

2012年1月生效，日本企业在美国市场上的竞争力已经不如韩国制造企业。由于2011年7月韩欧自贸协议的生效，韩国公司在美国与欧盟都享有特惠税率，而日本公司则没有。比如，日本汽车制造商面临着2.5%的乘用车税率和25%的卡车税率，而韩国厂商的税率为零。日本厂商的轴承税率是9%，聚乙烯和聚酯的税率是6.5%，彩电的税率为5%，而韩国厂商全都是零关税出口。TPP可以校正这一不平衡。

对于TPP的最初担忧

当日本政府决定参与TPP谈判时，公众就TPP可能带来的负面后果提出了各种各样的担忧。

首先，TPP要求立刻减免所有产品的关税，因此会让日本国内缺乏竞争力的产业（如农业）面临来自国外的激烈竞争，并导致这些产业的崩溃。如果日本的农业部门受到严重冲击，食品自给率就会进一步下降，粮食安全也会受到威胁。

其次，TPP会弱化日本的社会保障体系，尤其是全民医疗保险制度，因为它将允许私人企业进入医疗产业（如医院管理）。此外，对药品过多的知识产权保护将导致医药成本（如非专利药）的提高。批评者们认为，私营驱动的医疗卫生系统将导致贫富之间的巨大分化，降低对低收入人群的医疗服务质量。他们认为，这不符合全民医疗体系的理念。同时让问题更加复杂的是，来自国外的低水平的医疗人员将涌入日本，从而降低日本医疗服务的整体水准。

再次，由日本邮政保险有限公司（JPI）和各大信用合作机构提供的保险服务将无法再从政府获得优惠待遇，只能与私营企业同等待遇。原因在于JPI作为一个政府所有的保险服务供应商，本来享有许多法律、监管和其他政府特权。与外国保险服务供应商相比，保险合作机构也享有产业、税收和监管上的优势，这会扭曲与私有部门在市场上的竞争。① 人们担心的是，一旦这些保险供应商不再享受优惠待遇，并改造成私营实体后，那些小地方或偏远地区的人们将失去获得保险服务的机会。

最后，TPP将导致地方政府采购向外国企业开放，夺走国内企业手中的商机。它还会引发更多的外国投资者与国家间的法律纠纷，从而可能有损日

---

① 结果，美国希望在JPI与美国保险供应商（如美国家庭人寿保险公司）之间形成公平竞争之前，JPI不要再发售新的或改良后的保险产品。JPI似乎已经同意这么做。

本的国家主权。此外，由于食品安全标准的放宽，TPP还可能导致更多不安全食品的进口。

上述这些初期的担忧，多数都是由于对TPP的误解造成的。随着美日双边谈判信息的公开，大多数的担忧已经消散。但是，对日本农业遭受TPP负面影响的忧虑依然存在，需要予以更多的关注。

TPP对日本经济的影响

日本关于TPP对农业影响的政府报告是自相矛盾的。农林水产省（MAFF）强调了严重的负面影响，而内阁府和经济产业省（METI）报告的则是积极影响。

农林水产省估计TPP将给日本农业和整体经济造成巨大破坏。据其估算，如果取消所有进口农产品的关税，报告认为日本农业产值将减少4.1万亿日元，多功能农业的价值将减少3.7万亿日元，就业机会将减少340万个，GDP将减少7.9万亿日元。日本的食品自给率将从40%下降到14%。

而内阁府的报告（2010年发表，并得到川崎研一2011年研究的支持）则认为，日本参加TPP并取消关税，将使其实际GDP增长0.48%到0.65%（参见图6）。①该报告还指出，日本若不参加TPP，再加上韩国与美、欧、中国

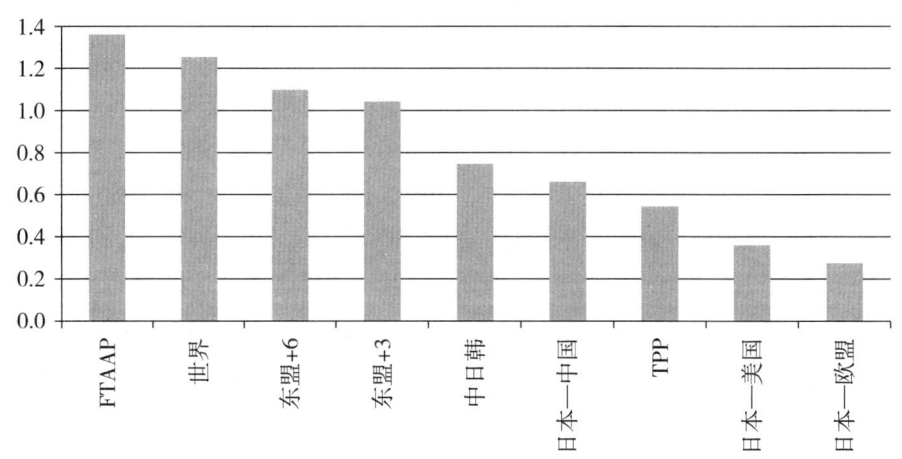

图6：各种FTA情境给日本带来的利益（GDP占比%）

来源：川崎研一研究（2011）。

---

① 内阁府报告还估算出来，"10+3" FTA给日本带来的增益是GDP的1.04%，"10+6" FTA是1.10%，FTAAP则是1.36%。这些数字显然小于派特瑞-普鲁默-翟凡研究的估算。

执行自贸协议，将导致日本GDP实际减少0.13%。原因在于，随着日本汽车、电气和电子产品、机械和其他制成品在美、欧、中国的市场份额被韩国企业夺走，这些部门商品的出口和生产将减少。如果日本不加入TPP，制造业受到的负面影响将会很大。

经济产业省进行的一项分析显示，日本如果没有加入TPP，也没有与欧盟和中国达成EPA，而同时继韩美、韩欧之后韩国与中国的FTA也生效，2020年日本的实际GDP将比基准水平减少1.53%。这意味着日本将失去81.2万个就业机会。其出口、生产和GDP都将下降。

分析还发现，日本参加TPP将给某些亚洲经济体也带来显著变化，尤其是越南和马来西亚。原因在于，日本的经济体量之大足以为较小的发展中经济体带来额外的收益。因此，日本参加TPP，受益的不仅是日本自身，还有亚洲的发展中经济体。

TPP谈判的进展

对日本来说，与美国的双边谈判中最大的难题是农产品的关税减免，尤其是猪肉和牛肉。第二大难题则是美日双方的汽车市场。鉴于美日两大经济体GDP之和占所有谈判成员GDP总量的80%，其双边谈判的结果对TPP整体的谈判至关重要。

农产品的关税减免

日本政府将五类主要农产品设定为关税保护产品，即大米、小麦、牛肉和猪肉、乳制品以及食糖。这五大类下面包括了586个关税细目。从表2可以看出，日本总共有9018个关税细目，其中的8089个已经确定要减免关税（由此日本的贸易自由化率最高将达到89.7%）。至于余下的929个关税细目（包括上述五大类中的586个和其他343个敏感产品），则从未实行过关税减免。

美日的双边谈判表明，美国对打开日本的大米市场并没有特别的兴趣，它最感兴趣的是开放猪肉和牛肉市场，其次是开放乳制品市场。美国是世界上最大的牛肉生产国和第二大猪肉生产国（仅次于中国），每年出口约70亿美元的牛肉和60亿美元的猪肉。日本则是最大的美国猪肉进口国。图7显示，在日本的牛肉市场上，日本生产者是最大的供应商（占42%），其次是澳大利亚（占36%）和美国（15%）。在日本的猪肉市场上，日本生产者的份额高达55%，美国则是最大的外国供应商，占18%。对美国的猪肉和牛肉生产商来说，日本的确是世界上最具吸引力的市场之一。

表2：日本进口产品的分类

从未实行关税减免的产品（929个关税细目，占10.3%）	五类关键农产品（586个关税细目，占6.5%）	大米（58个） 小麦（109个） 牛肉（51个）和猪肉（49个） 乳制品（188个） 食糖（131个）	
	其他敏感产品类别（343个关税细目，占3.8%）	农、林、渔产品（248个）	鱼类（91个） 豆类（16个） 魔芋（3个） 预加工食品（30个） 胶合板（34个）
		制成品（95个）	
已经确定关税减免的产品（8089个关税细目，占89.7%）			
日本总进口（9018个关税细目）			

来源：作者根据多种资料整理得出。

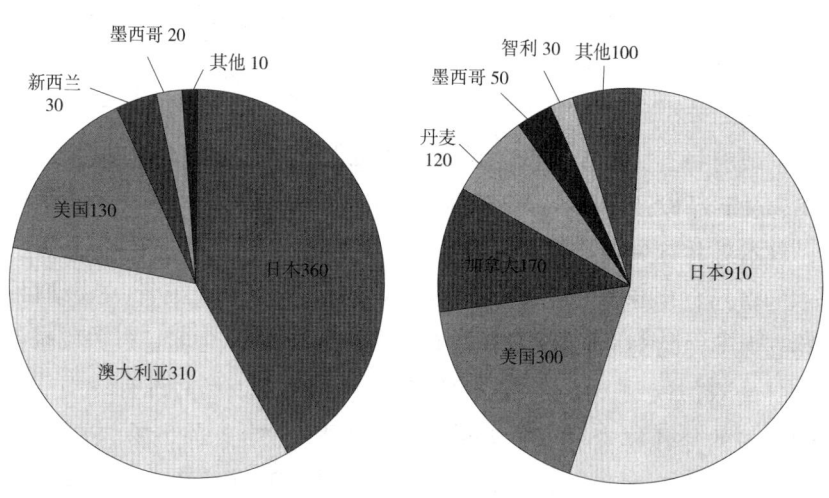

图7：日本的牛肉和猪肉市场：2012年的主要供应国

来源：农林水产省。

跨太平洋伙伴关系协定谈判

美国和日本展开了密集的谈判，内容涉及关税减免的程度、关税减免的时间框架、启动保护措施的条件以及低关税或零关税进口配额的利用。日本想通过保持高关税、进行长期的渐降式的削减（10年以上）并且引入便利的保护措施来保护其牛肉和猪肉生产者。① 相比之下，美国则想通过深度和快速的关税减免及限制保护措施的使用来打开日本的牛肉和猪肉市场。只要美国生产者能够切实增加其产品的出口，美国似乎并不会坚持完全减免五类主要农产品的关税。

至于大米和小麦，现有的高关税可能得以延续，不过日本将在私人贸易的形式下设置针对美国大米和小麦的特别零关税进口配额。在乳制品上，日本正在考虑就奶酪增加低关税或零关税进口配额。讨论尚未涉及食糖。

因此，可能对牛肉和猪肉进行减税，但不太可能免税。这就给日本的自由化率带来了问题。日本如欲实现高自由化率，比如95%甚至更高，就必须减免五大类关键产品和其他从未实现关税减免的敏感类产品。我们发现，在五大类关键产品的586个关税细目中，181项细目的产品在2008—2012年期间从未有进口记录，具有减免关税的潜在条件。如果日本政府能够进一步从其关键和敏感产品类中再确定269个减免关税的细目，日本的自由化率就能达到95%了。

日本与美国的汽车市场问题

美国一直坚持认为，日本的汽车市场是封闭的。如图8所示，日本汽车在本国市场中的占有率高达95.5%，外来的汽车只占4.5%。相比之下，美国汽车只占其本国市场的47%，日本汽车则占了美国市场的35%。美国将这些数据视为日本汽车市场封闭、美国汽车市场开放的证据。由于日本对汽车进口的关税为零，美国认为日本汽车市场的问题在于非关税壁垒。换句话说，日本的汽车法规（例如安全标准等）使美国汽车很难进入日本。美国还认为，日本汽车产业的规则和法规经常是在不透明的方式下制定的，也没有与外国生产者进行协商。此外，日本向一些特定的汽车类型提供特惠待遇，这就是所谓的"轻型汽车"，而这种车只有日本才生产。另一方面，日本汽车厂商则认为本国市场是完全开放的，质疑美国到底意欲何为。尽管美国似乎是想要日本放宽其安全标准，取消对轻型汽车的特惠待遇，但是，即便日本真的

---

① 当某种产品的进口值在短时间内猛增，进口国政府可以通过提高该产品的关税来启动保护措施。

这么做了，美国汽车是否能够扩大在日本的销量，还是一个未知数。

日本厂商也期待美国取消汽车关税（乘用车2.5%、卡车25%）。美国似乎会同意，但这一关税减免过程可能会在TPP许可的最长时间框架下进行，比如20年，而这是日本无法接受的。

结　论

日本需要进一步开放其经济，加强与全球经济的融合，尤其是与美国、欧盟和新兴亚洲。美国主导下的TPP要在志同道合的经济体中实现高水平的开放，而且与RCEP一道成为走向FTAAP的重要一步。加入TPP可以让日本获益良多，这是因为TPP可以给日本带来更多的市场准入、海外投资保护、执行知识产权规则并吸引更多的外国投资。

美日之间的双边谈判表明，TPP不会要求日本立即减免所有产品的关税，而是会允许很多例外项目。日本的大米关税很可能会原封不动地保留，美国的汽车市场也很可能会对日本汽车实施零关税，只不过需要很长一段时间才

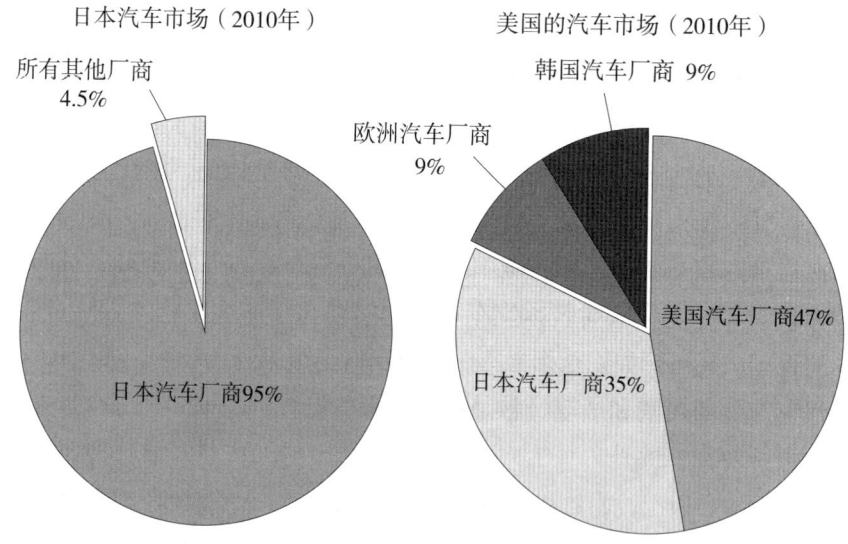

图8：日本和美国的汽车市场

来源：日本数据来自日本自动车工业会（日本汽车工业协会）；美国数据来自《汽车新闻数据库2010》。

能到位。这种状态与日本对TPP的最初期待可能相去甚远,但无论如何,已经取得的进展还是应该得到珍惜的。

要成功完成TPP谈判,日本面临的一个主要挑战是,通过全面的改革提高农业的生产力和竞争力,尤其是牛肉和猪肉的生产。如果想要继续长期保护农业,日本有关部门可以考虑将保护模式从边界措施(如关税和配额)转变为境内措施(如收入转移)。重要的是,日本应该为了国内消费者的利益最大限度地开放牛肉和猪肉市场,并且在尽可能短的时间框架内让美国减免对日本汽车的关税。另一项挑战是撤销或弱化边界内法规,这也是日本—欧盟EPA所需要做的。

美国谈判者必须得到贸易快速审批权(TPA)才能确保TPP的批准不出现大的问题和拖延。否则,如果没有TPA,美国国会可能要求政府重新谈判,那么其他谈判方可能不会做出尽可能大的让步。

一旦实施TPP后,亚太各经济体必须将其与RCEP融合成一个更大的FTAAP。很可能是通过让更多的RCEP成员加入TPP的方式来实现这一点。从这一意义上讲,TPP发挥着制定基准的作用,并最终将被中国、印度和印尼等其他发展中和新兴经济体所接受。

对TPP和TTIP的成员经济体而言,下一步要做的就是共同努力,进一步将两大巨型区域建制联系起来,切入点就是采纳共同的贸易和投资规则,尤其是原产地规则。这将通过一种自下而上的方式实现全球一体化,以制衡WTO自上而下的运转不良的方式。希望这一进程将倒逼WTO恢复其无歧视地促进全球一体化的功能。

参考文献:

[1] 日本内阁府:《关于EPA的各种估算》,2010年10月27日。

[2] 川崎研一:《确定EPA中的优先者:哪个贸易伙伴的经济影响最大?》日本经济产业研究所专栏第318期,2011年5月31日。

[3] 彼得·派特瑞、迈克尔·普鲁默、翟凡:《跨太平洋伙伴关系与亚太一体化:定量评估》,《国际经济政策分析》第98期,彼得森国际经济研究所与东西方中心。

(唐奇芳 译)

亚太经济一体化的新方向

加拿大与TPP：短期战术与长期战略

加拿大亚太基金执行官、加拿大太平洋经济合作
全国委员会副会长

休·斯蒂芬斯

尽管加入TPP的各国领导人一再重申他们会恪守承诺，即在2013年底完成谈判，但很多人仍然质疑TPP能否在一个合理的时间表内取得成果。然而就加拿大而言，加拿大需要，并且会坚定不移地促成TPP取得这样的成果。谈判中有许多复杂的问题亟待解决，日本等新成员的加入使得形势更为复杂，美国谈判代表也因政府迟迟无法从议会拿到"贸易促进授权"（TPA），而缺乏机动余地。考虑到这些复杂因素，人们不禁要问，为什么加拿大如此积极地参与到TPP的进程中，为什么它对TPP如此执着？

2012年6月加拿大正式被邀请参加洛斯卡沃斯谈判，这是加拿大曾经走过的漫长曲折道路上的重要里程碑。加拿大是在墨西哥收到邀请之后的第二天才被邀请的，从这一点不难看出一方面加拿大要努力说服美国及其他TPP成员国政府相信它的加入对与整个进程是有益的；另一方面加拿大本身对是否加入TPP进程也是摇摆不定。

考虑到加拿大在全球的经济地位（世界排名约在第10或11位）及它同美国间巨大的贸易额，加拿大在加入TPP过程中并不受欢迎这件事多少有点令人吃惊。为说服美国国会支持政府邀请加拿大加入TPP进程，美国贸易代表署Ron Kirk在致国会的信中指出，美国2011年出口到加拿大的商品总值高达3370亿美元。他在信中还写道，"我们已经同加拿大就TPP所追求的标准和目标进行了深入的交流，并特别讨论了TPP某些领域的标准和目标要远远

高于目前北美自由贸易区（NAFTA）这一现实问题。加拿大向我们保证，它愿意就这些问题进行谈判，并且已经做好准备同其他TPP国家携手达成这些目标。"

为什么加拿大是一个迟到者，为什么加拿大必须加班加点才能挤进谈判进程中？尽管加拿大同亚洲交流互动的历史源远流长（1977年成为东盟对话伙伴国，1980年成为太平洋经济合作组织创始会员国，1989年成为亚太经合组织创始会员国等），近几年加拿大却在同亚洲的高层次交流中处于被忽视的状态。部分原因可以归结于自2004年到2011年加拿大接连出现少数党主政，导致一定程度的政局不稳，政府将更多的精力放在了国内政治事务上。加拿大曾在2001年和2004年先后同新加坡和韩国发起了自由贸易区谈判，但都没有取得进展，且均无结果。美国和欧盟同韩国的自贸区谈判晚于加拿大，如今却已达成协议。加拿大和韩国只是在最近才重启双边谈判。加拿大曾经被邀请加入TPP的前身——P4，但它却丝毫不感兴趣。甚至美国后来将P4发展成为TPP的时候，加拿大也没有对其特别关注。

对加拿大而言，居于首位的政策永远是进入美国市场。这是1989年美加发起自贸区谈判，并在后来发展为北美自贸区的直接动因。与其在TPP谈判上劳神费力，把注意力集中到紧邻美国巨大的市场上对加拿大而言似乎容易得多。此外，TPP谈判还可能牵扯到加拿大的"敏感"议题，比如它无可避免地要同澳大利亚和新西兰就乳制品供应管理问题展开谈判。而美加之间同样存在着很多未解决的贸易争端，加拿大担心这些问题会在TPP谈判中被重新提及。所以，在TPP的开始阶段，加拿大对其并不感兴趣。

然而，2008年金融危机后美国经济的衰退和亚洲经济的飞速发展成为加拿大无法忽视的现实问题。加拿大商业界呼吁政府加大步伐，重新进入亚洲。2011年，以促进经济发展和促进就业为口号的保守党领袖哈珀赢得大选，结束了少数党主政的历史。哈珀的经济政策之一便是促进跨国贸易的复兴。2009年5月加拿大和欧盟发起欧加贸易协定的谈判，同时与美国建立了一个双边框架来解决阻碍贸易的边界问题，并且发起了全场紧逼式加入TPP行动。但是，尽管加拿大已经暗示过希望加入谈判的想法，但迟迟未收到邀请。除了众所周知的新西兰对加拿大乳制品管理政策的厌恶外，美国对加拿大的加入也持谨慎和冷漠的态度。

美国之所以对加拿大的加入反应并不积极可以归结为几个原因。首先，

尽管同为北美自贸区的贸易伙伴，美加之间存在着一系列的贸易纠纷，这些纠纷对TPP的谈判毫无益处。在一些美国政府官员眼中，加拿大更多的是一个麻烦而非助力。贸易纠纷中的重要的一项便是知识产权的保护，美国版权商一直对加拿大软弱的版权体系心怀不满，药物专利的保护期的长短也是争议议题。美国担心加拿大倾向于对所谓"文化产业"的保护可能在TPP的谈判中影响到其他国家，而这对美国而言是不利的。最后，在谈判中半路上加入一个潜在的"麻烦"新伙伴，对于加速本已大大拖延的谈判显然毫无益处。虽然加拿大不愿意公开表达对加入谈判的兴趣以避免被断然拒绝的尴尬，但在夏威夷APEC峰会上，总理哈珀还是毅然公开表达了"加拿大致力于推动"TPP进程的观点。加拿大国际贸易部长法斯特在短短几个月时间里访问了所有业已加入TPP谈判的国家。在每一个国家，他就加拿大加入TPP做了各种保证。这一番四处许诺的努力并没有白费，纠集其他伙伴"包围"美国的做法也奏效了，再加上加拿大对美国政府和财团的大力游说，奥巴马政府的态度发生了转变。许多在加拿大（和墨西哥）开公司的美国企业家开始担心将加拿大排除在TPP之外可能会使他们的供应链变得更为复杂。他们把加入TPP视为升级和解决NAFTA内未尽贸易问题的机会。此外，加拿大在诸如投资者—国家争端解决机制等领域甚至还对美国有所帮助。

就在加拿大政府宣布一旦同议会的磋商达成共识就将加入TPP谈判进程之后，加国内出现了极力反对TPP的声音。这些反对者是一群有着反贸易自由化传统的人，曾经反对过加入WTO和美加贸易协定，但他们同时也是出于对加拿大可能接受一些所谓的"不容讨价还价"条款的担忧。现在针对加欧贸易协定存在着同样的谴责声。该协定已于2013年10月18日原则上达成，协定保留了加拿大的乳制品供应体系，但同意将欧盟的奶酪配额增加一倍，同时向欧盟公司开放地方政府采购，延长药品专利保护时间使其部分涵盖了专利申请阶段。这一系列补偿措施换来了欧盟5亿人口大市场对加拿大的开放，使得3500万加拿大人能够买到更好的汽车、吃到更好的猪牛肉，享受到更好的金融服务。加欧贸易协定是加拿大加入TPP的一次预演，但TPP的谈判进程显然有更多的因素需要权衡。

尽管加入TPP谈判的各个国家嘴上说得好听——要把所有事情都"摆到桌面上"，建立"21世纪新的金本位"，现实却不是如此。理论上所有事情都可以摆在桌面上，但随着谈判的进行，拿到桌面上谈的东西会越来越少。不

要奢望美国会放弃糖配额、加拿大会废弃供应管理体系，也不要期待澳大利亚会签署投资者—国家争端解决条款、越南会使它的国有企业完全接受市场约束。不要奢望所有TPP国家能向美国所期待的那样达到同样的知识产权标准，也不要期望美国贸易救济法律会屈从于TPP贸易争端解决机制。此外，如果TPP能够在大部分领域取得进展，能够使得存在于不同地区间混乱的原产地规则合理化，能够简化供应链，能够强化对投资者的保护，能够完善知识产权保护法规，能够强调电子商务和开放式服务，那么它对于该地区的贸易自由化就是一个卓越的贡献。加拿大意识到自己应该是这样一个进程中的一部分，而此时它所参与的TPP正是当前唯一的协商机制。

对于加拿大而言，加入TPP既是它的目的——搭上贸易自由化和就业增长的顺风车，又是它达到目的的手段——在亚太地区重建加拿大的经济信誉。TPP被视为亚太自由贸易区的一块基石。而另一块，就当前而言，便是美加被排除在外的区域全面经济伙伴关系（RCEP）。基于Peter Petri教授和Michael Plummer教授的经济模型，太平洋经济合作理事会（PECC）预计，到2025年包括日本在内的12个TPP国家将创造2230亿美元的经济成果，而由于现有的相对较高的壁垒被打破，RCEP将创造高达6440亿美元的经济成果。真正的回报则将是一个融合了TPP和RCEP的FTAAP（亚太自由贸易协定），该协定到2025年将创造1.9万亿美元的经济效益。

除了是通往FTAAP的潜在路径外，TPP对于加拿大的意义远远不限于保护其进入美国市场。日本对于加拿大加入TPP扮演了重要角色。日本（以及潜在的韩国）的加入是加拿大最终决定加入TPP的重要因素。日本是加拿大的第五大贸易伙伴国，但加拿大向日本出口的绝大多数商品与美国之间存在竞争。如果加拿大同日本开启双边谈判，谁也保证不了一定就能取得成功。因此加入TPP，在谈判桌上就日本市场与美国进行平等较量，对加拿大的重要性就不言而喻了。

TPP能否取得成功至今仍不得而知。TPP谈判或许无法达成，它所预期达到的目标或许也无法实现。但对于加拿大而言，TPP是当前最佳的平台，而非RCEP、ASEAN或EAS。机不可失，时不再来。TPP是哈珀政府促进经济增长议程的重要一环。就该议程而言，TPP扮演的角色既是战术性的也是战略性的。

既然现在已经证明怀疑论者是错误的，而与欧盟间也已经找到了足够多的共同利益来草签协议,加拿大将会努力推动TPP早日实现。通过与欧盟达成协议,加拿大释放出强烈的信号,暗示它会在谈判中采取灵活战术,加拿大的谈判代表也会努力确保加拿大积极参与谈判,为国内各省、商业界带回一份满意的成果,特别在与日本贸易方面为他们带回大礼。除了就市场准入同TPP国家取得成果,加拿大将利用它一再重申的亚太国家身份,扮演更为积极的角色,包括同尚未参加TPP的中国、韩国、印度尼西亚、印度及其他国家展开接触。这是加拿大的终极目标,也是TPP之所以能够具有远超短期经济影响的战略意义所在。

(杨子力 译)

智利与跨太平洋伙伴关系协定（TPP）：等待成果

智利前TPP谈判首席代表

罗德里戈·孔特雷拉斯

建立亚太自由贸易区是一项雄心勃勃且重要的使命。确实，智利总统2004年即提出了在亚太经济合作组织（APEC）框架内构建一个大的自由贸易区（FTA）的想法。智利随后即与文莱、新西兰和新加坡等经济体开启了四方(P4)谈判进程，并达成了对四方都非常有利的贸易协定。这些协定的显著特征之一便是具备未来增长的潜力。

跨太平洋伙伴关系协定（TPP）的意义

从宏观经济维度来看，TPP是一个非常具有吸引力的区域。其成员经济体产出占全球GDP的38%、亚太地区GDP的73%，拥有8亿多的人口。对智利而言，它对TPP成员经济体的出口额占其出口总额的40%，TPP成员经济体对智利的投资占智利外来投资的33%，而智利对TPP成员经济体的投资占智利对外投资总额的16%。

在世界贸易组织（WTO）谈判陷入僵局之后，加之APEC框架内缺乏约束性承诺以及美国推行糟糕的贸易政策，TPP的倡议似乎很有希望。它将对WTO构成雄心勃勃的替代，并推进美国的贸易议程。同时，它将在APEC经济体中为未来的自由贸易协定（FTA）播下种子。因此，人们的期望值相当之高。

一种设想是，谈判成功的TPP可将韩国、中国台北和至少3个以上的东盟经济体，以及首先包括哥伦比亚在内的几个拉美国家的利益相连接。TPP的目标可以将亚太地区的19个经济体纳入其中，为这个项目带来卓越的未来。

TPP的目标与内容

在谈判之初，参与TPP谈判的经济体并不清楚未来协定的内容。所有的谈判参与者都清楚他们想要前进的方向，但并不清楚如何设定内容以达到目的。

TPP谈判与众不同的特点是打造下一代贸易协定。在谈判之初，没有人能够说明白这一成果的具体含义，但随着谈判内容逐渐清晰，协定已经有了具体的方向。

TPP的主要指导方针是为了缓解贸易问题，这些问题都与经济体之间的贸易、投资与服务的不便或壁垒有关。与此相关的是，需要考虑到大多数贸易问题都随时间而发生变化。如果说过去的贸易壁垒主要与关税相关，而今的问题则还与配额、进口许可证、销售渠道、境内壁垒等相关联。每个经济体的问题与解决方式取决于各自的开放和发展程度，情况千差万别。

TPP成员国中有例如智利、新加坡、新西兰或秘鲁这些非常开放和不结盟的国家；有体量巨大、国内政策强势的自由经济体，例如墨西哥、美国、日本或澳大利亚；最后，也有实行高度计划和管理的经济体，例如越南、马来西亚或文莱。

因此，在确定标准的时候，需要考虑到每个经济体都会为实现自身目标而权衡各种可能性。尽管谈判中各自的目标都是正当的，但如果对其他方的代价过高，则推动实现这类目标也是毫无意义的。

TPP谈判中各经济体目标及力量对比

在现实世界中，各方目标即使是明显一致的也不一定就能达成协定。谈判人实力上的差异往往会在事实上改变处理那些目标的方式。在如何平衡会议室里的实力以及如何达成共识方面，诸边谈判可能比多边谈判更类似于双边谈判。这种体制性弊端对小国的损害要远远大于对那些大国的损害。

诸边谈判中缺乏自然的共识也会危及多边体制。诸边谈判可推动某些特定规则成为全球性协定，尽管这些规则在多边讨论中根本无法成为共识，甚至在小组会上也难以成为共识。

在任何经济体集团中，都存在具有特定谈判目标和利益的小组。在TPP谈判中，我们可以将成员经济体分为三类小组：第一类是寻求市场准入，第二类寻求机制性利益，第三类则是希望制订新的贸易规则。

我们可以将新西兰、越南、马来西亚、日本、墨西哥、加拿大和澳大利亚归入通过谈判寻求市场准入的经济体小组。前四个经济体尚未与美国签订自贸协定，这是它们非常重要的目标所在。而其他经济体则期待通过新的或已有的协定来改善其产品的市场准入条件。

智利、文莱、秘鲁和新加坡可归为第二类经济体小组。它们在传统上或在近期选择了对外开放，其中几个经济体已与它们的主要贸易伙伴签署了贸易协定。所有这些经济体都将TPP作为提升其已签署的贸易协定、降低"面条碗效应"以及推动构建一个更好的多边体制的良好途径。

第三类小组是已经与美国实现基本整合的经济体。即使它们也寻求其产品在亚洲的市场准入（如同所有其他经济体一样），它们主要是希望借此制订新的规则以处理它们面对的贸易问题，提升自身竞争力。

与期望实现上述诸多目标直接相关的是，所有参与的经济体都具有为达成协定而相互妥协的意愿。

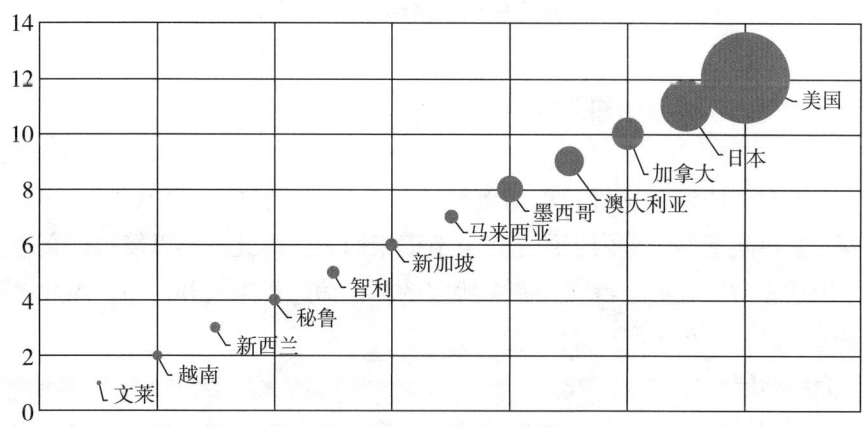

图1：基于GDP的各经济体体量

我们必须记住各参与的经济体之间存在的实力上的差异，这种差异部分源于它们在协定谈判中体现出的不同背景上，但主要基于各经济体体量的大小。不容忽视的是，美国的经济体体量是TPP第二大经济体——日本的三倍。理论上，每一个参与谈判的经济体都拥有相同的话语权重，但最后的事实并非如此。

当抱有不同目标和利益的经济体集团在谈判中与有实力的伙伴相遇时，后果是不言自明的。那些实力最强的经济体以及更坚定的经济体将强行提出议程和确定最终的协定条款。

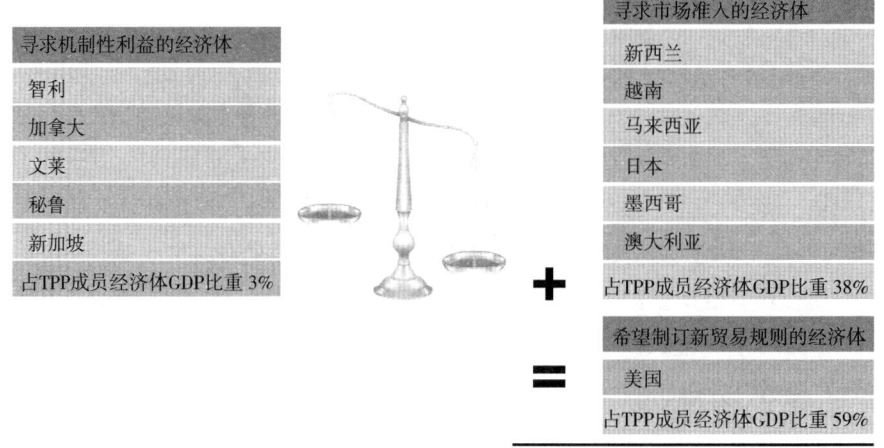

图2：TPP成员经济体GDP的比重

TPP的主要内容与可能的成果

一份自贸协定是由涉及商品贸易、服务贸易、投资、知识产权、劳工、环境、法律问题等多重内容的诸多章节汇聚而成。因此，要以简短行文来详细分析是非常困难的，特别是有关协定的具体信息尚未公开发布。因此，下述评论是根据已有的信息分析而出的。

商品贸易

商品贸易至少包含两个主要的领域。第一个领域与贸易规则有关，主要是贸易的非关税壁垒，例如出口补贴、销售渠道，或者任何对进、出口的限制。第二个大的领域与经济体之间削减关税有关。即使所有经济体的目标在原则上是一致的，但每个经济体的敏感部门（和产品）也会给贸易谈判带来瓶颈问题。

在规则方面，第一大领域，即各经济体对进口实行的限制措施或歧视性待遇方面，谈判已经取得了进展。

在销售渠道和贸易领域的政府干预方面，贸易谈判正转向消除所有贸易干预以避免对进入各经济体的私人进口物品实行歧视性待遇。这一目标的实现意味着贸易自由化向前进了一步。

实施许可证制度通常被视为控制贸易流量的一项政策性措施。在TPP项下，使用许可证制度非常重要，尤其是要在执行中加入透明性内容，WTO的情况也是如此。如果缺乏透明度，任何关税减让都会被出口禁令所抵消。

在贸易协定里，出口补贴通常被认为是负面性的条款。我们可期望谈判各方达成妥协，在自贸区不实行补贴措施。一项最强有力的贸易协定无疑需要管控好各成员经济体的内部支持，但是要使所有的TPP经济体内部都接受这一点似乎十分困难。

关税减让涉及所有参与者的基本利益，它意味着各方在减少贸易壁垒方面要做出明确的让步，从而立刻带来收益，这对各经济体提升竞争力具有积极的影响。尽管关税减免是任何贸易协定中最明显的成果且对参与的多数经济体是利好的消息，但是智利的情况并非如此，因为智利已经与所有的TPP经济体都签署了自贸协定。

要参加TPP，一项基本要求就是承诺对所有产品实行关税自由化。但是我们一再听到一些经济体在承诺完全自由化的同时抱怨困难重重，这些经济体包括日本、美国、加拿大、越南等。因此可以预料，关税自由化的例外条款最终将会变成为现实。

原产地规则

原产地规则是技术性很强的条款，是TPP协定的关键章节之一。考虑到整顿众多自贸协定造成的"面条碗效应"，在本区域内构建全球生产链并创建自由贸易区是主要的目标，那么原产地规则必须以开放的方式来运作才能确保当今所要求的灵活性。如果现在仍然沿用20年前人们以有限的视野制定出的原产地规则就会铸成大错，将对协定带来严重和永久性的损害。

与产品规则应用框架有关的章节谈判似乎已近尾声，但与产品特定规则以及这些规则的具体化和累计的方式相关的章节似乎濒临破裂。汽车和纺织品等这些颇具争议性的部门，美洲地区处于守势，而亚洲地区则处于攻势。

动植物卫生检疫问题与贸易壁垒

各方对这两个领域的期待非常高，但不幸的是，将常规作为贸易政策工具应用的情况非常罕见。透明度的提高、共同决策标准的制定将是谈判令人满意的成果，但是由于参加的经济体之间缺乏共识，这些似乎都不会发生。

就动植物卫生检疫措施（SPS）而言，提高程序的透明度，在团体内部就诸边问题建立争端解决机制，这些措施都是有益的。

另一方面，贸易壁垒的情况则有些不同，因为人们期望就一些产业部门的良好行为达成专门协议，而这将对SPS产生影响。

投资

有关投资的条款，它们应遵循"超北美自由贸易区"（NAFTA-Plus）设计的方向。

尽管确保建立保护外国投资者的大范围框架是各方（主要是亚洲经济体）的普遍关切，但我们要看到投资与服务行为规范在亚洲地区的贸易协定中并不常见，有此认识是有助益的。此外，公众的议论中至少有两方面的关切：资本的自由流动问题，以及澳大利亚特别关注的投资者—东道国争端解决机制问题。

贸易便利化

贸易便利化是所有经济体的共同目标，所以为WTO、APEC，当然还有TPP等论坛所关注。一些实际问题却影响着日常的进出口贸易往来。这一议题的困难在于如何厘清承诺的应用范围和程度，而这即使在WTO有关贸易技术壁垒的规定条款中也不甚清楚。由于以往的标准很低，要评估其他谈判可能出现的结果是十分困难的。

知识产权

知识产权章节包括版权、专利、商标、地理标志以及实施机制，其中包括互联网环境下的知识产权问题。

提出这些议题的背景是为创新者提供保护并提高使用者的守法行为，尤其是在互联网的环境下知识产权的章节效仿了各项"超世界知识产权组织"（WIPO-PLUS）协定，不仅致力于推动各方遵循多边的折中方案，而且不断予以改进。

在期待的保护程度方面能否取得共识是一个大问题。可以提出一个合理的问题是,每个经济体是否明白到底要取得多大的进展,它们是否有兴趣如实地取得进步。例如,相对于地理标志,各方似乎更偏爱专利和商标。

在互联网环境下保护知识产权是一个横向领域。如同工业革命一样,互联网时代充满变革。它已改变了通讯方式(从价格昂贵到免费,从有限到一体化)、压缩了金融交易时间(从几周到只需零点几秒)、以过去不可思议的数量级扩大了商品贸易量(整个世界的产品、文化和知识均汇于指尖)。后者,事实上或许正是互联网所带来的最强有力且最民主的成果。对于中小企业和企业家而言,互联网已成为无穷无尽的信息源泉,以及为地球任意角落的几乎所有人提供服务的方式。

驾驭这种媒介已成为巨大且艰难的挑战,这是智利在谈判开始之际所未曾预料的。过去的经验是灾难性的,有关反假冒贸易协定(ACTA)的谈判就是最好的例子。对经由互联网产生的创新、教育以及贸易模式进行干预是一项艰巨的挑战,同时也是一项重大的责任。

强调加强保护的理由之一是这种保护能够激励创新。但是在发展中国家,如果没有恰当的政策和激励措施的话,提高创新水平是不可能的。并且,单纯扩展创新者的权利而抛弃以往的激励措施,会堵塞知识进步的任何可能性。

TPP谈判中的新事物

TPP协定的主要特征在于其将处理贸易中的各种实际问题,例如贸易便利化、中小企业、规制协同等。尽管目标是十分积极的,但最终对TPP的评价将取决于各方对各个章节承诺的程度。

其他议题

一些其他问题也涉及了,例如能否包含管理国有企业参与市场的规则,药品的索偿机制,或者对于货币兑换机制的监管问题。所以,这些议题同样也是非常积极有益的目标,但是,由于在一些情况下,参与者的利益是相冲突的,因此要推进其中任何一个目标都是十分艰难的。

在TPP谈判中的智利

作为一个小国,智利早在30多年前就决定要成为一个自由市场经济体。

尽管这一决定在初始阶段为某些生产部门带来了困难，但是很多产业——包括水果业、酒业以及三文鱼产业由此开启了其增强竞争力的进程。

在国际经济舞台上，智利并非一个大国，其GDP只占全球的0.36%①，人口也仅占全球的0.25%，与人口相比，其出口占全球出口额的0.38%。将这些数据综合来看，智利在全球经济体中仅仅排在第36位。作为全球背景下的小国，智利无力将规则强加给其他经济体。

与自由经济政策相一致的是，智利努力培育对外经济部门，推动出口（目前经济开放度达到68%②）。在其出口产品中，原材料和半成品占有很高的比重，其中铜和相关矿产的出口占出口总额的53%。智利是一个不对进口产品设置贸易壁垒的国家，它也几乎不使用任何贸易保护手段。

由于地理区位狭小，且经济高度外向，智利需要一种管理程度最低且模式稳定的贸易规则。这就是智利为何积极参与WTO并一贯单方面维持着极低水平甚至零存在的贸易壁垒。其贸易政策的核心即为通过谈判达成双边贸易协定。

在双边贸易政策方面，智利的记录非常突出。早在20世纪90年代初期，智利就开始与区域内经济体，然后与北美、欧洲及亚洲的经济体展开贸易谈判并与60个国家达成并实施了23项贸易协定。今天，智利的产品已卖至全球62%的人群，他们代表了全球86%③的GDP。特惠协定为智利93%的出口产品开辟了市场。基于以上数据，我们可以断言，智利已经确立了一个成功的进程。

在公共政策方面，很难要求一个发展中国家理解一个贸易发达国家看问题的视角。问题主要在于，双边协定已经执行了如此长的时间，导致这些双边协定的内容很不一致。即使集中研究同一个问题，不同的贸易协定也互不相同，并产生了众所周知的"面条碗效应"。但是，更糟糕的是，这种市场分割的现象是由于双边限制性原产地规则的应用而导致的后果。

以上提到的议题表明，在贸易政策上，还有很多方面可以改善。现实中的贸易机制虽然在扩大贸易方面带来了积极成果，但也远未达到经济学理论

---

① 世界银行统计数据。
② 出口+进口/GDP。
③ 智利外交部经济关系总理事会。

所主张实现的目标,或是一个多边机制应该实现的目标。

要在智利现有的自贸协定所覆盖的领域内保持公平竞争的环境,即从双边协定的限制性特征向多边机制的最佳特性实现转化,就应走诸边协定的路子。这就是为何智利和其他在双边政策谈判中已经走到尽头的经济体正全力投入到太平洋联盟以及跨太平洋伙伴关系(TPP)的谈判中去的原因。

初始的四方协定,加上已有的APEC经验,为构筑TPP这样宏伟的倡议准备了坚实的基石。但是,一定要记住,在现实世界中,许多好的创意都由于实际问题而被废弃。从根本上说,在TPP进程中造成不稳定性的原因来自两种威胁:第一种是以为所有人都同意协定的初始内容;第二种是以为所有的经济体在诸边机制中都拥有同样的谈判实力。考虑到以上观点都非事实,TPP协定尽管富有吸引力,也面临着艰难时刻与质问。

对智利而言,最重要的收益并非在于关税减让,因为它已经和所有TPP经济体达成了双边贸易协定。相反,其最大的收益涉及各项贸易规则和贸易便利化措施的统一,而这些都是很难量化的。

当前主要的关注点在于在知识产权等领域制定(超过多边标准)更加雄心勃勃的规则,以及工具的丧失(如管理资本流动的审慎措施)或在环保等领域做出的承诺,后两者都会降低当地经济的实际活力。

今天,智利在等待最终方案的出台,因为如前所述,TPP是一项值得探索的项目,但是其最终结果尚不明朗,在美国缺少贸易促进授权的情况下,结果更难预料。

(宁胜男　译)

亚太经济一体化的新方向

中国与TPP的距离有多远

国家发改委对外经济研究所国际合作室主任

张建平

随着美国"一体两翼"自贸区战略在全球的加速推进，以北美自由贸易协定（North American Free Trade Agreement, NAFTA）为主体，以跨太平洋伙伴关系协定（TPP）和跨大西洋贸易投资与伙伴协议（Transatlantic Trade and Investment Partnership, TTIP）为两翼，结合欧日自贸区正在推进，发达经济体正在试图构建新的国际贸易与投资规则体系。从2011年年底TPP谈判突然加速推进至今，围绕着TPP谈判，众多核心问题逐渐形成共识，TPP已不仅仅是一个普通的自由贸易协定，而是成为正在显现雏形的21世纪新的国际贸易与国际投资规则。自然，TPP也引起了中国政府高层和学界的广泛关注和密切的跟踪研究。对于中国是否应当加入TPP谈判，什么时候加入TPP谈判，目前还没有形成明确统一的认识。但2013年以来，中国对TPP的认识正在逐步深入和改变，中国正在逐渐形成对TPP相对客观、现实的认识和战略与政策抉择。

一、2013年中国对TPP的态度发生了根本转变

2011年在美国夏威夷火奴鲁鲁召开的亚太经合组织（APEC）领导人非正式会议周期间，由于TPP的快速扩容和谈判进程加速，使得中国对TPP的关注和研究不断增加。但是在对TPP的认识方面，中国的学术界、政界和媒体出现了很多不同的观点和看法。总体而言，在2013年5月之前，中国学术

界的整体氛围是批评和反对、抗衡TPP的观点和言论。笔者在2012年年底总结了中国学界对TPP的六种误读，包括阴谋论、悲观论、等待论、搅局论、抗衡轮、主导论等。2013年，笔者又在此基础上增加了两种新的误读：排他论和立入论。持有排他论的学者认为，以美国为首的发达国家故意制造和利用TPP排斥中国，不让中国加入，这与美日等国政府和学界欢迎中国加入TPP的态度和事实不符，换句话说，美国和日本没有从主观上排斥中国，而是由于标准不同，客观上产生了排斥效应。

随着2013年5月中国外交部宣布"TPP、东盟'10+3'和'10+6'都是亚太区域一体化的可能路径"，以及中国商务部发言人公开表态"中国将积极研究TPP对中国经济的影响，并研究加入TPP的可能性"。中国很多学者转而认为，中国应当立即加入TPP谈判。这种180度的观点逆转，给亚太很多经济体，特别是美国和日本带来了很大不解，这种观点可被简称为"立入论"。这种观点忽视了中国与TPP标准之间的距离，没有考虑中国加入TPP的现实途径，非常不可取。中国现在需要加强对TPP的跟踪研究，但由于中国需要在很多领域进行新一轮改革开放，缩短与TPP规则之间的差异和距离。简言之，当前中国不具备加入TPP谈判的现实条件。中国的优先选择应当是通过推进中韩、中日韩自贸区谈判，加速推进RCEP，营造东亚经济一体化轨道。

二、中国距离TPP有多远

目前TPP已经开展了19轮紧锣密鼓的谈判。根据谈判成员国在部长级会议和APEC领导人会议期间达成的共识，TPP谈判国家希望在2013年年内结束谈判。该谈判涉及21个谈判领域，框架从26个章节拓展到29个章节。目前一半以上章节已达成一致，但在市场准入，知识产权保护、国有企业和环境保护、劳工标准等方面还没有达成一致。即使2013年年底能够初步达成协议，整体自由化和高标准恐怕难以达到美国所期望的水平，类似于部分协议或早期收获。

如果中国现在宣布加入TPP，需要考虑很多领域的问题，既包括降低关税壁垒，也包括降低非关税壁垒；既包括要解决边境上的问题，更需要解决边境内的问题。考虑到目前中国已经与很多国家签署了RTA，解决边境上的问题，对于中国而言并不陌生，并积累了深厚经验。即便如此，中国也会面临挑战。而在解决边境内问题方面,中国面临的挑战十分艰巨。

(一)边境上的问题

1. 货物贸易:中国主要面临规则挑战

TPP将推动实施100%货物贸易零关税,敏感产品可有10至15年过渡期,没有例外。日本争取到了一小部分农产品可豁免,大米、小麦、牛肉、蔗糖、乳制品等五种产品保留一定关税。考虑到在中国目前已签署的FTA中,货物贸易自由化水平与发达国家尚有明显差距,中国可能在中高端制造业面临美加澳日韩等国产业的冲击。而在货物贸易规则方面,中国受到更严峻的挑战。例如在纺织品与服装行业,TPP单设了苛刻的原产地规则,限定越南纺织品只有在其织纱原产自越南时才享受免关税待遇。而目前越南50%的纱布来自中国,未来可能不能享受零关税。目前有些中国企业已将纺织厂向越南转移,投资转移效应将会显现。考虑到中国有30%—40%的货物贸易属于加工贸易,这意味着即使加入TPP,中国很多加工贸易产品无法享受零关税待遇。

2. 服务贸易:市场准入是难题

在服务贸易领域,TPP设立了超越WTO的高标准规则。在承诺方式上,TPP要求开放全面服务领域,并实施负面清单管理。在服务提供模式方面,模式3(商业存在)与服务贸易规则分立,由投资章节规则约束。在金融和电信领域,美国力主将两部门独立设章,全面取消股比限制,运营商可自动自主选择服务商。美国也要求日本改革邮政和社会保险体系,不能在TPP谈判中拖后腿。中国在加入WTO时承诺的服务贸易开放水平是中国服务贸易开放的底线,在不少服务子行业未开放或仍存股比限制。而且中国刚加入服务贸易协定(TISA)谈判,在服务贸易开放方面缺乏经验。考虑到中国金融、电信等服务行业准入门槛高、既得利益集团势力强,服务贸易扩大开放难度很高。

3. 投资:准入前国民待遇问题和负面清单障碍

2000年以来,中国先后签署了34个双边投资协定(BIT),但在外商直接投资企业的设立、收购和扩大中均未承诺准入前的国民待遇和负面清单管理。无论是TPP,还是东盟与日韩澳新印的五个"10+1",均将推行准入前的国民待遇和负面清单管理,这对中国目前的外商直接投资管理体制和模式带来了直接挑战。中国目前正在与美国开展中美双边投资协定(BIT)谈判。此前中美之间有投资协议换文,其中8个条款确立了美国对华投资利益。美国的BIT基于美国国家安全法案,其模板十分复杂,在最低待遇标准(Minimum Standard of Treatment)问题上要求公平公正,全面保护安全,在核能、采矿、航空运输、证券、保险等给出了行业例外。正是由于中美之间没有BIT,在投资方面,美国对中国投资者进行了大量安全审查,使很多中国企业感受到了明显歧视,例如中国投资公司和华为。准入前国民待遇和负面清单管理对中国国内的投资管理体制的改革和开放带来了挑战,也对中国政府的经济管理能力提出了巨大挑战,因为对外资企业的管理模式同样要应用于国内投资者,从而倒逼中国国内投资体制改革。这项改革也与中国的产业结构调整、金融改革和外汇管理改革等高度相关。上海自由贸易(试验)区(简称"上海自贸区")试图进行这方面的试验,但从目前公布的上海自贸区负面清单看,与过去的正面清单比较,突破相对有限。全国范围内的负面清单目前正处于研究过程中。如何推进该领域改革,对中国是艰巨任务,需要时间。

(二)边境内问题

然而,TPP对中国构成的真正巨大挑战,来自于一系列的边境内问题,包括标准一致化、国企治理、环境保护、劳工标准、政府采购和知识产权保护等内容。所有这些内容在TPP谈判协议文本中都是单独章节,具有非常细致的考量和安排。

1. 标准和认证

美国和中国对于标准的认识和标准的制定实施机制存在巨大差异。美国认为标准应当由企业或行业组织制定,政府不能制定标准。而中国是基于《标准化法》,由中国标准化委员会制定实施国家标准,中国认证认可委员会对标准和相关机构进行认证。现实是美国能源之星技术法规对中国产品已经产生了巨大影响。美国食品安全法案新规实施导致食品监管日趋严格,强调生产者的防范责任和义务,要求全链条监管以及从农产品到餐桌的全过程认证。认证则必须由第三方审核和认证机构执行。为此中国企业需调整质量管理体系,成本增加20%以上。但第三方认证在中国十分薄弱。

2. 环境保护

从NAFTA开始,美国就全力推进环境标准和劳工标准,并要求美国签署的所有FTA都要覆盖这些领域。美国将这些标准不仅成功推销到了智利、秘鲁这些国家,并间接向中国这样的发展中国家施加影响,例如智利和秘鲁在与中国谈判FTA时也要求谈判环境和劳工问题。现在TPP有专门的环境章节,并要求不应为鼓励外资而减轻环境保护力度,保护环境优先,不能影响环境敏感性关注。在保护生物多样性和海洋捕鱼领域要求高透明度,行政司法程序也是重要内容。中国与瑞士的FTA第一次有了环境保护章节,但中国目前在环境保护标准的制定和执行、环境数据的监测和透明度以及非政府组织的参与方面,与美国和TPP的要求有很大差距,这种距离属体制机制问题,非短期内能解决。

3. 劳工问题

TPP正在试图推行国际劳工组织(ILO)对劳工基本权利的基本承诺,包括结社自由,禁止强制劳动,取消童工,取消性别歧视等。在国际劳工组织的八个核心公约中,有四个中国尚未批准,如结社自由、强制劳动、集体谈判工资等。这些规则都是对中国现有体制而言非常敏感的内容,短期难有体制上的改变和对外承诺。

4. 国企治理

TPP正在推动有关国有企业规制的新规则。例如,国有资本在国有企业中的股份应低于20%,国企之间不得相互给予融资优惠,关联企业不得关联交易,国有企业不能制造不公平竞争,补贴和融资要与非国企一致等。中国国有企业虽然进行了股份制改革,但大量国有企业的股比通常较高,国有股份超过50%、甚至超过80%的情况都很普遍,与TPP的要求差异大,而且短期之内难以快速改变。

5. 政府采购

TPP所推行的政府采购标准,将高于WTO的政府采购协议(GPA)和BOT特许经营合同规范。目前中国正在与欧盟开展双边采购协议,虽然多年来进行了4—5轮谈判,但目前尚未取得明显进展。中国目前在国内已经制定了政府采购法,实施了政府采购,包括制定绿色政府采购清单,但在政府采购的对外企开放、透明度、第三方监督等方面与规范、透明度较高的国际惯例还有很大距离。政府采购成本高、程序烦琐、监督不足等现象较为严重。

6. 知识产权保护

美国在TPP谈判中强力推行《与贸易有关的知识产权协议》(Agreement On Trade-related Aspects of Intellectual Property Right,TRIPS+),这与美国的

国家利益高度相关，因为美国拥有全球2/3的核心专利，虽然澳大利亚和新西兰认为TRIPS已经足够。这意味着美国国内法正在多边化，并上升为国际公约。美国还主张扩大知识产权保护范围和延长保护期限。例如将版权有效期延至70年。中国目前版权保护期是50年。美国制药企业正在大力推动药品在缔约方取得仿制药时，IPR要延长很长时间。中国目前医药行业严重依赖仿制药，如果接受"TRIPS+"，必将对中国医药行业和社会医疗保障体系产生重大冲击。

7. 电子商务和互联网自由

TPP的协议将推动实现跨境数据的自由流动和在互联网上的自由操作，不能有任何限制性措施，不能阻止向本国传递任何信息。数字产品要享受非歧视性待遇，对网上音乐作品不能征收关税，推动网上合法自由下载等内容。中国目前正处于经济与社会转型时期，各种社会矛盾正在日益显现，社会不稳定因素增多，为了维护稳定的发展环境，中国需要对互联网这样的新媒体采取必要限制性措施。美国斯诺登事件和美国窃听案使中国短期内更加难以接受互联网自由条款。

三、中国加入TPP的时点考虑与合作诉求

综上所述，即使目前中国决定参加TPP谈判，在与其他12个成员国进行双边预谈判过程中，必然会遭遇美日这样的发达经济体所提出的前提条件和承诺。除了投资准入前国民待遇、负面清单和加大服务业市场准入等尖锐问题外，在边境内问题上，政府采购、国有企业、环境保护、知识产权保护和劳工标准、产品标准等，每一个领域都对中国现有管理体制构成新的挑战。

考虑到美国和日本的国会程序，即使中国从现在开始寻求预谈判，也要2—3年后才可能加入TPP谈判。更何况，每一个边境内问题的改革，在中国都是一个中长期问题而非短期问题。基于这样的判断，短期内中国不具备加入TPP谈判的条件。或许中国在积极参加和推动RCEP谈判后，通过RCEP轨道与TPP轨道寻求融合是未来较为可能和可行的方式，因为这将为中国寻求到合适的时机进行改革与调整。有一点可以明确，中国奉行"搭台论"，不会反对TPP平台搭建，自然也希望美国不要反对中日韩FTA和RCEP平台搭建。

但是中国非常担心由于没有参加TPP谈判而失去参与21世纪贸易投资规则制定权。对于日本和韩国而言，加入TPP谈判的经济效益都相对有限，其加入TPP的目标是参与新规则的制定和同时推进其国内的改革，其规则效应大于市场效应。中国正在大力推进新一轮的改革开放进程，努力寻求改革红利。虽然短期难以加入TPP谈判，但中国是全球和亚太贸易与投资自由化和便利化的重要推动者，中国需要密切跟踪和研究TPP的发展趋势和方向，了解中国与TPP新规则之间的现实差距，寻求未来与TPP成员国一体化的可行途径。

目前TPP的透明度十分有限，这也是中国对TPP产生严重误读的重要原因之一。事实上，透明的机制对话对于中国、美国和其他TPP成员共同推进未来亚太一体化战略十分重要。因此，强烈建议TPP谈判成员国能够考虑更加透明的自贸区谈判信息交流机制，推动亚太国家向亚太经济共同体迈进。

最后，尽管TPP代表了未来国际经济与社会进步与发展的方向，但是对发展中国家的适用性如何，仍有待观察。目前，从马来西亚反映的情况看，TPP将冲击马来西亚的医疗保障体系和土著人权利，而保护土著人权利已经写进了马来西亚宪法，马来西亚是否需要为TPP而修宪？对于越南而言，面临的是政府采购、国有企业改革和劳工问题、环境保护问题，如何在短期内构建符合TPP要求的体制机制，存在很大疑问。对此，中国将密切关注这些问题如何解决。当前中国的优先选择无疑是构建中韩、中日韩和RCEP为一体的东亚机制。

TPP、中国与FTAAP：融合的案例

布兰戴斯国际商学院沙皮罗国际金融学教授、
美国东西方中心（檀香山）高级研究员、
彼得森国际经济研究所访问学者

彼得·派特瑞

霍普金斯大学高级国际研究院恩尼国际经济学教授、
《亚洲经济学》期刊主编

迈克尔·布鲁默

中国投资公司资产配置与战略研究部主任

翟 凡

时断时续的亚太贸易谈判进展，比几年前人们所预期的更加坎坷。"跨太平洋伙伴关系协定"（TPP）谈判虽然已经接近尾声，但分歧依旧存在，各个国家内部政治反对声浪不减。"区域全面经济伙伴关系协定"（RECP）仍处于起步阶段，由于地区经济多样性及地缘政治的束缚，进展缓慢。鉴于东亚经济形势发展势头放缓，欧美经济起色不大，宏观经济因素同样不利于新协定的达成。虽然上述因素并不能葬送经济一体化，但它们却均为经济一体化能否实现及何时实现增加了不确定性。

但是在所有这些挑战中仍保留着一线生机，当前的停顿正好提供了一个重新审视那些具有根本性的长期议题的机会，比如重新评判亚太自由贸易区（FTAAP）的优劣。有关这些议题的工作在亚太经合组织（APEC）峰会及类似场合时断时续地进行，曾一度因为茂物宣言以及之后文莱、智利、新西

兰、新加坡四国间的"P4贸易协定"而得到推动，但大多数时间仍处在休眠状态。机制化落后于市场导向的一体化。这表明，必须在诸如FTAAP之类的制度创新具备可行性之前进行充分论证并对其小心培育。这篇文章探究了几个可能的选项，包括扩展TPP使中国加入其中，等等。

一、为什么是亚太地区？

亚太地区贸易规模和活力为新协定提供了合乎逻辑的背景。首先，地区贸易额巨大。在2010年全球14万亿美元的贸易额中，有9万亿美元与APEC国家有关，无论这些APEC经济体在其中扮演的是进口国、出口国还是两者兼有，这也是对地区进行定义的有用的综合指标。在APEC区域内，美洲内部贸易额总计为1万亿美元，亚洲和大洋洲内部贸易额为2万亿美元，跨太平洋贸易额同样是2万亿美元。亚太地区不仅是"世界工厂"，也是服务和科技的重要来源地，同时也是重要的最终商品市场。

其次，亚太地区贸易充满活力，它通过诸如现代供应链之类的创新改变着国际经济关系模式。该地区多样的资源禀赋与发展水平催生出多样的专业化优势。亚太地区广阔的海空联系、通讯网络与卓越的港口条件，便利了商

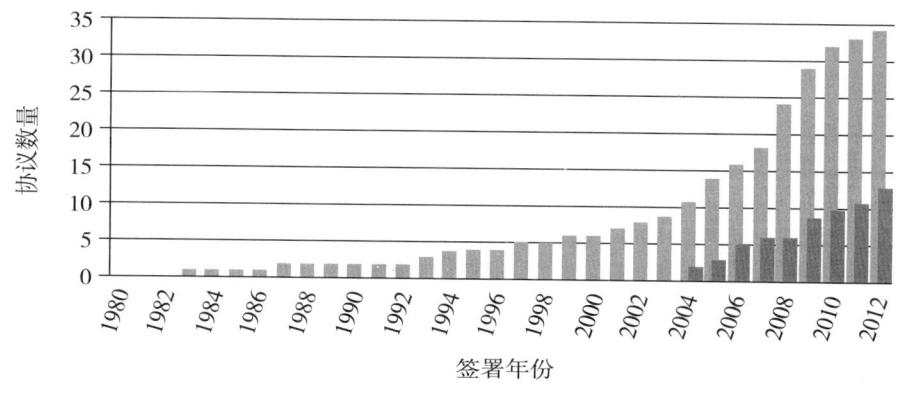

图1：亚太地区贸易协定发展趋势

注：仅限APEC经济体之间。
数据来源：ESCAP数据库。

品、观念和资源的转移。

最后,亚太地区对于建立正式联系的兴趣日益浓厚。在2000年之前APEC经济体内只包含4个重要的贸易协定——东盟自由贸易区、美加自由贸易区、北美自由贸易区和澳新更紧密经济关系协定。而今天,这一数字上升至50(见图1)。当前,太平洋东西两个地区的自由贸易协定的推进尤为强劲。

二、不均衡的发展

尽管亚太贸易体系的重要性不言而喻,但建立地区机制却并非易事。由于地区经济体存在巨大多样性,制定新规则的亚洲路径进展缓慢。地缘政治紧张也使得该地区三个最大经济体——中国、韩国、日本的联系十分困难。尽管东盟扮演着谈判召集人的角色,但在贸易议题上其自身也存在内部分歧。这些束缚阻碍了RECP的进展。即便RECP在2015年达成某项成果,也不见得会比该地区早已存在的纵横交错的双边协定改进多少。

与此同时,自2009年美国政府将TPP确立为重点之后,跨太平洋路径制定了富有雄心的议程。参与谈判的国家从最初的P4协定国扩展到现在的12个国家。这些国家大体上"志同道合",但在谈判中锱铢必较。此外,美国受国内政治的影响并没有发挥其被期许的领导作用。总统的权利被国内政治斗争大大削弱,而诸如商界、劳工及公民社会等受贸易谈判最直接影响的特殊利益团体在贸易讨论中发挥的作用过大。对全球化的质疑也有增无减,一些公共利益集团将贸易谈判描绘为供企业利益所驱遣的工具。最新的Pew-Bertelsmann贸易政策民意测试显示,"目前存在着'双重赤字':既缺乏理解,又缺乏信任"。结果,TPP谈判在2014年底完成的前景正在黯淡下来。

这些都使得缔结地区贸易规则显得更加迫切。20年前乌拉圭回合谈判以来所积压的问题持续发酵,全球贸易的发展同样缓慢。这一庞大的地区贸易谈判似乎为解决所有问题提供了一个答案,但还需辅以国内政策,以确保利益能够分享,国内政治具有吸引力。在地区层面的进展能够激发各方去建设一个充满活力、基于规则的贸易体系。与此同时,我们有理由重启探寻全面区域一体化的道路。2014年中国作为APEC东道主就为这一工作创造了良机。

三、巨大的经济收益

亚太自由贸易协定所能产生的经济效益无法精确估量，因为至少当前它的诸项条款仍未确定。然而，探讨各种路径的影响，比较其相对成本和收益，这项工作是有益的。

在最近的几项研究中，我们通过应用当前较为先进的一般均衡模型来模拟包括12个成员的TPP、16个成员的RECP及21个成员的FTAAP在内的几个潜在协定所能带来的收益。正如下文将要提到的，这几项研究的一个共同发现是——最大的经济效益通常发生在中美两个大国共同参与的协定当中。在本文中，我们基于扩大了的TPP，为该协定增加了一个新变量。我们假定TPP最终将扩展为包括中国、印度尼西亚、韩国、菲律宾和泰国在内的17个成员。所有假定加入的5个国家都曾经表达出对加入TPP的浓厚兴趣，而我们也欣喜地看到，如图2所示，由于该五国的加入，模型结果呈现出引人注目的成绩。

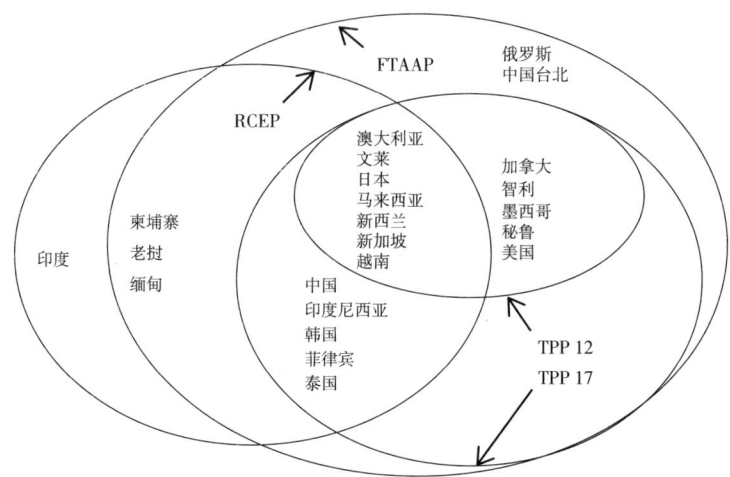

图2：亚洲与跨太平洋地区协定示意图

来源：作者制作。

本文作者在asiapacifictrade.org网站上对该建模方法进行了详尽解释。我们应用了一种新颖的可计算一般均衡框架，该框架由翟凡于2008年开发，引入了公司层面生产率差异参数。我们所使用的版本包括24个地区和18个行业，也包括了亚太地区各种贸易协定与贸易政策的细节。

我们假定未来的协定将基于同过去类似协定的模板。也就是说，TPP模板被假定类似于最近达成的美—韩自由贸易协定，而RECP模板则类似于最近东盟所达成的诸多协定。TPP模板和RECP模板在诸如政府采购、知识产权、投资、竞争、关税自由化程度及非关税壁垒等方面存在差异。这些差异并非随意选定的，正如在协定谈判中，美国试图在其占领先优势的服务业和知识产权领域寻求市场准入，而澳大利亚也聚焦在其占竞争优势的商品。我们假设FTAAP能够通过一个中间模板在这些不同的目标间架起桥梁。模板假定，加入了不止一个协定的经济体采纳——同时也受益于——拥有最强规定的版本。

模拟的结果见表1，从中我们可以得出三大结论。

第一，亚太一体化产生的收益巨大。最全面的协定所能产生的收益接近2万亿美元或占2025年全球GDP的2%。即便是现有的12国TPP和RCEP同样将产生巨大收益。RCEP收益会比TPP更大，其原因主要是我们乐观地估计RCEP将促进中国、印度、日本和韩国间的经济关系的自由化。潜在的经济收益如此巨大，即便是不可避免地存在着误差，这也解释了各国致力于相关谈判的原因。

表1：不同情景下的收入效应

	GDP 2025 [10亿美元(2007年币值)]	收益[10亿美元(2007年币值)]				以2013年GDP为基线			
		TPP-12	TPP-17	RCEP	FTAAP	TPP-12	TPP-17	RCEP	FTAAP
模板质量		高	高	中等	较高	高	高	中等	较高
美洲	24867	101.7	468.0	2.5	373.3	0.4	1.9	0.0	1.5
加拿大	1978	8.7	33.2	-0.1	26.2	0.4	1.7	0.0	1.3
智利	292	2.5	7.8	0.0	6.5	0.9	2.7	0.0	2.2
墨西哥	2004	9.9	91.1	2.8	67.7	0.5	4.5	0.1	3.4
秘鲁	320	3.9	8.4	0.0	6.3	1.2	2.6	0.0	2.0
美国	20273	76.6	327.6	-0.1	266.5	0.4	1.6	0.0	1.3
亚洲	34901	125.2	1442.1	627.0	1354.3	0.4	4.1	1.8	3.88
文莱	20	0.2	1.7	1.2	1.1	0.9	8.4	5.5	5.5
中国	17249	-34.8	808.6	249.7	678.1	-0.2	4.7	1.4	3.9
中国香港	406	-0.5	-1.9	46.8	84.9	-0.1	-0.5	11.5	20.9

续表

	GDP 2025 [10亿美元(2007年币值)]	收益[10亿美元(2007年币值)]				以2013年GDP为基线			
		TPP-12	TPP-17	RCEP	FTAAP	TPP-12	TPP-17	RCEP	FTAAP
印度	5233	-2.7	-29.3	91.3	-29.5	-0.1	-0.6	1.7	-0.6
印度尼西亚	1549	-2.2	82.0	17.7	38.0	-0.1	5.3	1.1	2.5
日本	5338	104.6	237.3	95.8	228.1	2.0	4.4	1.8	4.3
韩国	2117	-2.8	136.3	82.0	129.3	-0.1	6.4	3.9	6.1
马来西亚	431	24.2	45.4	14.2	38.4	5.6	10.5	3.3	8.9
菲律宾	322	-0.8	30.6	7.6	15.9	-0.2	9.5	2.3	5.0
新加坡	415	7.9	27.1	2.4	13.6	1.9	6.5	0.6	3.3
中国台北	840	-1.0	-31.5	-16.1	53.0	-0.1	-3.8	-1.9	6.3
泰国	558	-2.4	64.9	15.5	27.4	-0.4	11.6	2.8	4.9
越南	340	35.7	71.9	17.3	72.9	10.5	21.2	5.1	21.5
其他东盟国家	83	-0.4	-1.1	1.6	3.1	-0.4	-1.3	1.9	3.74
大洋洲	1634	10.7	41.3	21.7	32.1	0.7	2.5	1.3	2.0
澳大利亚	1433	6.6	34.1	19.8	26.4	0.5	2.4	1.4	1.8
新西兰	201	4.1	7.2	1.9	5.8	2.0	3.6	0.9	2.9
其他	41820	-14.1	-43.4	-6.8	162.0	0.0	-0.1	0.0	0.4
欧洲	22714	-3.7	0.9	5.1	-32.6	0.0	0.0	0.0	-0.1
俄罗斯	2865	-1.4	-8.8	-5.3	265.9	0.0	-0.3	-0.2	9.3
其他国家	16241	-9.0	-35.5	-6.6	-71.4	-0.1	-0.2	0.0	-0.4
全球	103223	223.4	1908.0	644.4	1921.7	0.2	1.8	0.6	1.9
平均值									
TPP-12	33045	285.0	892.8	155.1	759.5	0.9	2.7	0.5	2.3
RCEP	36535	137.4	1516.8	617.9	1248.5	0.4	4.3	1.8	3.5
APEC	58951	239.2	1973.0	553.0	2052.0	0.4	3.3	0.9	3.5

注：详见 asiapacifictrade.org。对于TPP-17和FTAAP结论对比的解释参见脚注。①

---

① 包含17个成员国的TPP与FTAAP两个模型的不同之处不仅在于模板质量（TPP-17被假定更为严格），还在于成员数量（FTAAP有21个成员）。这些差异导致方案间的直接比较更为困难。例如，中国在高标准的TPP-17中获益远超其在广领域的FTAAP中的收益。而美国也是同样情况。而对于中国台北来说，因为它无法成为TPP-17中的一员，所以其在FTAAP中获利更多。

第二，至少就它们的不同收益而言，这些协定存在着有趣的战略分歧。TPP-12有利于至今尚未同美国签订自由贸易协定的越南、日本等国；RCEP有利于相互间尚未达成自由贸易协定的中国、印度、日本和韩国；而只有当RCEP较业已存在的东盟与各方签署的自贸区有实质性升级时，东盟经济体才能从中获益；TPP-17将为中国、美国及其他能够兼得TPP和RCEP优惠的国家带来更大收益。

第三，随着规模的扩大，潜在收益会急剧地增加。例如，将TPP从12国扩展至17国后，其2025年的预期收益将扩大三倍，从2850亿美元增长至8930亿美元。因为这一扩展将许多最大的经济体包括在FTAAP中，总体收益的增幅与此类似。此外，收益还将取决于模板质量。从表1中我们可以看到，一个类似TPP模板质量的FTAAP将获益2.4万亿美元，而一个中等质量的FTAAP只能获益1.9万亿美元。所有案例中的绝大多数收益反映的是贸易创造效应而不是对世界其他地方的利益转移效应。

四、各种融合选项

要实现这些收益，将取决于地区谈判如何使各方相互激励，取决于各国领导人的长期战略选择。各个协定间的竞争通常具有建设性意义，但却不见得会导致最佳结果——即范围最广、自由化程度最高的协定。为达到这一目的，两个大致的替代选项可供参考。

第一选项，TPP或RCEP可以成为区域广泛自由贸易的实现路径。正如上文所提到的，当前的TPP可以扩大至17国，扩员将为新旧成员国带来巨额回报。中美两国从中获利最大，这也必将激励两国在其中发挥联合领导作用。当然，达成如此大规模的协定并非易事，为此中国将不得不接受其之前签署过的自贸协定中所不包括的规定，而美国需要在谨慎实施和自信领导的前提下对国内政策进行大规模调整。然而这一路径却为两国提供了巨大的政治经济机会，一些政府高层也已经意识到这一点①。由于不能达到一些成员国

---

① 2014年4月9日，商务部部长助理王受文和中华全国工商联副主席林毅夫在博鳌论坛发言中都表达了类似的可能性。内容详见http://www.businesstimes.com.sg/breaking-news/asia/china-says-watching-trans-pacific-trade-pact-great-interest-20140409 和 http://www.aastocks.com/en/stocks/analysis/china-hot-topic-content.aspx?id=200000331986&type=18&catg=3。

所期许的标准，RECP发展成为区域合作基础的可能性较小。

第二选项，TPP和RCEP共同发展，最终围绕两者形成一个"伞形协定"。这一协定或许就是人们所预期的FTAAP，它将设置一些低于TPP但高于RCEP的新要求。例如，在降税、服务承诺和知识产权等方面，它会提出中等水平规则。反过来，它将产生的收益也将逊于TPP。这一途径将在开始时产生一个多层体系，经济体可以自由选择接受RCEP、FTAAP还是TPP标准，到最后将汇合成高标准体系。确实，FTAAP可逐步升级，激发这种进展。东盟将几个"10+1"协定和双边协定结合了起来，并将东盟自由贸易区和几个"10+1"伙伴关系进行了升级，东盟的经验为这种渐进途径提供了先例。

有证据显示，与早先的自由贸易协定相比，分别由美国和亚洲经济体发起的这两个贸易协定相似性更大，它们均在借用对方的语言。比如，RCEP的指导方针同TPP结构有所重叠。但无论如何，中美两国的态度至关重要。一个区域性经济协定所能带来的附加收益归功于这两个经济体，要在亚洲路径和太平洋路径之间架起桥梁，它们之间的合作与领导是必不可少的。我们需要对这些路径进行更加深入细致的分析，而APEC正是开展相关对话的理想场合。

五、结束语

亚洲与跨太平洋地区关于区域经济一体化的谈判相互促进，并推动着全球一体化。同时它们也受到商业周期、选举、地缘政治及政治杂音的影响；希望当前的间歇期只是暂时的。

亚太一体化的收益受到模板水平与所涵盖国家的影响，而这两个目标之间存在一定的张力。当前跨太平洋谈判所采用的高规格模板能产生更大的收益，却也阻碍着地区范围的成员参与。但是，这些方案并非不可调和，譬如，我们可以通过上面所说的多路径、多层次的体系，使得加入其中的经济体可以随着时间的推移逐步增加所承担的义务。

本文不拟提出政策建议，但以下四点却值得注意：

（一）APEC可以利用当前谈判的间歇期，加强包括FTAAP在内的地区整合。新的政策对话和研究可以集中在消弭新兴协定间的分歧方面。

（二）TPP与RCEP可以制定"相互接纳"条款——也就是说两个协定承

诺可以考虑快速接纳彼此的成员国，也可以寻找未来扩员的窗口。这些规定并不必担保接纳对方成员，单是确定清晰的时间表就能有助于推出相关计划。

（三）中美两国可以通过双边努力探索出实现区域一体化的"第三条道路"，它们在地区一体化中获得的收益最大，要作的贡献也最大。两国可以缔结一个早期的双边投资条约，然后随需要调整政策，联合加入一个区域协定。

（四）区域贸易协定的经济前景令人期待。但在现代互联网技术推波助澜下，漫长而复杂的谈判激起的特殊利益群体的大规模反对，使得政策制定更为困难。可采取的步骤有很多，如，缔结早期双边投资协定，并为双方共同参与地区范围的协定而做出需要的政策调整等。

参考文献：

[1] Baldwin, R. E., 2006. "Multilateralising Regionalism: Spaghetti Bowls as Building Blocs on thePath to Global Free Trade." World Economy, 29, 1451-1518.

[2] Kehoe, Timothy J., 2005. "An Evaluation of the Performance of Applied General Equilibrium Models on the Impact of NAFTA." in T.J. Kehoe, T.N. Srinivasan, and J. Whalley, eds. Frontiers in Applied General Equilibrium Modeling: In Honor of Herbert Scarf, Cambridge: Cambridge University. pp. 341-77.

[3] Li, Chunding and John Whalley, 2012. "China and the TPP: A Numerical Simulation Assessment of the Effects Involved," NBER Working Paper No. 18090, May.

[4] Petri, Peter A., Michael G. Plummer and Fan Zhai. 2012. The Trans-Pacific Partnership and Asia-Pacific Integration: A Quantitative Assessment.Policy Analysis in International Economics No. 98. Washington: Peterson Institute for International Economics and East-West Center.

[5] Pew Research Center and Bertelsmann Foundation. (2014). Creating a Transatlantic Marketplace: German and American Views. Washington, D.C.

[6] Zhai, Fan, 2008, "Armington Meets Melitz: Introducing Firm Heterogeneity in a Global CGE Model of Trade," Journal of Economic Integration, 23(3), September, pp. 575-604.

（杨子力　译）

第二章

区域全面经济伙伴关系协定

区域全面经济伙伴关系协定：初步评估

亚洲开发银行研究院研究主任

加奈山·维格那拉加

一、引言

大型区域贸易协定正渐渐成为后全球经济危机时代世界贸易体系的主要特征。减少全球供应链贸易的管制壁垒的需要，世界贸易组织（WTO)谈判功能的可信度降低，以及地缘政治都成为该趋势的推动因素（Baldwin，2012）。全世界都关注着美国主导的跨太平洋伙伴关系协定(TPP)以及美国与欧盟的跨大西洋贸易投资伙伴关系协定(TTIP)的谈判。与此同时，亚洲自己的大型区域贸易协定——区域全面经济伙伴关系协定（RCEP)谈判也在悄然进行，值得我们做更多的经济分析，因为它将创造世界上最大的贸易集团，并对世界经济产生巨大影响。

本文将对RCEP作初步评估，并探讨其政策含义，重点回答当前政策讨论中的四个重要问题:（1）RCEP的框架是什么，尤其是其目标、范围和时间表是怎样的？（2）RCEP将对各个国家和行业产生什么样的影响？（3）一些学者认为印度对进一步放开贸易犹豫不决，并将成为RCEP协定谈判的绊脚石，那么加入RCEP对印度到底意味着什么？（4）在谈判过程中和其后，RCEP要取得成功所面临的主要挑战是什么？

二、RCEP协定的框架

RCEP启动于2012年11月柬埔寨金边东亚峰会。(Basu Das, 2012）。虽

然这一伙伴关系将增强东盟在协调区域贸易方面的作用,但是RCEP的主要目标是将两个长期存在的提案整合成一个大的区域贸易协定:(1)东亚自由贸易协定,包括东盟、中国、日本和韩国,(2)东亚全面经济伙伴关系协定,加上了澳大利亚、新西兰和印度。中国支持第一个,日本支持第二个。RCEP通过采用开放的加入方案,容许任何一个符合其模板的国家参与,从而将上述两个提案简捷地联结起来。东盟也被赋予了推动RCEP进程的协调员角色,这有利于更好地照顾东盟小国的利益。

RCEP谈判各方从一开始便拟定了一个较短的时间框架,2013年年初开始谈判,定于2015年年底结束谈判。至今已举行了4轮谈判,最近一场于3月31日至4月4日在中国南宁举行。

各方表示,他们的目标是建立一个现代化的、综合性的贸易协定,谈判将在以下几个主要原则的指导下进行(RCEP谈判各方部长,2012):

1. 与WTO原则保持一致,例如关贸总协定(GATT)24条,服务贸易总协定(GATS)第5条。

2. 进一步完善现存的东盟+1自由贸易区。

3. 考虑到参与国不同的发展水平,对最不发达国家提供特殊和区别性待遇。

4. 设立开放条款,使得今后东盟自贸区中的任何一个成员国和外部的经济伙伴能够参与进来。

谈判议程的核心部分将包括商品贸易、服务贸易、投资、经济技术合作以及争端解决机制,更具体地说,RCEP将致力于取得如下成就:

1. 逐步减少多数货物贸易的关税和非关税壁垒,形成自由贸易区。

2. 大量消除所有部门和各种服务业的服务贸易限制和歧视性措施。

3. 开创一个开放便利的投资环境。

4. 关注东盟内部欠发达国家的特殊需求,先期取消其优势产品的关税,提供发展援助,以此缩小成员国之间的发展差距。

5. 建立争端解决机制以有效地化解贸易争端。

TPP被认为是21世纪富有雄心的处理复杂的边界内规制议题的贸易协定(Schott, Kotschwar and Muir, 2013)。最终TPP有可能在两方面取得比RCEP更加深入的成果。首先,在两个协定都涉及的核心问题中,TPP承诺水平将更高(例如:更快和更加全面的货物贸易自由化)。第二,相比RCEP,TPP将更多地致力于大幅削减贸易壁垒和扩展贸易规则。

RCEP采取关门谈判的方式,因此缺少有关其进度的官方信息。最初的迹象显示,谈判在商品贸易和贸易便利化等方面已经取得了一些进展。谈判各方据说已就关税减让表、原产地规则、海关手续和其他贸易便利化措施达成初步的共识。(见2014年3月31日《中国日报》)。然而,由于存在不同利益方的发展差距,不同的谈判立场,以及商业游说团体的影响,服务业和投资方面的谈判尚需时日。

虽然在贸易议题覆盖面方面,RCEP没有TPP那么雄心勃勃,但是,由于有发展援助帮助相关国家进行调整,这将使发展中国家更容易加入RCEP。因此,RCEP协定有把握取得成功。此外,RCEP将与TPP一道,影响正在兴起的、向亚太自由贸易区目标迈进的区域贸易格局。

三、RCEP的经济影响

RCEP成员国的差距主要体现在人均收入和贸易政策上。表1显示了RCEP各成员国按购买力平价计算的人均GDP,最惠国(MFN)关税水平,以及达成的自由贸易协定的数量。我们将这些国家分为高收入的发达国家(如新加坡、澳大利亚、日本、韩国和新西兰)和相对贫困的发展中国家(如印度、柬埔寨、老挝、越南和缅甸)。各国在贸易开放度方面存在很大的差异,有些经济体MFN关税水平达两位数,有的关税较低。各国对作为贸易政策工具的FTA重视程度也不同,一些经济体有着积极的FTA策略,有些则较消极。

表1:亚洲有关国家人均收入及贸易政策

	人均购买力平价GDP 美元(国际现价)		简单平均、最惠国待遇关税率(%)[1]		已缔结的FTA (个数)	
	2000	2013	2000	2012	2000	2013
东北亚						
日本	25709	36899	3.3	3	0	13
中国	2382	9844	17	2.5	1	14
韩国	16528	33189	9.2	12.1	1	11
东盟						
文莱	43386	53431	2.6	2.5	1	8

续表

	人均购买力平价GDP 美元（国际现价）		简单平均、最惠国待遇关税率（%）[1]		已缔结的FTA （个数）	
	2000	2013	2000	2012	2000	2013
柬埔寨	909	2576	16.4	14.2	1	6
印度尼西亚	2433	5214	8.4	6.7	1	9
老挝	1185	3068	9.5	9.7	3	8
马来西亚	9102	17748	10.2	7	1	13
缅甸	530	1740	5.5	5.6	1	6
菲律宾	2446	4682	7.6	6.3	1	7
新加坡	33195	64584	0	0	1	21
泰国	5015	9875	18.5	9.7	2	12
越南	1426	4012	16.5	9.8	1	8
其他						
印度	1561	4077	32.9	12.4	1	13
澳大利亚	27581	43073	4.5	2.8	1	8
新西兰	19884	30493	2.6	2.1	1	9

注1：关税率为所有商品的简单平均最惠国待遇关税。如无数据则使用5年中最近一年的数据。来源：IMF, 世界经济展望数据库；世界银行，世界整合解决办法数据库；亚洲开发银行，亚洲区域一体化中心。

然而这些不同掩盖不了RCEP贸易集团的巨大集体经济影响力。表2提供了RCEP成员国在人口、GDP、贸易投资方面的世界份额。这些国家占了世界人口的48.8%，全球GDP的28.7%。贸易额占世界总量的27%、引进外国直接投资占世界的24.4%、输出外国直接投资占世界的23.3%。

至于为什么RCEP的实施能够为亚洲创造经济收益，有一些先验性的原因。第一，RCEP有助于将复杂的全球供应链贸易区域化，正是这些贸易使亚洲成为世界工厂。如果能够达成全面的协定，亚洲地区的货物和服务贸易的壁垒将会减少。市场的规模将会超越国界，一个更大的区域性市场将有助于实现规模经济。

第二，如果新的区域规则与WTO有关货物和服务业的协定一致，那么

表2：RCEP 对全球经济的重要意义

指标	量度	占世界比例
人口	34亿	48.8% (2013)
GDP（现值）	21.3万亿美元	28.7% (2013)
贸易（货物与服务进出口）	12.1万亿美元	27.0% (2012)
外国直接投资流入量	3294亿美元	24.4% (2012)
外国直接投资流出量	3247亿美元	23.3% (2012)

注：关于人口与GDP的数字为IMF估值。

来源：IMF世界经济展望数据库；世界银行世界发展指标；UNCTAD（均为2013年2月20日取值）。

RCEP将有助于进一步抑制全球经济中的贸易保护主义情绪，特别是隐性非关税贸易壁垒。

第三，在投资规则的方面，目前只有一个相对基本的WTO协议[《贸易有关的投资措施协议》(TRIMs)]存在。RCEP将促进跨国公司更加便捷地进行直接投资和技术转移，减少投资壁垒，支持建立一套基于区域规则的外国直接投资制度，将进一步促进区域供应链贸易。

第四，通过简化贸易规则，RCEP也将减少亚洲自由贸易协定的重叠，避免多种贸易规则所形成的面条碗效应(Kawai and Wignaraja, 2013)。各方尤其要将原产地规则合理化，并采用电子手段使之更便利、更便于管理。这将减少商业交易的成本，特别有利于中小企业发展。

第五，贸易壁垒的削减也将使食物、消费品进口价格更便宜，这将惠及消费者及低收入家庭。

可计算一般均衡模型(CGE)的模拟可以很好地用来量化通过贸易协定取消货物贸易进口关税和开放跨境服务贸易对收入所造成的影响。CGE模型可以跟踪政策变化对整个经济体造成的影响，并发现意外的经济后果。CGE研究典型地显示了RCEP可以带来显著收益。

一项最近的研究（Kawai and Wignaraja，待出版）表明，RCEP可以为世界经济带来高达2600亿美元的收入增长（或者说相当于0.54%收入基线的变化率）。此外，所有参与RCEP协定的经济体都将获得经济收益（见图1）。

对于东盟的活跃成员，预期收益增长将十分可观：泰国（12.8%），越南（7.6%），马来西亚（6.3%），新加坡（5.4%）。对于其他的东盟国家—老挝，印度尼西亚，菲律宾，以及剩下的东盟经济体，收益增幅将小于3.0%。在东北亚国家中，韩国将是RCEP最大受益国(6.4%)，而日本和中国的收益增幅将小于2%。印度的收益将增长2.4%，澳大利亚3.9%，新西兰5.2%。研究还预期非RCEP成员国将经历程度各异的经济损失。

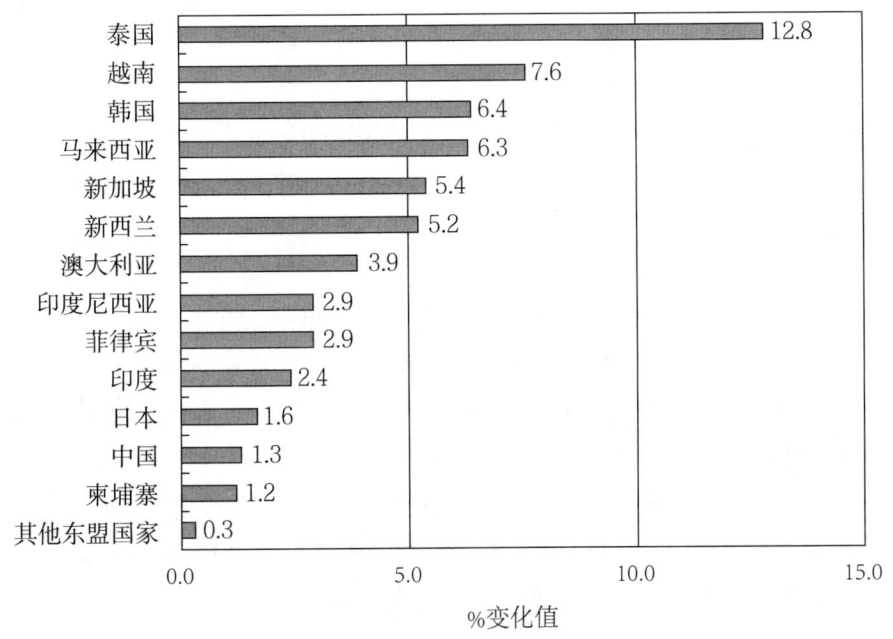

图1：相对于2017年基线的收入变化百分比

该研究也表明，RCEP的实施将推动亚洲产业结构（从农业和其他初级产品）向制造业和服务业大幅转化。制造业内部也将发生转化。在东盟较具经济活力的成员中，泰国将在电子电气、汽车业和服务业方面获得收益，越南是纺织和服装业，马来西亚是金属和金属产品。其他的东盟国家中，柬埔寨在关键部门（纺织和服装）的收益有所下降，菲律宾则在汽车业有所损失。同时，中国在电子电气业有所收益，印度则在服务业和金属业有收益。日本和韩国绝大部分制造部门收益都有增长。有7个国家在农业方面有所损失，其他国家则获益寥寥。

四、RCEP 对于印度的意义

1991年印度的"东向政策"标志着这个南亚大国正努力重振其与东亚地区在文化、国防和经济等方面的重要联系。通过与东亚国家签订自由贸易协定，包括2010年与东盟签订的诸边协定、2005年与新加坡、2010年与韩国、2011年分别与日本和马来西亚签订的双边协定，印度逐步落实了其东向政策。而RCEP框架下的中国—印度、澳大利亚、新西兰—印度贸易联络则填补了印度与其他RCEP国家自由贸易联结的重要缺失。这将使印度融入更大的区域市场和区域生产网络。其他的南亚国家均未表达加入RCEP的意愿，然而一旦它们开始担忧会被孤立于区域一体化进程之外，这种情况将会改变(Wignaraja, 2014)。

以贸易偏好和区域规则为基础的中印贸易为印度提供了重要的优势。然而，在印度一些商业部门，特别是一些进口替代型制造部门对于扩大中印贸易尚存疑虑(如 Mishra, 2013)。有人认为中国低廉的进口制成品不利于印度的商业发展。一些人认为，在商品价格、质量和标准上，印度鲜有公司可以与中国的公司匹敌。还有人对向中国企业，尤其是国企，开放敏感经济部门和基础建设部门，存在顾虑，认为中国国企不公平地得到政府补贴。

但是先入为主的"中国贸易或投资企业绝对优势论"是不合时宜的。RCEP为印度服务业进军中国市场和其他东亚国家提供了途径，而这方面印度已在全球市场占据了相对优势(见 Wignaraja, 2011)。这些领域包括：信息通讯技术，职业服务，律师，银行家，以及教育服务。另外，印度已经成为亚洲和太平洋游客的重要旅游目的地，旅游业为印度企业提供了进一步的发展机遇。相应地，印度应当支持RCEP协定中削减服务贸易壁垒、提高投资规定透明度的条款。在全球市场中，印度的一些制造业部门已见增长（包括药业、汽车业、纺织业、食品加工业），而且在RCEP框架下，这种趋势应当会继续。

由此可见，RCEP对印度制造业、服务业贸易这些领域的企业，不论大小，都将是重大机遇。寻求敏感部门豁免或者对不太景气的生产部门进行保护是一种没有收益的针对RCEP的防御性措施。印度企业应当通过使商品价格、质量、运输趋近国际标准以便为在RCEP框架下逐渐开放市场做准备。

最重要的是，印度企业需要在新科技、质量管理系统、即时采购系统、研发、与海外顾客的关系以及技术训练等方面进行投资。印度政府可以加大交通和能源基础设施投资，落实第二代结构化改革，提供有竞争力的产业金融途径，加大高等技术教育投资，加强科学技术类机构建设，从而支持印度公司的商业过程再造。

目前看来，印度对于RCEP谈判的态度比较积极。RCEP的好处在于它是一个分步走的进程，所以任何国家，只要符合基本框架都可以加入。印度已经与日本和韩国签订了更具野心的自由贸易协定，因此，RCEP对于印度而言相对要容易些。印度企业界应当欢迎RCEP，因为它包括了所有的东盟国家，以及其他一些国家。

五、RCEP面临的挑战

RCEP能否取得成绩取决于在谈判过程中和谈判后能否应对几个挑战 (Basu Das, 2012; Hiebert and Hanlon, 2012; Kawai and Wignaraja, 2013)。首先，我们对于东盟在RCEP谈判中的核心位置的尊重，难免会面临因区域性大国的存在（例如日本、中国、韩国和印度）而带来的政治挑战。其次，应对谈判成员国由于发展不均衡，利益不一致而带来的风险，即RCEP只能达到有限的贸易投资自由化，且还受制于一些国家对于敏感部门的保护。第三，RCEP如何逐步扩大对新的贸易议题的覆盖（例如竞争政策，环境和劳工标准），这些越来越成为亚洲和全球综合性的自由贸易协定的特征。第四，一些企业，特别是中小型企业，可能由于有限的国际竞争力以及对于法律条款缺乏理解而不能够充分利用RCEP的关税优惠。第五，随着WTO在全球贸易治理中心地位的日益削减，RCEP和其他大区域的自由贸易协定可能加剧区域贸易规则和WTO贸易规则的分道扬镳。

六、结论

这篇论文对RCEP进行了初步评估。这是一个比较困难的尝试，因为该协定的谈判在2013年初刚刚开始，目前，关于RCEP协定谈判现状的相关官方信息还较少。本文主要分析了以下几点：

第一，RCEP的雄心水平不如其他大区域协定（如TPP），并且RECP对成员国提供适应性发展支持，这些都意味着RCEP的达成具有相当的可能性。RCEP谈判中设置了嵌入议程，这样，未来可就与规制性壁垒相关的一些更加复杂的贸易问题进行谈判。

第二，RCEP具有全球影响。CGE模型研究发现它将为全球带来显著的经济增长。尽管收益值有所差异，所有成员都将因RCEP获益。同时，RCEP也将带来制造业、服务业经济活动的结构性改变，以及行业部门调整。

第三，印度企业大可不必对于实施RCEP可能带来的竞争过分顾虑。在全球市场，印度在服务业和一些制造领域已经占据了相对优势。印度政府可以通过扩大对制造业的投资，为企业提供良好的政策环境，从而建立与企业的新型合作关系，为RCEP框架下的市场开放做好准备。

第四，本文认识到实现RCEP收益取决于成功应对谈判过程中和谈判后的挑战。主要的挑战在于如何确保东盟在RCEP进程中的核心地位，RCEP如何最终取得合适的雄心水平，以及如何保证RCEP制定最优优惠政策。

RCEP谈判的前途在于充分吸收已有的亚洲自由贸易协定（包括"东盟+1"）的优点，将这些自由贸易协定作为将RCEP质量最大化的基础，遵守达成RCEP协定的时间表，积极吸引私营部门参与谈判。而后需要积极宣传RCEP，为企业服务，降低中小企业使用RCEP的成本，提高其国际竞争力。深化国内结构改革，扩大跨境基础设施投资，促进贸易便利化，这些措施都将吸引私营部门参与RCEP进程。

（黄斐　译）

关于东亚区域内的多轨合作伙伴关系

印度尼西亚战略与国际问题研究中心基金会会长
首席经济学家、董事长

吉斯曼·西曼庄塔

渐进过程的方方面面

只有了解过去三十多年以来东亚地区一体化与合作发展的实际发展过程,才会对包括东盟,或者说东南亚、东北亚、澳大利亚、新西兰以及印度组成的东亚地区有真正深刻的认识。这一定义与自然地理和社会地理几乎毫不相关,而是由深化东盟、东北亚、澳大利亚、新西兰和印度之间贸易,投资以及人员流动这些相互依存的实践所决定的。它也反映了世界其他地方与这一地区的广泛联系,而非仅仅专注于这一小块地理概念。终有一天,世界将会成为一个整体。但是在当前,地区主义的确给经济和社会的进步带来了越来越多的机遇,依靠着融于地区主义的互联互通,无论是物质上的联通、人与人的联通,还是非常重要的制度联通的增强。紧密的互联互通可以把一个自然地域变成一个强大的经济区域(Giulani 2010, Morris 2010)。

总的来说,东亚这个正在崛起的地区,如今已经成为推动世界经济发展的火车头。原因有很多:首先,东亚的增长速度比世界其他地方都快得多。这主要是因为中国。尽管中国经济被公认在放缓速度,但仍然维持年均7%以上的增速。另外一个高增长的贡献者是作为中等经济体的印尼,其年均增长率在6%左右。东亚仍然是一个"充满互补机遇的大区域",这是东亚今后具有增长潜力的原因所在。中国的中等收入人群仍在不断扩大,印度、印尼、菲律宾和越南的发展尽管仍处于较初期阶段，但也在不断赶上。各界人士，无论是商人、专业技术人员、决策层还是学术界人士，都把东亚视为一个值得他们花上时间和精力的地方，都希望能够参与到东亚的发展进程中来，并从中获益。

但是，东亚并非一个同质性地区。这里的差异首先体现在收入和经济发展上。在这一点上，东亚涵盖了几乎所有的收入和发展水平。一方面，这里有缅甸、柬埔寨和老挝等收入非常低的国家；另一方面，这里也是各类高收入国家的"大本营"，如文莱、新加坡、日本和韩国；处于中端下游的有越南、印度、菲律宾和印尼；中上水平的则有中国、泰国和马来西亚。除了最受青睐的经济增长，东亚各国在与经济决策相关的优先领域也各不相同。要在东亚形成一致的经济共同体建设日程，需要进行微妙精细的平衡。地区经济体不同的发展阶段，再加上各不相同的地理环境、政治制度、对外政策和历史因素，使得东亚迄今仍然是一个充满分歧的地区。

东亚的差异还体现在宏观经济状况和政策上。东亚的整体通胀率很低（Kim and Lee 2013），但越南和印度面临着通胀率增长到两位数的风险。东亚的整体失业率也很低，但印度近年的就业率却只有10%左右。此外，东亚的失业率还存在重要的隐性威胁。在好几个经济体中，很多人的工作属于"弱势就业"，一旦受到外部冲击，这些人马上就会丧失饭碗（ILO 2013）。尽管地区范围内的脱贫工作取得显著进展，但与贫困的斗争还远远没有取得胜利。如果按照购买力平价（PPP）来界定贫困线，即每人每天2美元生活费，那么约有68%的印度人、60%的老挝人、49%的柬埔寨人、43%的印尼人和越南人，以及27%的中国人还挣扎在贫困线上。东亚低收入和中低收入经济体的"健康期望寿命"（HALE）还很短。此外，不断升高的基尼系数表明，东亚的不公平正在日益加剧（王锋2011，Saez2013）。

经常账户的情况令人更加不安。1997—1998年亚洲金融危机后，印尼等国经常账户长期保持盈余，却在2013年和2014年开始出现赤字。柬埔寨和老挝的情况更加严重，这两国近年的经常账户赤字比例达到GDP的6%，远远高于公认的4%危险线。但是，这两个经济体依靠国际发展援助，仍然可以解决资金问题。印度的经常账户赤字更高，已经达到GDP的8%，但该国可以依靠资本和金融流动来解决融资。但是，对于印度和印尼这样较大的经济体来说，不管人们对于无偿转让和直接投资流入，或者外来的组合投资有多么乐观，经常账户赤字都是忧患之源。

从经常账户的角度来看，即便外国直接投资（FDI）也不是万能灵药，因为它迟早会导致累积性的流出超过累积性的流入。尽管东亚整体的净投资头寸并不让人担心，但在这方面各经济体之间也存在巨大差异。澳大利亚和新西兰的净头寸分别为GDP的–64%和–69%，但它们仍然能够动员足够量的资本流入。接下来的净头寸为负的东亚国家依次是：印尼（–36%），韩国（–18%），印度和菲律宾（均为–10%）。另一方面，中国的净头寸是37%，日本为56%，新加坡则高达224%。这些统计数字表明了货币政策合作的重要性。东亚正在努力加强《清迈倡议多边化》（CMIM）和东盟与日中韩宏观经济研究办公室（AMRO）的建设，这是一条正确的道路，假以时日，二者可以发展成一个更加全面的宏观经济政策合作架构。

在地区一体化与合作上落后欧洲数十年的东亚，近年来已经在快速追赶。随着1992年东盟自贸区（AFTA）的建立，东盟国家不仅摒弃了对一体化和合作的抵抗情绪，而且还在努力构建定于2015年成立的东盟经济共同体（AEC）。尽管东盟域内的贸易、投资和人员流动均有扩展，但我们必须再次强调，更为恰当的区域界定应该是东亚而不是东盟。东亚东盟经济研究中心（ERIA）的评估表明，既定的目标或许并不能完全达到（ERIA2012,11-16）。尽管如此，AEC总分能够得"B"，这主要归功于货物贸易方面的进展，但在服务、投资和人员流动方面的成绩就小得多了。不能不提及的还有2007年《东盟宪章》的通过。虽然《宪章》没有为东盟国家设定超越国家关系的地区一体化和合作的程度和速度，但它给东盟奠定了一个更加坚固的区域整合的基础。与此同时，东盟也为"后2015"时期制定战略和措施，这对于未来东盟和东亚整体的经济发展可能都至关重要。

在东盟之外，东亚其他的地区一体化与合作进程也取得了进展。东亚业已建立或正在创建的双边自贸区或者伙伴关系有很多；尽管《清迈倡议》还存在缺陷（Siregar and Chabchitrchaidol 2013,7-11），但它已经能够发挥作用，保护东亚免受世界性危机带来的时常而猛烈的冲击，比如2007年到2009年在那些金融体制最发达的经济体爆发的全球金融危机。虽然此前为寻求建立覆盖全东亚的地区一体化与合作而进行的多方努力都宣告失败，但最终促生了定于2015年底达成协议的RCEP谈判。

对东亚来说，还有一点极为重要。这就是让日益增加的贸易、投资和人员往来以及经济共同体建设进程，免受2007—2008年危机后沉渣泛起的保护主义措施的冲击。同样重要的是，要将东亚一体化进程与其他领域的争端隔离开来，尤其是同南海和东海的领土争端和日益升级的军备竞赛隔离开来。这种隔离不仅对于未来区域的经济增长非常重要，而且也像功能主义者和新功能主义者们一直所说的那样，这种隔离是促进良性与和平关系的一个途径。

渐进主义的下一阶段工作

近几十年来东亚一直在向前发展，在商人、投资者和各国政府心目中建立了一个世界上前景最好地区的正面形象，他们认识到（无论直接还是间接）地保持在东亚的存在至关重要。但是如前所述，东亚经济的发展水平相差悬殊是不争的事实。经济增长仍是在东亚发展日程上的紧要项目，就连日本也必须努力提高增长率，这在"安倍经济学"中体现得十分清楚。随着老龄化问题的日益加剧和其移民政策立场的持续保守，日本在提高劳动人口生产率方面将面临更大的压力，这将进一步削弱对发展低附加值制造业和服务业的兴趣，除非它们能实现高度机械化。与日本类似，韩国也必须提高劳动人口的生产率，以便抵消来自老龄化加剧的负担。尽管高收入令新加坡越发难以实现增长，但新加坡也的确在努力超越目前的人均收入水平。由于资源丰富、人口较少，文莱可能在寻求油气之外的替代产业方面毫无紧迫感，但这些化石燃料是注定早晚要用光的。现在尚未回答的问题是，东亚这些非常发达的经济体是否能够及时把握住必要的增长脉搏，是否会屈从于生命周期的宿命而满足于小幅的稳态增长。

对东亚其他国家来说，增长仍将是发展日程上的头等要务。的确，如果中日韩的经验教训对其他东亚经济体都适用的话，达到一个能够让它们安全越过发展陷阱的"逃逸速度"是势在必行的。更不用说，每个经济体面临的挑战各不相同。这是因为它们的各方面要素都不尽相同，包括自然地理、人口、文化、由人口决定的能力水平和多样性、所处的发展阶段以及坚持的经济体制（这些体制关系到所有制结构、国家在经济发展中的角色以及对世界其他地区的开放度等）。为了更明确地突出该问题，在下文中我们将集中讨论人口稠密经济体的情况。只要这些经济体能够以健康的速度增长，人口较稀的经济体就能找到办法随其一起增长，甚至超过它们。

中日韩的经验表明，要实现增长的"逃逸速度"，制造业的持续正增长是不可或缺的。对全球生产网络最新模式的随机观测表明，实际上能够加速发展的只有很少几个分行业，主要是信息通信技术（ICT）、汽车产业和一些消费品产业。仅在这寥寥无几的产业中，产量和贸易增长得最快。也是在这几个产业中，可以实现最深刻的劳动分工。于是就出现了一个根本性的问题：世界能够在多大程度上容纳中国、印度、印尼、菲律宾、缅甸和越南快速增长的制造业？无论你如何回答这个问题，人口稠密的东亚国家都会将制造业视为扩大产出和增加就业的唯一可行的"火车头"。有一些经济体可能会沿着产业目标的方向，在国家领导下加速发展制造业，可由于制造业已经扩散得更广，而且维持保护措施的成本越来越高，因而这种路径成功的可能性已经消失。更多的经济体会采取的路径是通过外国直接投资来驱动制造业加速发展。实际上，通过设立经济特区来催生增长势头的策略仍然是一个促进制造业增长的普遍政策手法，因为可以通过特别的管理规定以及规模经济和范围经济来提高经济特区的发展速度、降低其区位成本。

通过外资催化制造业的持续增长，就需要最大限度的优良政策。其中包括边境措施，使得货物和服务能够在生产网络的不同区位间，以高速且低价的方式流进流出。要做到这一点，东亚的发展中国家尚需努力迎头赶上，以消除与货物贸易相关的非关税壁垒，包括各种标准的制定和实施。良好国内法规也同样重要。比如，基础设施建设方面的困难，尤其是在公私合作情况下出现的困难，部分归因于土地权利。随着单位劳动力成本相对于生产力的逐步提高，在印尼等一些新兴民主国家，与工会打交道变得困难起来。尽管政府在简化外资审批流程上尽了很大的努力，但取得营业许可证仍然十分艰难。各国政府也变得越来越缺乏耐心，逼着外国企业转移技术。此外，基础设施的投资不足是东亚发展中经济体的共同问题，而常规费用（如印尼对燃料等日常消耗的补贴）常常占用了税收的大头。但是，通过公私伙伴关系方式吸引私人投资投向基础设施的收效微不足道，因为合同的草拟和执行都存在很大困难。因此，东亚低收入经济体在互连互通上还远未达到期望。一些国家的政府决定将发展重点放在一些精心选择的都市集群地区，比如印尼力推的《加速与扩大印尼经济发展总体规划》。尽管这些决策看上去是可行的，但要获得成功必须有雄才大略的领导层来掌控，就像中国果断推行经济特区那样。

由于不同区位间存在残酷的竞争，各方不免有所谓的"竞次"诱惑，或者说使用"区位倾销"方式获得较多的制造业外资份额。政府拥有的资源越少，上述诱惑就会变得越大。政府由此陷入零和游戏甚至（在相互摧毁的情况下的）负和游戏的危险是显而易见的。有趣的是，东盟早就认识到这一风险。正是为了要将上述零和游戏最小化，东盟推出了首个实质性合作计划，这个计划主要采取"汇集资源"的方式，比如"东盟工业项目""东盟工业互补计划"和"东盟工业合资计划"。除了运用优惠幅度非常有限的最初级特惠贸易协定之外，东盟还通过市场共享来补充和完善上述汇集资源的计划。不幸的是，在催化其他产业合作方面，上述汇集资源的计划没有一个是谈得上成功的。最终，在八九十年代东盟也选择了贸易自由化的标准路径，兼以单边贸易和投资去管制化。

当然，在一些领域中有关自由化的倡议必须成为未来东盟和RCEP一体化与合作努力的重要部分，其中包括解决东盟相关协议所列的敏感及高度敏感问题的清单。但是，成立AEC和RCEP当然不仅仅是为了加速和保持增长，它们还要让欠发达成员加速发展或者迎头赶上。在带来经济收益的同时，自由化也存在社会性缺陷，因为它会让那些准备充分的成员和业已在某一领域耕耘的企业首先受益，而准备不充分的就只能排队等候。AEC和RCEP也致力于减轻当前的和长期的环境压力。东亚城市面临着严重的淡水短缺、交通拥堵、公共福利设施减少、空气污染、温室气体排放以及许多其他生态压力。东亚亟须造林，还需要采取切实的措施保护海陆生物多样性，商业活动对其造成极大压力。在追求增长的同时减轻环境压力，对东盟和RCEP来说都是艰巨的挑战，只有通过地区合作才能予以应对。

包容性和可持续性的措施

地区主义是一个动态的进程。战后的经验清楚地表明，地区主义的地理范围正变得越来越大。新的成员不断加入现有的地区一体化群体。如，欧盟成员国从最初的6个扩大到27个，东盟成员国也从5个发展到10个。如前所述，地区归根结底是一个人造词汇，地区间的一体化与合作也是可以设想的。东盟和欧盟曾经想要追求跨地区的融合，但由于双方在尚未改革的缅甸的人权问题上存在难以弥合的分歧，这个可能性化为泡影。近来，我们经常

把RCEP和TPP的融合视为通向亚太自贸区（FTAAP）的可能路径，尽管这两者之间的融合，从目前看来还很遥远。

随着形势的发展，地区一体化与合作所涉及的问题也变得越来越全面。比如，欧盟从当初的基于某个行业的共同体发展成一个单一市场，再后来又发展出了单一货币。东盟一开始也被界定为国与国的经济合作，但逐渐发展成一个自贸区，然后又朝经济共同体迈进。地区一体化与合作激发了地理范围的扩大以及涵盖领域的拓展，这一进程一旦启动，便势不可挡。这正是近来人们倾向于将经济地区一体化设想为全面伙伴关系的原因。上述范式在处理区域全面伙伴关系的三组议题方面有所分别。自由化部分尽管并不容易，但在地区一体化与合作的历史上一直是人们下功夫最多的。六十多年来，人们一直从成本与收益的角度对货物贸易壁垒和服务贸易壁垒进行研究、量化和评估，尽管对后者下的功夫较少，并且地区自由化果真减少了这些壁垒。便利化作为自由化有效落实的一个必要条件紧随其后。三个部分中最落后的当属功能性合作，其主要内容是有利于欠发达成员的能力建设。老挝、柬埔寨和缅甸等东盟成员要从贸易自由化中受益，唯一的办法就是通过功能性合作，这可以帮助它们生产出新的可供出口的货物及服务。实际上，新兴国家的那些最不发达地区也面临着同样问题，比如印尼的东部省份。这里的可贸易商品主要就是自然资源，只有在巨大金融资本以及受到良好教育和培训的劳动力的帮助下，才可能对这些资源进行勘探、开采和贸易。这些部门通常被大型跨国公司控制，它们要么独资，要么与手眼通天的本地公司合作。这些产业部门对于那些住在新兴经济体最不发达省份的人们是难以企及的。

各地区集团面临的问题纷繁复杂，可在人力和财力资源方面又捉襟见肘。比如，东盟秘书处2012年的预算还不到1600万美元，其会费缴纳原则是无论能力大小，所有成员数额同等。地区集团通常没有创收能力。东盟和RCEP在制定合作议程方面通常面临很大的难题，因为一方面要使议程对广大的幅员和人口产生足够的影响，另一方面要根据资源约束制定现实的议程。

一个标准是选择能够在地区内有效解决的问题。这类问题可包括空域和海路、工业污染、竞争前研发以及渔业管理等。其他类型的问题可以被视为国家性而非地区性的，如在健康和运输领域的众多问题，其中包括某些互联互通的问题。这种问题的划分方法正在变得越来越随意，越来越多的问题同时兼具地方、地区和全球多种属性。

科技合作代表了另一个重要的优先领域。首先,增长的长期可持续性非常依赖于企业、家庭、公共事业和政府所实践的科技进步。就连从中低收入到中高收入再到高收入的转型过程中,要获得长久的成功也必须依赖科技进步的应用和推广。其次,东盟和RCEP各国在科技水平和能力上差距非常巨大。联合国教科文组织的数据库和《UNESCO科学报告》表明,与该地区顶尖科技强国以及更发达国家相比,东盟大多数国家的研发能力非常有限(UNESCO 2010)。由于研发能力有限,这些国家能够为地区及全球研发合作所作的贡献也非常小。正如皇家学会在其2011年发表的《二十一世纪全球科技合作报告》中(皇家学会2011)提及的,RCEP(包括东盟)中只有很少几个国家有能力参与到广大的国际研发合作中去。如果这一趋势持续下去的话,谁都无法期望东亚能够形成持久的发展融合,而且地区经济体也很可能陷入中等收入陷阱。

应该忠告东盟和RCEP,它们分别应该设立科技项目清单。这些项目不应该被当作转移支付的计划,即有的国家扮演捐助者,另一些则扮演接受者。尽管每个东盟国家都受到严格的资源约束,但由于可以对资源进行再分配,因此各国仍可积极参与到科技协作中来。虽然我们应该鼓励所有国家的参与,但为了进行有效的合作,应该采取"东盟-X"或"RCEP-X"的方式。

找到新的合作抓手对成功来说至关重要。然而东盟和RCEP的问题在于它们很大程度上都是受国家驱动的组织。在这一点上我们需要变革,同时也要认识到促进信息交流的力量,而开放的体系有助于促进信息交流。第二个要素是制度化。东盟和RCEP都严重依赖东盟的中心地位,无论你如何定义它。但东盟面临很大的局限性。东盟一涉及决策问题基本上不过是一个国家联合体,而且财力有限,远远不能满足其雄心勃勃的目标。由于历史原因,东亚不得不依旧继续依赖东盟充当东亚一体化的"推动者"。但是,这一地区似乎越来越需要一个更具包容性的领导力量。按照贡献大小来决定投票权力的清迈倡议多边化安排提供了一个很好的调整模式。单靠"一个经济体一票"的原则,可能不足以推动东亚打造超越目前水平的共同体。

从现在到2025年的世界注定会发生很多重要的变化。多极格局可能会显现出更加清晰的轮廓。财富的再分配将继续向东亚倾斜,尤其是中国,其次是印度和印尼,我这里仅提及东亚那些人口稠密的经济体。但是,东亚在努力攻克发展阶梯上的难关之时，仍将不得不依赖欧美的高科技发展。这意味着东亚的一体化决不应被视为一个排外的集团化，因为这么做与全球化背道而驰。全球化尽管受到激烈的批评，但注定会随着技术的改进得到加强，而且随着政府、商界和民间能力的不断提高，全球化会变得更具包容性、更加尊重环境。东亚各经济体适应这些新现实的速度无疑存在差异。重要的是这种多元化给多轨的共同体建设带来了机遇，让东亚各经济体能够实现渐进性的融合。

（唐奇芳　译）

亚太区域经济一体化的阶段性设想

——RCEP，TPP及FTAAP

早稻田大学国际经济学教授

浦田秀次郎

引 言

亚太地区出现了两个超大型自由贸易协定(FTA),跨太平洋伙伴关系协定(TPP)和区域全面经济伙伴关系协定(RCEP)。TPP谈判始于2010年3月,RCEP谈判则始于2013年5月。虽然有些国家同时参与两个协定的谈判,但两个协定成员仍不尽相同。两个自贸协定都是通向亚太自由贸易区（FTAAP）的路径。尽管两个协定仍在谈判中,内容还有待最终确定,但是对于决策者来说,至关重要的是分析两者之间的关系——是冲突还是互补,并为建立FTAAP这一亚太区域经济一体化的最终目标绘制路线图。FTAAP将有助于亚太经济增长,进而通过营造一个自由开放的营商环境,推动世界经济的增长。这样的营商环境将促进劳动力和资本的有效利用,推动创新,实现经济增长。

本文在亚太区域经济一体化的背景下,分析TPP和RCEP之间的关系。第二部分将对TPP与RCEP做些比较,探讨其相似和不同之处。在第二部分讨论的基础上,最后一部分提出了亚太区域经济一体化分两步走的设想。

TPP与RCEP之比较

RCEP与TPP既有相似也有不同,总结这些情况有助于审视二者的关

系。RCEP和TPP相似之处不多,却有很多不同之处。本文将先分析其相似之处,而后再分析其不同之处。

通向FTAAP的路径

虽然RCEP和TPP的内容有实质性不同,但二者均为自由贸易协定。RCEP和TPP特点均为超大型自贸协定,因为参与谈判国家的数量均较多:RCEP有16个国家参与,TPP则有12个。另外一个相似之处在于,RCEP和TPP都是通向FTAAP的路径。对此特说明如下:

2010年10月在日本横滨举行的亚太经合组织(APEC)领导人会议上,与会者一致认为亚太区域经济一体化的最终目标是建立FTAAP[①]。他们同时认为,有三种建立FTAAP的路径:东盟(ASEAN)+3自贸区(东亚自由贸易区),东盟+6(东亚全面经济伙伴关系协定),以及TPP。东盟+3自贸区和东盟+6自贸区倡议合并为RCEP。所以RCEP也被认为是通向FTAAP路径。相似之处分析到这里。

关于TPP和RCEP的不同之处,让我们分析一下二者的成员、目标、内容和其他问题。

成员

TPP谈判始于8个经济体——新加坡、新西兰、智利、文莱、美国、澳大利亚、秘鲁和越南,后来又有四个经济体加入,即马来西亚、加拿大、墨西哥和日本[②]。现在12个参与TPP谈判的经济体全部都是APEC成员。值得注意的是,TPP谈判特殊之处在于谈判过程中参与国家的数量还在增加。这意味着新增成员意识到TPP的重要性。确实,随着成员增加,TPP也越来越重要,因为自由贸易区是一种歧视性安排,成员增加也会增加对非成员的消极影响。

参与RCEP谈判的包括16个经济体:10个东盟成员——文莱、柬埔寨、印尼、老挝、马来西亚、缅甸、菲律宾、新加坡、泰国和越南,以及中国、

---

① 详见 http://www.apec.org/Meeting-Papers/Leaders-Declarations/2010/2010_aelm.aspx。

② 关于TPP的内容、重要性、困难议题及其他相关内容的非常不错的分析参见Jeffery J. Schott, Barbara Kotschwar, and Julia Muir, *Understanding the Trans-Pacific Partnership* (Washington, DC: Peterson Institute for International Economics, 2013)。

日本、韩国、印度、澳大利亚和新西兰。虽然RCEP也可接受新成员，但到目前为止还没有新成员加入①。

七个经济体同时参与RCEP和TPP谈判，即文莱、马来西亚、新加坡、越南、日本、澳大利亚和新西兰。参与RCEP谈判但是没有参加TPP谈判的是柬埔寨、印尼、老挝、缅甸、菲律宾、中国、韩国和印度。其中，柬埔寨、老挝、缅甸和印度不是APEC成员，而印尼、菲律宾、泰国、中国和韩国则是APEC成员。由于TPP可能只面向APEC成员，柬埔寨、老挝、缅甸和印度没有资格参与TPP谈判②。值得注意的是，柬埔寨、老挝和缅甸与其他RCEP经济体相比处于经济发展的早期阶段。参与TPP谈判但没有参与RCEP谈判的是智利、美国、秘鲁、加拿大和墨西哥。这些经济体都不在亚洲。马上会引起注意的是，中国和印度这两个亚洲大国没有参与TPP谈判，而另外一个大国美国则没有参与RCEP的谈判。这样，有些人就认为TPP和RCEP是冲突的，因为中国和印度——特别是中国——正在努力建立一个不包含美国在内的区域框架，而美国正努力建立一个不包含中国的区域框架。

TPP和RCEP经济指数粗略比较如下：表1表明，RCEP拥有比TPP成员大得多的34亿人口，而后者人口仅为8亿。TPP成员拥有28万亿美元GDP，高于RCEP成员的21万亿美元③。TPP和RCEP的贸易总额规模相近，即二者进出口总量相似，均为10万亿美元左右。就其世界份额而言，RCEP成员占世界人口的48.3%，占世界GDP的29.2%，占世界贸易的28.3%，而TPP成员所占相应份额则分别为11.3%、38.8%、25.8%。这些数据表明，由于TPP和RCEP在世界经济中均占很大份额，二者对世界经济都很重要。最后，应该注意的是，TPP成员的人均GDP平均为32751美元，远远高于RCEP成员的18879美元，这表明RCEP中包含了收入较低的经济体。

---

① 2012年发布的《RCEP谈判指导原则与目标》指出，东盟的任何尚未参与RCEP初始谈判的自贸区伙伴，须满足所有其他参与谈判的经济体所同意的条件和要求，方能准予参与谈判。

② TPP成员资格规则尚未确定。根据原初的TPP规定，非APEC成员也可加入TPP。《跨太平洋战略经济伙伴关系协定》第20章第6条指出，APEC及其他国家若满足《协定》各方所同意的条件即可加入该《协定》。见http://www.mfat.govt.nz/downloads/trade-agreement/transpacific/main-agreement.pdf。

③ 所有统计数据均为2012年的数字。

表1：TPP与RCEP成员国经济指标

		人口		GDP		人均GDP	贸易额	
		（百万）	（%）	（美元10亿）	（%）	（美元）	（美元10亿）	（%）
RCEP	中国	1350.7	19.2	8227.1	11.4	6091.0	3886.9	10.4
	韩国	50.0	0.7	1129.6	1.6	22590.2	1067.5	2.9
	印度	1236.7	17.6	1841.7	2.5	1489.2	782.6	2.1
	柬埔寨	14.9	0.2	14.0	0.0	944.4	19.2	0.1
	印尼	246.9	3.5	878.0	1.2	3556.8	378.4	1.0
	老挝	6.6	0.1	9.4	0.0	1417.1	5.1	0.0
	缅甸	52.8	0.7	52.5	0.1	861.0	20.4	0.1
	菲律宾	96.7	1.4	250.2	0.3	2587.0	117.4	0.3
	泰国	66.8	0.9	366.0	0.5	5479.8	477.1	1.3
RCEP与TPP	文莱	0.4	0.0	17.0	0.0	41126.6	17.0	0.0
	马来西亚	29.2	0.4	305.0	0.4	10432.1	424.0	1.1
	新加坡	5.3	0.1	274.7	0.4	51709.5	788.1	2.1
	越南	88.8	1.3	155.8	0.2	1755.2	228.4	0.6
	日本	127.6	1.8	5959.7	8.2	46720.4	1684.4	4.6
	澳大利亚	22.7	0.3	1532.4	2.1	67555.8	517.8	1.4
	新西兰	4.4	0.1	167.3	0.2	37749.4	75.6	0.2
TPP	美国	313.9	4.5	16244.6	22.4	51748.6	3882.7	10.5
	加拿大	34.9	0.5	1821.4	2.5	52219.0	929.7	2.5
	墨西哥	120.8	1.7	1178.1	1.6	9748.9	751.4	2.0
	智利	17.5	0.2	269.9	0.4	15452.2	158.1	0.4
	秘鲁	30.0	0.4	203.8	0.3	6795.8	88.2	0.2
	RCEP	3400.5	48.3	21180.6	29.2	18879.1	10469.6	28.3
	TPP	795.5	11.3	28129.8	38.8	32751.1	9545.2	25.8
	World	7046.4	100.0	72440.4	100.0	10280.5	37006.6	100.0

注：除缅甸的GDP与人均GDP数据来自东盟秘书处以外，其余数据均来自世界银行。

来源：世界银行，世界发展指数，浏览时间2014年3月30日。

东盟秘书处，http://www.asean.org.cn/news/items/selected-key-indicators，浏览时间2014年3月30日。

目标

虽然RCEP和TPP均为自贸协定，但两者目标大为不同。TPP的目标是促进TPP伙伴经济体的贸易和投资；推动创新、经济增长和发展；创造并保留就业机会①。要想实现这些目标，则需通过建立一个自由开放的商业环境，通过达成一个全面的新一代区域协定，实现贸易和投资自由化，解决新兴和传统贸易问题，应对21世纪挑战②。TPP将为未来自贸协定制定充满雄心的标杆。

RCEP的目标是在东盟与东盟自贸协定伙伴国之间达成现代、全面、高质量、互利的经济伙伴关系协定，以便支持并促进经济一体化，公平经济发展，加强成员间的经济合作③。

虽然TPP和RCEP都是为推动经济增长和发展而达成的高质量的全面的贸易协定，但是它们在经济增长和经济发展的侧重方面却有所不同。RCEP最重要特点之一是通过经济合作达到经济的合理发展。相比之下，TPP并不强调经济合作。由于RCEP成员包含最不发达的经济体，如柬埔寨、老挝、缅甸，而这些国家经济的发展对于区域经济可持续增长和社会稳定非常重要，RCEP自然要重视经济合作。

涉及议题的范围

如上所述，TPP和RCEP所涉及的范围有所不同，这体现了它们不同的目标。确实，RCEP涉及货物贸易、服务贸易、投资、经济及技术合作、知识产权、竞争、纠纷解决及其他问题。相比而言，TPP涉及的范围非常广泛而全面，并在以下领域成立了24个工作小组：工业货物市场准入、农业、纺织品、技术性贸易壁垒（TBT）、卫生与植物卫生措施（SPS）、原产地规则、关税合作、投资、服务、金融服务、通信、电子商务、商务人员跨境流动、政府采购、竞争、知识产权、劳工、环境、能力建设、贸易救济、法律及制度框架。除了这些具体议题以外，还涉及了贯穿其中的"横向议题"，如监管一致性、竞争力、发展及中小型企业议题等。

但是，以上比较并不能完全说明问题，因为RCEP对所涉及议题的范围

---

① 美国贸易代表办公室（USTR）办公室网站，http://www.ustr.gov/about-us/press-office/fact-sheets/2011/november/united-states-trans-pacific-partnership。

② TPP Leadership's Statement on November 12, 2011, http://www.ustr.gov/about-us/press-office/press-releases/2011/november/trans-pacific-partnership-leaders-statement, accessed on March 30, 2014.

③ 《RCEP指导原则与目标》2012。

说得很笼统，与TPP相比细节很少。如果深入考量RCEP所涉及的范围，二者的不同就没有那么明显了。表2表明，其不同之处主要在于环境、政府采购、劳工及贯穿其中的横向议题，比如规制一致性，TPP提到了这些问题，但是RCEP却没有涉及。尽管这仅仅是很多议题中的四个，但它们对于发达经济体如美国来说却很重要，因为美国需要一个公平的竞争舞台，实现经济的可持续增长。另一方面，这些议题却对发展中经济体构成挑战。

表2：比较TPP和RCEP所涉及的范围

	TPP	RCEP
货物贸易	●	●
—货物市场准入	●	●
—纺织品和服装	●	○
—原产地规则	●	○
—海关	●	○
—贸易便利化		●
—技术性贸易壁垒	●	○
—卫生与植物卫生措施	●	○
—贸易救济	●	○
服务贸易	●	●
—跨境服务	●	●
—金融服务	●	○
—电信	●	○
—临时入境	●	
投资	●	●
经济技术合作	●*	●
知识产权	●	●
竞争	●	
纠纷解决	●**	●
法律及制度议题	●	○
其他	●	●
—电子商务	●	●

续表

	TPP	RCEP
—环境	●	
—政府采购	●	
—劳工	●	
—横向议题	●	

注:"●"指协定涉及此项,RCEP 的"○"指从东盟 +1 自贸协定和东盟经济共同体的角度来看,此项很可能会涉及。

* "合作与能力建设"

** 实行协定的"法律问题"包括纠纷解决。

来源:摘自东盟和东亚经济研究所福永(Fukunaga)的著作并修改。

承诺水平、对发展中经济体特殊与区别待遇及协定模式

这一部分将会分析 TPP 和 RCEP 在承诺水平、对发展中经济体的待遇以及协定模式方面存在的区别。上一部分讨论了两者所涉及范围的主要重叠部分——当然这方面也有明显不同。撇开重叠部分不谈,这两个框架在承诺水平方面存在明显不同。显然,承诺不同的领域之一,就是贸易自由化水平,或者产品的市场准入程度。TPP 谋求全部消除关税,也就是100%实现贸易自由化,然而事实上一些成员的贸易自由化率(消除关税的关税税目所占关税税目总数比例)为97%—98%。这是由一些产品的政治敏感度所决定的,比如糖在美国和日本。相比之下,RCEP 的贸易自由化率要低很多。有观察人士预测,根据5个东盟+1 FTA 所取得贸易自由化,RCEP 将实现90%的贸易自由化率。东盟在每个东盟+1 FTA 中几乎都实现了90%贸易自由化,然而东盟与东盟+1 FTA 伙伴一般只对73.3%的关税税目取消了关税①。考虑到RCEP 谈判更容易采纳统一关税减免而非双边关税减免,即便是达到90%的贸易自由化率仍需要东盟国家付出很多努力。另外,应该指出的是印度与东盟FTA 中的贸易自由化率是最低的,仅为78.8%,这表明要达到90%贸易自由化率将会遇到巨大困难。为了达到90%贸易自由化率,除了澳大利亚和新

---

① See Yoshifumi Fukunaga and Arata Kuno, "Toward a Consolidated Preferential Tariff Structure in East Asia: Going beyond ASEAN+1 FTAs." ERIA Policy Brief No.2012-03, May 2012.

西兰，非东盟的RCEP成员也要付出艰辛努力。澳大利亚和新西兰已在与东盟签署的FTA中实现了100%的贸易自由化率。

TPP和RCEP的一个主要不同之处就在于对最不发达经济体的待遇。东盟+6贸易部长一致同意为RCEP中最不发达的东盟成员提供特殊与区别待遇。这种待遇和现有的东盟加+1 FTA是一致的，即考虑到参与RCEP谈判成员不同的发展水平[①]。对于最不发达东盟成员给予特殊与区别待遇的一个具体例子，就是东盟与中国FTA推迟了新东盟成员实现贸易自由化的时间。TPP的协定内容没有为最不发达成员提供特殊与区别待遇，只是为最不发达经济体实施协定制定了不同的时间表。对于最不发达经济体的不同待遇似可归结于对政府保护经济发展作用的不同理解。在TPP的引领者美国看来，政府保护引起的市场扭曲会阻碍市场发展，而许多参与RCEP的东亚经济体却认为政府保护有利于最不发达经济体。

另外一个重要的不同之处就是协定模式。如上所示，TPP所涉及的内容非常全面，并以"一揽子"方式，从开始就涵盖所有内容或元素。这是美国参与全面自贸协定谈判的惯常做法。与TPP不同，RCEP可能采用循序渐进的方法，在不同时间谈判内容和实施内容是不同的，取决于达成一致的难度[②]。例如，首先讨论货物市场准入，比如到2015年实现，2015年后再进行服务贸易和投资的谈判。尽管为不同内容设定不同时间表，但对RCEP来说，在一个具体时间内完成谈判十分重要，比如2025年，这将比谈判原定结束时间晚十年。东盟在建立东盟经济共同体（AEC）方面采取的就是这种循序渐进方式，考虑到RCEP成员在经济发展、结构和体制方面的多样性，这种方式也许是务实的。

亚太自由贸易区的两个阶段性设想

到目前为止，我们知道RCEP和TPP在成员、目标、内容和其他特点方面都不尽相同，尽管二者均为内容全面的自由贸易协定。RCEP强调通过经

---

① 《RCEP指导原则和目标》2012。

② RCEP中的许多专家均推荐这种渐进有序的方法。参见RCEP专家圆桌会议 "Recommendations on the Approaches to be Adopted in the Negotiations of RECP and Its Implementation," 2013.

济合作实现合理可持续的经济发展,从浅层一体化开始(所涉及的范围有限,且贸易自由化程度相对较低),逐渐达到深层一体化。RCEP的最终目标是建立东亚经济共同体,也即AEC的延伸。另一方面,TPP将会通过实现高水平贸易和投资自由化,通过制定高水平竞争、知识产权、政府采购和其他领域的规则,来营造一个以规则为基础的、自由、开放的经济环境。TPP的目标是发展成为FTAAP,而FTAAP则有望最终成为WTO 2.0版或全球经济规则。

考虑到以上不同,RCEP和TPP既可互补又可共存,并且它们无须合并成为FTAAP。确实,这两个区域框架也可被当做实现FTAAP的两个阶段,FTAAP是亚太区域一体化的最终目标。而RCEP最后则会发展成为东亚经济共同体。东亚的发展中经济体可先参加RCEP,当其经济发展到可接受高标准经济规则时再加入TPP。为了实现这一设想,RCEP和TPP都需要接纳合格的新成员加入。最后,需要强调的是,早日完成并实施RCEP和TPP对促进亚太区域经济一体化非常重要,这也将促进区域经济发展和增长。

(何丹 译)

区域全面经济伙伴关系的中国视角

福建社会科学院《亚太经济》杂志总编
广西大学中国—东盟研究院研究员

全 毅

中国社会科学院亚太与全球战略研究院
新兴经济体研究室主任、副研究员

沈铭辉

一、区域全面经济伙伴关系的历程

从区域全面经济伙伴经济关系的筹建过程看,RCEP是由东盟规划和推动的。2011年2月东盟第18次经济部长会议,首次提出组建区域全面经济伙伴关系的概念和草案;在同年8月举行的"10+6"经济部长会议上,中日两国共同提出了《关于加快实现EAFTA和CEPEA构想的倡议》,建议将之前的"+3"或"+6"的伙伴国问题用"10+"的形式予以搁置,采取"10++"的形式,以打破东亚区域经济一体化进程的胶着状态,加快地区自由贸易区(FTA)的谈判进程,并组建货物、服务和投资三个谈判工作组。在2011年10月东盟经济部长非正式会议上初步提出《区域全面经济伙伴关系协定》草案,而于同年11月的第19届东盟峰会中,东盟在吸收中日两国倡议的基础上,正式提出组建广域一体化组织RCEP,并通过了《东盟区域全面经济伙伴关系框架文件》,作为未来推动RCEP谈判的指导性文件。

2012年2月东盟经济部长会议决议,设定以降低成员彼此间90%—95%

的货物关税，以及实施大多数服务业部门的自由化作为目标。同年8月底，东盟"10+6"经济部长会议就RCEP谈判达成实质性共识，签署了《RCEP谈判指导原则和目标》，计划于2013年启动并在2015年结束谈判。按照东亚机制建立亚太自由贸易区（FTAAP）的路径将是，以东盟为轴心，在东亚地区逐步建成包括东盟、中国、日本、韩国、澳大利亚、新西兰和印度等东亚经济体的自贸区，然后吸收太平洋彼岸的其他亚太成员加入，最终组建FTAAP。

东盟之所以积极推动RCEP，主要原因有二：一是自从美国2008年宣布加入并主导跨太平洋伙伴关系协定（TPP）后，不仅东亚地区大国积极参与，近半数的东盟成员也鱼贯跟进，TPP扩容进程显著提速，东亚地区FTA的中心转移到亚太地区，美国主导的势头开始凸显。这令东盟担心TPP会损害东盟对东亚地区经济合作的主导权，更担心部分成员国参加TPP而使其离心趋势增强。如果没有RCEP，东盟的吸引力就会大大下降，甚至会影响东盟共同体的建设。在这种背景下，虽然东盟之前对于中日两国围绕东亚经济合作模式的争论一直冷眼旁观，但由于担心其影响力下降，遂提出了RCEP。二是通过领导RCEP凸显其在东亚区域合作中的中心地位。① 东盟与6个国家构建了5个"10+1" FTA，尽管这些FTA保持了东盟的中心地位，但是对东亚的开放市场为基础的区域生产网络构成新的障碍（所谓"面条碗效应"）。② 因此，整合分散的多个"10+1"自贸区成为地区的共同需求，③ 东盟主动推出RCEP，构建东盟与其他国家的新关系既有利于巩固东盟在东亚区域经济一体化进程中的主导地位，也有利于整个地区。

二、RCEP的战略意义

东亚地区是当今和今后世界经济发展最有活力和潜力的地区。RCEP包

---

① Murray Hiebert, Liam Hanlon, ASEAN and Partners Launch Regional Comprehensive Economic Partnership, Dec 7, 2012, [EB/OL] http://csis.org/publication/asean-and-partners-launch-regional-comprehensive-economic-partnership.

② 沈铭辉.应对意大利面条碗效应——兼论东盟在东亚合作中的作用[J]. 亚太经济, 2011(2): 14-15。

③ Hank Lim, The way forward for RCEP negotiations[EB/OL], East Asia Forum, December 3rd, 2012, http://www.eastasiaforum.org/2012/12/03/the-way-forward-for-rcep-negotiations/.

括了最有发展潜力的大发展中经济体，如中国、印度和印尼。RCEP制定的新规则将促进东亚区域经济的进一步发展。其一，新规则将有利于区域和国际生产网络的调整、升级和运行；其二，对区内经济政策、法规和管理进行协调与统合，有利于货物、服务和投资的便利化；其三，制定和实施经济合作的规则，有利于改善区内经济发展的环境。正如张蕴岭指出的：从这个意义上说，RCEP是"东亚版的发展回合"。RCEP制定这样的新规则，会更有助于东亚地区的经济发展，也会对其他地区，尤其是发展中国家提供有益的借鉴经验，从而大大提升其世界的吸引力和影响力。从未来发展看，鉴于几个最有发展潜力的大发展中经济体参与RCEP，它的影响力可能更大，其规则也会对未来的多边进程拥有影响力，对以发达国家为代表的新规则制定是一种有益的应对和平衡。①

目前，在RCEP国家之间以东盟为核心签署的5个FTA彼此缺乏有机的联系，以涵盖东亚地区为目标的RCEP将其进行整合并实现一体化，可以克服众多双边FTA造成的"面条碗效应"（见图1），RCEP将创造比5个"10+1"更多的经济效益。根据彼得·派特瑞等人的研究结果，至2025年RCEP创造的收益将达到6444亿美元，多于"10+3"可能创造的5000亿美元，也高于TPP（16）创造的4509亿美元的收入。② 特别是中国、印度、日本和韩国等国

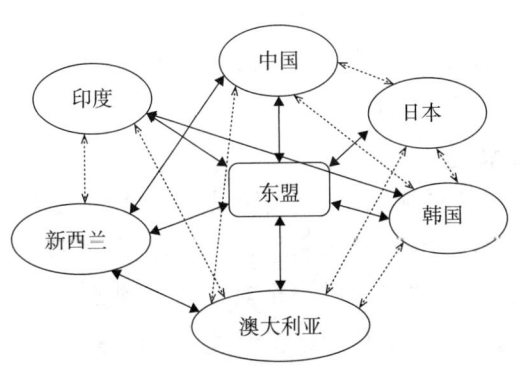

已经签署的 FTA ⟵⟶　　正在谈判中的 FTA ⟵┄┄⟶

图1：RCEP各经济体之间已签订和正在、将要谈判的双边或多边FTA

---

① 张蕴岭：地区架构制度性分裂：中国的自贸区战略与复兴APEC.《亚太经济》2014（2）。

② TPP16为TPP12+泰国、菲律宾、印尼和韩国。数据来源：www.asiapacifictrade.org。

将因RCEP而获益良多，因为它们之间现在没有FTA。6444亿美元的收益中将有5190亿美元流入这些国家。① 这将使东亚国家获得推动区域一体化的更多动力。

与世界其他地区相比，东亚地区的经济一体化程度最低，基本上还是一盘散沙。多年来，由于区域内的大国竞争，中国、印度、日本之间要达成自贸协议难度很大，更不用说推动覆盖整个东亚的区域经济一体化建设。如果RCEP谈判成功，将成为东亚乃至亚太区域经济合作和一体化进程中的重要里程碑。

三、RCEP的谈判前景

根据《RCEP谈判指导原则和目标》，RCEP的8项原则为：一是确保与WTO的整合性；二是对"10+1"FTA进行大幅度改进；三是确保贸易投资的顺利发展和透明性；四是对参加的发展中国家给予照顾；五是继续保持现有的FTA；六是引入与新参加国有关的条款；七是对参加谈判的发展中国家提供援助，八是同时推进货物贸易、服务贸易、投资等8个领域的合作。RCEP确立的目标：一是推动东亚地区的市场开放，构建区域一体化大市场，增加区内的贸易、服务和投资，提升区内的经济活力；二是制定规则，解决多个"10+1"FTA规则不一致，相互交叉造成的"面条碗效应"；三是推进经济合作，改善区内经济发展环境。② 鉴于RCEP的重要性，有必要明确RCEP的框架，以便在此基础上推进谈判进程。

1. RCEP的框架

首先，确定RCEP的谈判议题。根据前述《东盟区域全面经济伙伴框架文件》与2012年8月"10+6"经济部长会议签署的《RCEP谈判指导原则和目标》，未来RCEP将依据东盟与6个对话伙伴国签署的5个"10+1"TFA，整理出各国在FTA中的自由化承诺，汇集筛选成未来谈判使用的范本。从RCEP的指导文件中不难发现，但凡两个"东盟+1"FTA出现的贸易投资议题均已经被明确列为RCEP谈判议题，即货物贸易、服务贸易、直接投资、

---

① 彼得·派特瑞: TPP和RCEP谈判的经济学，唐国强主编《亚太与东亚区域经济一体化形势与建议》，世界知识出版社2013年12月，第10—24页。

② 参见Guiding Principles and Objectives for Negotiating the Regional Comprehensive Economic Partnership, http://www.meti.go.jp/press/2012/11/20121120003/20121120003-4.pdf。

原产地规则、海关程序、技术性贸易壁垒、经济与技术合作、知识产权、竞争政策、解决争端等领域将构成未来RCEP谈判的主要议题。RCEP谈判承诺要对这些"10+1"FTA进行大幅度改进，构建这些领域的新国际贸易规则。其中，货物贸易、服务贸易和直接投资是RCEP未来谈判的核心[①]。对于政府采购、劳动和环境等领域，由于发展中国家的反对，没有被包括在内。同时，将经济与技术合作和（越老柬缅）特殊与差别待遇纳入谈判时考虑到东亚成员间的经济发展差距。

其次，确定RCEP的自由化程度。根据RCEP指导原则文件，RCEP自由化程度将超过目前的"东盟+1"FTA。东盟国家欲改变国际认为东盟经济整合程度松散、自由化品质不佳的印象，各国同意推动"高水准"的自由化工作，不让TPP专美于前。RCEP将涵盖货物降税、服务贸易自由化、消除非关税壁垒、改善投资环境与自由化等内容。

（1）货物贸易自由化。各国同意RCEP的最终目标是逐步消除所有货物贸易之关税和非关税壁垒，建立高标准的FTA。为达成目的，未来关税谈判将更为全面性，以追求高程度自由化。但为寻求区域经济整合的最大利益，早期关税减让货品的优先顺序将视东盟最低度开发国家的利益而定。因此，预计RCEP将推动90%—95%的货物降低关税，仍将允许5%—10%的货品免于降税。即便如此，部分自由化程度较低的国家比如印尼、越南、老挝、缅甸、柬埔寨、印度等欲达成降税目标仍有相当难度。

表1："东盟+1"FTA零关税商品税目比较

协定	东盟—中国FTA	东盟—韩国FTA	东盟—日本FTA	东盟—印度FTA	东盟—澳新FTA
东盟	94.5%	93.3%	89%	75.6%	93.8%
对象国	94.3%	89.9%	64.5%	74.2%	100%

（2）服务贸易自由化。根据RCEP谈判指导文件，RCEP服务贸易谈判的规则与义务将与WTO的GATS一致。依据各成员国在GATS以及"东盟+1"FTA中所做的自由化承诺为基础，寻求服务贸易进一步的自由化。惟

---

① ASEAN Secretariat, *Guiding Principles and Objectives for Negotiating the Regional Comprehensive Economic Partnership*, November 2012.

其在"东盟+1"FTA中的自由化承诺内容相当保守。例如,东盟与中国FTA中,仅新加坡、马来西亚、菲律宾与泰国,较其在WTO下的服务业承诺提出了进一步的市场开放,至于越南和柬埔寨则未做任何额外承诺;中国开放的服务业部门仅5个,26个分部门。东盟与韩国签署的FTA中情况十分类似。只有东盟与澳新、东盟与日本的服务贸易自由化水平相对较高,澳新开放的服务业部门达到11个,85—99个分部门,日本则开放11—12个服务业部门、100—150个分部门。东盟优先开放的服务业是旅游业、物流服务、航空运输、医疗保健、电子商务等领域,而发达经济体则热衷运输、通信、金融等服务部门。因此,未来服务贸易谈判如何达成目标值得关注。

(3)投资便利化与自由化。在东盟国家已经签署的FTA中,虽然多数包含有投资协议或投资专章,但仍然以投资促进和保护为主,较少涉及给予外资实质性的开放待遇。相比于制造业部门的外商投资自由化,服务业部门的外商投资自由化程度更低。RCEP的目标是在投资议题的谈判范围中纳入投资促进、投资保护,以及投资便利化与自由化四大投资相关议题,促进谈判成员放宽外商投资限制与禁令,在FTA内创造一个更自由、便捷与竞争的投资环境,有效吸引外国投资。目前5个"东盟+1"FTA在投资条款上的差异最小,只有中国未放开投资前国民待遇和业绩要求条款,谈判存在一定压力。

(4)经济与技术合作。除东盟—印度自贸协定外,其他4个"东盟+1"FTA都将经济技术合作单独成章,尽管各方FTA经济合作的侧重点各不相同,但是一般都就投资、贸易便利化等方面进行了原则性规定。韩、中两国更多地侧重于具体合作领域,澳、新更侧重于合作的规范性设计。这些经济技术合作事项原则上将成为RCEP经济与技术合作条款的基础。该条款的目的是缩小成员间经济发展差距及实现成员间利益的最大化。实际上,东盟与对话伙伴国间多年来早已建立密切发展合作关系,不仅日、韩、澳、新提供东盟国家各类官方援助计划或技术协助与能力建设事项,仍属发展中国家的中国、印度也不遑多让、积极提供。RCEP正式将经济与技术合作事项纳入协定后,未来东盟成员争取对话伙伴国提供各类援助计划将更具有法律基础。

(5)知识产权保护。日本与东盟各国的FTA、澳新与东盟的FTA都签订有单独的知识产权章节。东盟与中国、韩国、印度的FTA虽然没有单独知识产权章节,但在经济技术合作章节中订有知识产权条款。RCEP将知识产权条款作

为重要谈判议题，制定较WTO知识产权保护更高的标准，透过知识产权保护及执行上的合作，来降低知识产权对贸易和投资的障碍，促进经济合作和对知识产权的利用。知识产权作为商业活动与吸引投资的基础，东盟国家将知识产权纳入RCEP，以显示其改善投资环境，以吸引外资的决心。

（6）竞争政策。完备的竞争政策是确保商业环境能够有效促进竞争、提高经济效益、维护消费者利益，以及抑制反竞争行为的法制基础。东盟—澳新FTA就竞争政策进行了原则性约束，同时还就部分具体纪律以合作的形式加以确立。竞争条款在日本与东盟签署的双边FTA中也有所体现，但并未体现为严格的纪律约束。东盟与中国、韩国和印度的FTA则都没有涉及竞争条款。RCEP引入竞争政策条款的原因，主要是向外界展示东盟区域内商业环境正日臻完善。但鉴于东亚发展中程度较低的国家还没有竞争法律，未来RCEP将采取严格的竞争法律，抑或仅仅强调维持竞争原则与精神，还有待观察。

（7）争端解决机制。一般而言，FTA成员间因贸易、投资活动频繁，极易发生贸易摩擦和投资纠纷。例如，北美自贸区成员美国和加拿大间经常因贸易纠纷而诉讼不断。因此，为解决未来成员间可能发生的贸易与投资争端，RCEP将建立一套争端解决机制，以提供成员间有效率且透明的咨询与争端解决程序。

2. RCEP的谈判方式

谈判方式对谈判的进程有直接的影响。RCEP以既有的五个"10+1"FTA为基础，进一步扩大东盟与六个对话伙伴国之间合作的深度和广度。因此，从理论上讲，RCEP各成员国间早已拥有相当程度的合作基础，各国若能善用既有资源，对于RCEP谈判进程可能带来实质性帮助。然而，要整合这些差异很大的FTA并非易事。根据以往的经验，整合现有的5个"东盟+1"FTA，并不比重新谈判更加容易。①

2012年11月，在第七届东亚峰会上，RCEP谈判正式启动，到目前为止，已经进行了三轮谈判。首轮谈判于2013年5月9—13日在文莱的斯里巴加湾市举行，中国、日本、韩国、澳大利亚、新西兰、印度以及东盟10国均派代

---

① 沈铭辉：《构造区域全面经济伙伴关系协定——走向统一的地区架构》，《东北亚论坛》2013年，第3期。

表团与会组成贸易谈判委员会。本轮谈判正式成立货物贸易、服务贸易和投资三个工作组，并就货物、服务和投资等议题展开磋商。

第二轮谈判于2013年9月23—27日在澳大利亚布里斯班举行。本轮谈判期间，贸易谈判委员会和货物贸易、服务贸易、投资等三个工作组召开会议。货物贸易方面，各方重点讨论了关税减让模式和章节结构及要素等问题，并就关税和贸易数据交换、原产地规则、海关程序等问题进行了交流，决定成立原产地规则小组和海关程序与贸易便利化小组。服务贸易方面，各方对协定章节结构、要素等问题展开讨论，并就部分各国感兴趣的服务部门开放问题初步交换意见。投资组重点就章节要素进行了讨论。此外，各方还就经济技术合作、知识产权、竞争政策和争端解决等议题进行了信息交流。

第三轮谈判于2014年1月21—25日在马来西亚吉隆坡举行，此轮谈判的重点内容包括市场准入模式、协定章节框架和相关领域案文要素等。除关税问题外，与会国同意新设"知识产权""市场竞争""经济与技术合作"和"争端解决机制"工作组会议，启动这些领域的正式谈判。

至此，RCEP贸易谈判委员会正式成立了货物贸易、服务贸易、投资、知识产权、市场竞争、经济与技术合作、争端解决机制等七个谈判工作组和原产地规则和海关程序与贸易便利化两个谈判分组。RCEP谈判框架已经基本搭建完成。第四轮谈判2014年4月初在中国南宁举行。会议继续就RCEP涉及的一系列议题进行了密集磋商，在货物、服务、投资及协议框架等广泛的问题上取得了积极进展。此外，新成立的知识产权、竞争政策和经济技术合作工作组也就相关议题进行了讨论。

由此可见，RCEP采取了按照谈判议题分组同时并进的新策略以节省时间，以及传统的章节谈判方式重新谈判。未来RCEP谈判模式可以采取单一承诺、渐进式自由化和其他成员同意的方式进行。由于时间紧迫，需要尽快就谈判模板达成共识，并加快谈判步伐。

3. RCEP谈判尚需采取实质性步骤

根据谈判指导文件，RCEP在2013年启动正式谈判，并拟在2015年年底的三年内结束谈判。尽管谈判各方积极支持并投入力量，惟时间紧迫，谈判成员多，协调难度大，需要采取合适的谈判策略，才能保证按预期达成协议。

（1）先易后难、抓住核心。由于采取按议题分组谈判的方式，首先，可以就各经济体容易达成共识的领域先行达成协议，对于谈判中的阻碍要遵循先易后难的原则来解决,对于经济水平较高的经济体,可以尽快地和高标准地来进行和落实谈判,对于经济发展较落后的经济体可以设置一个缓冲期,在经过一个合理的时期以后再逐步放开国内市场。从理论上讲,五个"东盟+1" FTA在投资条款上的差异最小。因此,RCEP可能在投资方面最易达成一致。主要困难是中国未开放准入前国民待遇和对业绩要求条款。而中国已经接受准入前国民待遇和负面列表外资管理原则。预计RCEP谈判最易取得进展的可能是投资协定。

其次,要抓住核心谈判要素——货物贸易和服务贸易自由化,到2018年要将关税水平降到比较低的水平。关税谈判可以采取一般产品降税和敏感产品降税两张清单,关键是控制敏感产品清单。除关税外,统一原产地规则是货物贸易自由化的关键。目前"东盟+1"自贸协定多采用40%的区域价值成分(RVC)标准或税目改变标准的"二选一"原产地规则。RCEP要进一步理顺东亚生产网络,实施简单的原产地规则是RCEP的唯一选择。服务贸易领域的谈判比较复杂,采取特定部门逐渐开放的策略比较合适。比如旅游业、电子商务、医疗保健和物流运输可以作为优先领域,而通信、金融则延后开放。

(2)采取以质量换时间的策略。按照RCEP的时间表,东盟希望能够在2015年年底之前完成谈判,这一时间节点也是东盟共同体成立的目标时间。然而,完成预期目标时间紧迫,东盟可能会用质量来换时间,即通过降低目标来换取在2015年达成协议。实际上,TPP初步确立在亚洲的主导地位后,RCEP需要确立"以质量换时间"的策略。TPP和RCEP都属于广域一体化范畴,两者的参加方在亚太地区有很大的重叠,其作用有替代性。两者的发展会相互影响、相互架空。谁发展得快、发展得好,谁就可能在亚太地区设立新的贸易规则,推行有利于自己的贸易标准,这意味着谁可以在今后的经济贸易中有更多的主动性,这使得两者的竞争不可避免。在TPP谈判未实现于2013年内达成协议目标的情况下,RCEP要力争建立亚洲大型自由贸易区,其进程或将左右TPP谈判的走向。

四、中国参与RCEP的战略思考

中国是东亚重要经济体,与东盟最早建立"10+1" FTA,是东亚地区经济合作的主要推动力量,然而多年来中国在推动东亚FTA建设方面举步维艰。从东亚政治经济格局演变的实际出发,我认为实现东亚区域经济一体化战略目标,在中国主推的"10+3"FTA受到结构性限制的情况下,应该支持以东盟主导的RCEP机制作为主渠道推动RCEP的发展,间接地实现东亚区域经济一体化目标。中国支持RCEP谈判有以下好处:一是RCEP是东亚国家主动应对TPP冲击的一个突破口,可以避免美国对中国主导东亚的猜疑,日本也乐见其成,还可以避免东盟主导权被旁落的疑虑。二是既然这些国家和地区都与中国具有密切的经济关系,都是中国签署FTA的对象国,通过这样一个平台实现目标也是比较好的选择。因此,中国可以将RCEP视为实现亚太经济一体化以及和平发展的重要依托和平台。

有鉴于此,中国应该从战略的高度重视参与和推动RCEP谈判进程,采取积极的和进取性的谈判政策,做建设性的推动者。从现实看,在16个RCEP成员中,中国经济发展处于中上水平,在5个"10+1"自贸区中,货物贸易的开放程度和实施效果处于高位,[①] 因此,在谈判中有条件成为积极的推动者。中国应该与东盟国家合作设计谈判模板,充分发挥中国的居中协调作用。如果能够这样来定位就可以在谈判中处于比较主动的地位,可以发挥推进和领军作用。中国的谈判态度和方案对RCEP至关重要。确保RCEP成功对中国具有重要的战略意义,因为这不仅会为中国提供一个开放的,具有巨大发展潜力的区域市场,而且可以使中国拥有与TPP相抗衡的地缘与市场依托。[②]

在RCEP谈判中采取积极的和进取性的战略也有助于推动中国国内市场和管理体制的开放与改革。我国在国内市场经济体制方面相较发达国家仍远非完善,市场准入存在行政垄断,信用体系尚未建立,法制透明度仍很不够。目前的FTA普遍提出要在相关的贸易、投资、知识产权等领域制定公平、公开、公正、透明的管理、争端审查和判决机制。我国政府相关部门应借此机会,深化国内经济体制与行政体制改革,比如推动市场准入的负面列表管理和行政审批制度改革,整顿流通领域的各种规费,大力推进国内市场环境和法律环境建设,为经济发展提供更好的外部条件。

---

① 袁波,王金波."10+6"与"10+3",孰难孰易——基于东盟5个"10+1"自贸协定的比较分析[J]. 国际贸易, 2010(12): 41-42。

② 张蕴岭:地区架构制度性分裂:中国的自贸区战略与复兴APEC。《亚太经济》2014(2)。

中国还可以将RCEP作为统筹双边与多边，区域与次区域合作的实验场。在RCEP范围内，中国已经参与的区域贸易安排有CAFTA和中国—新加坡FTA、中国—新西兰FTA；正在谈判的自贸协议还有中韩FTA、中日韩FTA、中澳FTA，以及正在筹建中的中印FTA等多个双边自贸协议。RCEP区域内现有的各种FTA建设是减小RCEP谈判阻力的"润滑剂"，这些FTA的构建可以为RCEP最终建成奠定良好的基础。应加快推动中韩、中澳FTA的谈判，争取在RCEP之前达成协议。同时将打造CAFTA升级版与推进RCEP谈判协调考虑。在构建双边FTA和RCEP的内容方面，中韩、中澳FTA应该比RCEP具有更高的标准。拟议中的中韩FTA是一个高标准的FTA，可以成为中日韩FTA的范本。协调好这些FTA与RCEP的内容，对降低企业经营成本意义重大，比如，统一的原产地规则、单一承诺的关税减让表。

此外，中国与RCEP成员间还有各种次区域合作机制，比如，大湄公河流域合作开发机制，中国与东盟国家（甚至印度）之间跨境经济合作区和境外经济合作（投资）区。目前中国倡议建设21世纪海上丝绸之路和中、印、缅、孟经济走廊，以及基础设施的互联互通计划及其投融资银行，得到相关国家的积极回应。中国还可以倡导建立区域性的知识产权交易市场，为技术合作建立新的平台。这些次区域合作机制作为区域合作机制的重要补充和具体内容，对推动和深化区域全面合作具有重要意义，需要与RCEP经济与技术合作方案统筹考虑和实施。

亚太经济一体化的新方向

韩国当前自由贸易协定政策

韩国仁荷大学经济学教授

郑仁教

一、韩国FTA政策概况

从2003年公布国家自由贸易协定（FTA）战略规划到2014年4月为止，韩国已生效实施了10个FTA并完成了3个FTA的谈判。韩国的FTA伙伴包括美国、欧盟、欧洲自由贸易联盟（EFTA）、东盟、印度、土耳其、新加坡、哥伦比亚、秘鲁和智利。随着2013年末、2014年初FTA谈判的结束，澳大利亚和加拿大也分别成为韩国的FTA伙伴，并且与新西兰的双边FTA谈判也有望于2014年年底前完成。

韩国，作为一个半发达国家，已经成功地将其FTA网络扩展到60多个经济体，仅次于智利和墨西哥，成为世界上FTA网络第三大的国家。韩国是世界上第一个同时拥有美国、欧盟、印度和东盟等自贸伙伴的国家，FTA伙伴的经济总量占到世界经济总量的60%以上。韩国正寻求成为东亚地区的自由贸易中心。根据现有FTA发展情况，在不久的将来韩国的自由贸易量将占其总贸易量的约90%。

2004年4月，韩国生效实施了其第一个FTA——韩国—智利FTA，并积极改善国内环境以扩展其FTA网络。克服了国内政治的重重阻碍，韩国于2006年初开始与美国进行双边FTA谈判，历时一年半达成协定。与此同时，韩国也与欧盟开始了FTA谈判。与美国和欧盟的双边FTA成为韩国FTA发展的基础。

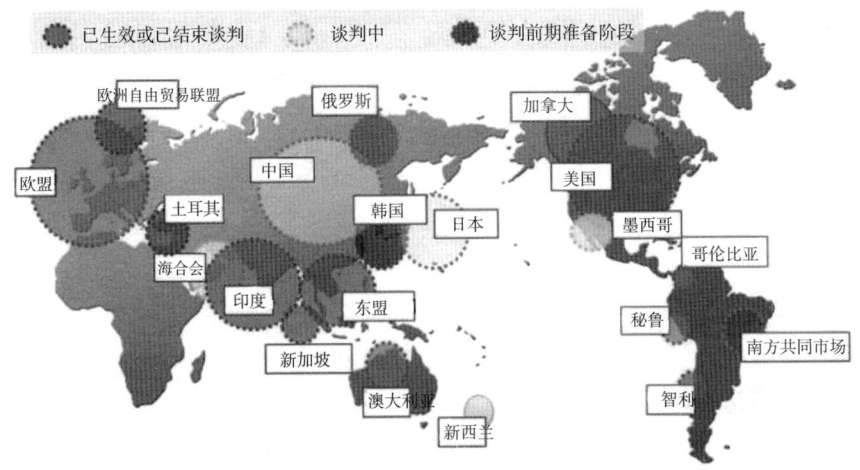

图1：韩国当前的FTA政策

来源：郑仁教，"韩国强化其FTA利用率的一揽子政策及其影响"，东亚·东盟经济研究中心（ERIA）讨论报告，2014年发表。

韩国迄今为止达成的FTA质量之高引人关注。韩国早期的FTA往往涵盖范围相对狭窄，但与美国、欧盟的FTA在涵盖范围和市场准入方面都达到了历史最高水平。图2展示了韩国与主要FTA伙伴的关税自由化比率。韩国平

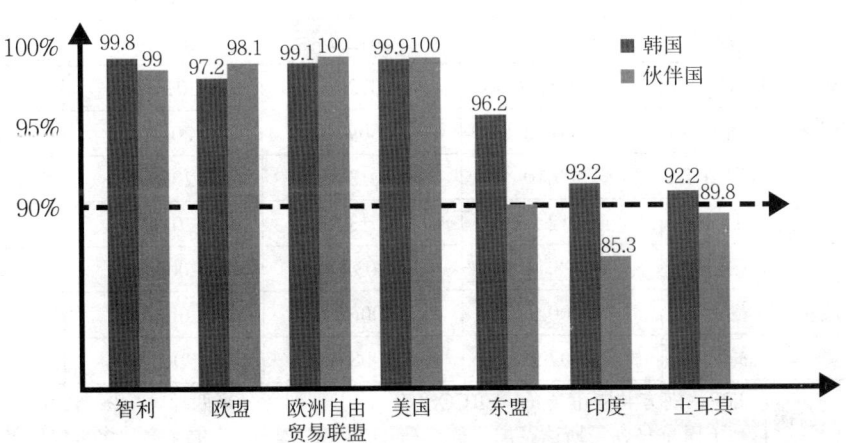

图2：韩国的关税自由化比率

均关税自由贸易化比率为96.7%,除了印度外,其他所有FTA伙伴的关税自由化比率都超过了90%。美韩FTA的关税减免率更是高达接近100%。

韩国不断在努力扩展其FTA网络,目前正进行着多个FTA谈判。然而,韩国仍面临多重挑战:完成中韩FTA谈判、加强FTA中心地位以获取更大的经济收益、参与多边FTA机制,如跨太平洋伙伴关系协定(TPP)及提高FTA利用率等。

二、双边FTA

(一)双边FTA

目前,韩国正在分别与中国、越南、印度尼西亚和新西兰进行双边FTA谈判,并且参与中日韩自贸区(CJK FTA)、区域全面经济伙伴关系协定(RCEP)的谈判,如表1所示。在这些经济体中,中国无疑是对韩国最为重要的FTA伙伴。意识到升级东盟—韩国FTA的重要性,韩国已加快同越南和印度尼西亚的自贸谈判。韩国—澳大利亚FTA已于2013年年底达成,韩国与新西兰——一直在观望韩澳谈判的结果——将完成双边FTA的谈判。

表1:韩国FTA谈判进展

	FTA伙伴	谈判开始谈判时间	第一轮谈判时间	最近一轮谈判时间	谈判轮数
积极进行中的谈判	中国	2004.9	2012.5	2014.1	9th
	越南	2010.6	2012.9	2013.10	3rd
	印尼	2011.5	2012.7	2013.11	6th
	新西兰	2006.12	2009.6	2014.2	5th
	CJK FTA	2009.10	2013.3	2014.3	4th
	RCEP	2012.5	2013.5	2014.1	3rd
进展缓慢	日本	1998.11	2003.12	2004.12	6th
	墨西哥	2000.5	2006.2	2007.12	4th
	海合会	2007.3	2008.7	2009.7	3rd
正式会谈	TPP,南方共同市场(MERCOSUR),以色列,马来西亚,俄罗斯,中美洲(巴拿马、哥斯达黎加、危地马拉、洪都拉斯、萨尔瓦多和多米尼加)				

来源:作者整理。

CJK FTA和RCEP谈判不定期进行，短期内可能无法达成。韩国与日本、墨西哥和海湾合作委员会（GCC）的双边谈判由于市场准入等问题的严重分歧而进展缓慢。RCEP最早由东盟和日本发起，但由于日本与其他四个东盟成员加入TPP谈判而逐步失去推动力。①

（二）中国—韩国FTA

2004年9月，中韩两国经贸部长共同决定探索建立双边FTA，10年来自贸谈判稳步推进。② 由于不同经济制度、经济发展水平和其他重大关切等多种因素，联合研究小组成立7年后双方才开始正式谈判。

韩国政府非常希望同中国建立双边FTA，但是农业部门对此极其敏感并表示强烈反对中韩FTA。于是双方决定将谈判分为两个阶段：第一阶段讨论市场准入的形式和敏感部门市场准入的范围，第二阶段讨论剩余的所有议题。第一阶段的谈判于2013年9月在中国潍坊的第七轮谈判中完成。双方共同决定建立一个中等水平的FTA，涵盖货物、服务、投资和贸易规则，削减90%的关税条目，涵盖85%的进口总额。

考虑到东亚的政治和经济状况，中韩FTA达成的意义将不仅仅局限于一个双边FTA。值得注意的是，中韩两国均为CJK FTA和RCEP谈判的成员国，尽管中韩FTA的达成对其他多边自贸谈判所起到的作用仍不确定，但其所起到的影响不可小觑。正如《韩国贸易期刊》今年的一篇文章所述，"中韩FTA可以在建立东亚区域FTA方面起到支柱作用，作为东亚第一大和第三大的经济体之间的FTA，中韩FTA的达成将为包括日本、中国台北在内的经济体提供凝聚力"。③

从中韩FTA预期的经济收益可以看出双方谈判的优先诉求。在不同减让情况下，韩国截至2028年可以从中韩FTA中累计获得1.21%—2.48%的GDP增长的实际收益。如果完全减让全部关税（包括农产品）将为韩国带来2.48%的GDP增长（表2的S1），如果农产品关税的削减被拖延（表2的S2或S3）或者仅削减部分关税（表2的S4）则会获得相对较低的GDP增长（1.29%—1.21%）。

---

① 这四个东盟成员国为文莱、马来西亚、新加坡和越南。印度尼西亚和泰国都在寻求加入TPP。

② 这一部分是Inkyo Cheong, "An Analysis of the Effect of the China-Korea FTA with FTA Sequence and FTA Hub Gains," Journal of Korea Trade 18, no. 1(2014): 63-84的延伸。

③ 同②。

表2：不同关税减让情形下对韩国GDP增长的贡献（单位：%，累计计算）

	关税减让情形/假设	2013	2018	2023	2028
S1	生效实施的第1年减免全部关税	0.34	0.87	1.60	2.48
S2	制造业：第1年全部减免；初级产业：第6年至第15年逐步减免	0.27	0.53	0.91	1.29
S3	制造业：第1年全部减免；初级产业：第11年至第15年100%减免	0.27	0.51	0.9	1.28
S4	制造业：第1年全部减免；初级产业：第11年至第15年逐步减免50%的关税条目	0.27	0.51	0.86	1.21

来源：作者估计整理。

对中韩FTA不同关税减让情形的四种估计符合早先的预期，因为如果农产品市场能够尽早和更广泛地开放将为韩国带来更大的经济收益。在农产品市场准入问题上，韩国处于两难的境地。如果韩国政府希望同中国的FTA中追求最高的经济收益，则应当选择S1的情形，但会遭到敏感产业部门的决策者的强烈反对。在这种情况下，FTA谈判将耗时更长。作为折中方案，韩国同意与中国达成一个中等水平的FTA，以降低农业部门的损失。

三、多边FTA

过去的20年间，东亚经济体已就建立区域经济一体化讨论了多种模式：东盟+1、东盟+3、东盟+6（即东亚全面经济伙伴关系，CEPEA）及RCEP。2012年东亚峰会宣布正式启动RCEP和CJK FTA的谈判。这两个FTA谈判的开启对中日韩和东盟10国来说无疑是巨大的挑战。并且，东亚各经济体是否愿意推动区域经济一体化仍难下定论。虽然各种倡议被相继提出，但区域经济一体化的大环境仍进展缓慢。

（一）东亚FTA

尽管东盟国家为建立东盟经济共同体（AEC）做出了诸多努力，但东盟仍面临分裂为两个阵营的局面——TPP谈判参与国和非参与国，这将削弱东盟作为一个整体的力量。由于四个东盟国家已正式加入TPP谈判，东盟在处理围绕区域经济一体化的相关问题上遇到麻烦。鉴于东盟不能够要求相关国家退出TPP谈判以加强AEC，其他非成员国家在考虑加入TPP谈判。在东盟成员国对TPP趋之若鹜的形势下，东亚区域经济一体化被整合为RCEP，涵盖东盟和其他6个成员国。同时，中日韩三国宣布开始三边FTA的谈判，而这一谈判三国已经筹备了多年。

在东亚，AEC、RCEP、CJK FTA将来可能共存或者整合成一个大FTA。这些不同的FTA都体现了区域一体化的积极进展。然而多层次的区域主义也可能体现着内部的分化。目前的问题是，为什么是RCEP？如果东盟希望推动RCEP成为区域一体化的样板，那它首先必须是一份内容充实的协定，而东盟也必须准备好主导这一谈判进程。AEC必须尽快建立起来。尽管RCEP谈判已经陆续展开，但这一FTA的建成仍需时日。

如果中日韩三国都重视RCEP这一机制，三国则不会展开三边FTA的谈判。东盟提出了RCEP的构想，并坚持在推进基于10+1的区域经济一体化过程中的主导地位。然而，如果CJK FTA建成，整个东亚地区的合作重心将转移至中日韩FTA而非RCEP。尽管东亚国家表现出合作的积极性，但各国在实现区域经济一体化方面均怀着不同的诉求和路径选择。很难断言能否相互牵制，或是大多数经济体会不会在多米诺效应的作用下回归RCEP。尤其是东盟的向心力和一个东盟自由贸易区（AFTA）也许不能与CJK FTA兼容。

CJK FTA在合理的时间段内能否实现呢？为应对TPP（美国主导）和RCEP（东盟和日本主导），中国启动了CJK FTA的谈判。日本一直担忧中国的崛起及其在东亚的主导力量被削弱。于是日本一度优先推进CEPEA（10+6 FTA），而非中国提出的东亚自贸区（10+3 FTA），但最终作为与东盟的相互协调转而支持RCEP。但是由于日本已经加入TPP谈判，其对达成RCEP的兴趣也大大削减。虽然中日韩FTA已展开不定期谈判，但谈判各方均未积极推动谈判进程。

（二）TPP

韩国于2013年11月29日表达了其对TPP谈判进程的关切，并展开与TPP成员国的双边预备谈判。12个TPP成员国中，有七个是韩国的FTA伙伴（包括美国在内）。韩国在2013年12月和2014年3月分别完成了与澳大利亚和加拿大的FTA谈判。新西兰也即将成为韩国的FTA伙伴，届时韩国将与TPP现有的12个成员国中的10个达成FTA。

自美国开始推动TPP谈判起，三年来，由于谈判的达成遥遥无期，韩国一直抱观望的态度。加之韩国认为其更应优先做的是落实2011—2012年的美韩FTA及完成中韩FTA的谈判。与这一政策选择相应，2013年初上任的新一届政府决定推迟参与TPP谈判，优先完成中韩FTA的谈判。此外，美国贸易部门官员邀请韩国加入TPP谈判，并对韩国官员表示TPP将于2013年12月的新加坡部长级会议期间达成。2013年年底，韩国经贸高层表达了加入TPP的意愿，并确认这一表态并不必然意味着韩国自动加入谈判。韩国经贸部门解释称，由于TPP谈判严格保密，应当先行完成与TPP成员国的协商和对各个成员国参与的评估，然后韩国政府才会决定是否参与谈判。

由于美国对加入TPP条件的强硬立场，韩国在近期不太可能加入TPP谈判。在日本加入TPP前，美国对一些敏感问题拒不让步。如果美国提出大米和牛肉的市场准入问题，韩国加入TPP谈判则在政治上变得不可行，谈判的

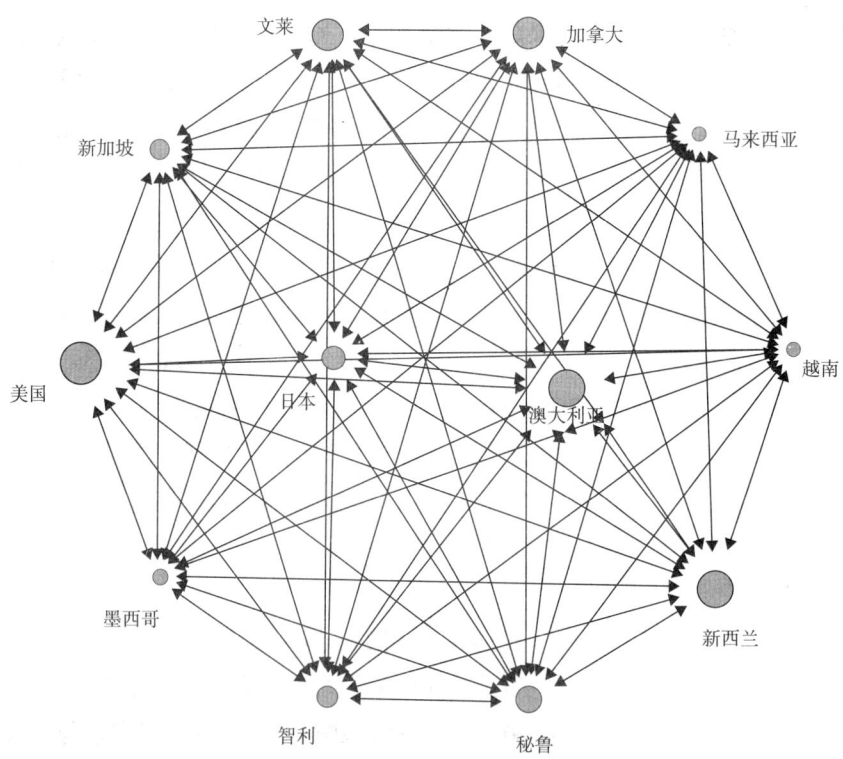

图3：TPP谈判议题分布图（所有敏感议题）

来源：Inkyo Cheong，"2013年TPP谈判的演进"。

前景也会受到影响。由于去年年底的部长级会议未能达成协定，且谈判达成的期限并不明朗，韩国应在是否加入TPP谈判上谨慎决策。在图3中圆圈的大小表示许多敏感的TPP议题的分歧。数据概括出了谈判中发达经济体与发展中经济体的巨大分歧。

考虑到许多TPP成员国内的政治形势，如美国2014年11月的中期选举，《外交官》杂志称"奥巴马政府主推的TPP和跨大西洋经济与贸易协定（Transatlantic Economic and Trade Pact，ETP）两大自贸倡议目前均受到了国内外极大的抵制。两个自贸安排均处在谈判阶段，但现在还不能清晰地看到各自蕴含的优势"。① 由于2014年TPP的谈判进展缓慢，韩国似乎在表达其加入意愿上更为谨慎。韩国政府近期的官方文件指出韩国对TPP的关注并不必然意味着韩国会加入亚太地区的多边自贸协定。并且韩国对美国贸易部门的高官所设定的加入谈判的先决条件深感压力。综上，韩国加入TPP的进程仍将推迟。

结　论

自2004年4月与智利的FTA生效实施以来，韩国一直积极致力于增加其FTA伙伴。过去几年，中韩FTA谈判一直是韩国的重中之重，中韩双方都对FTA的成功达成抱有信心。但是由于韩国表达了对TPP的关切，中韩之间也出现了新的问题。2013年9月在潍坊举行的第七轮谈判中，中韩两国决定达成一个中等水平的FTA。但中国似乎将韩国加入TPP的可能性作为获取更大市场开放的机遇。中国可能同样担忧韩国未来将优先选择TPP而非中韩FTA。

2014年初，韩国就加入谈判完成了与12个TPP成员国的双边磋商。韩国会考虑是否再与相关各国举行第二轮的磋商。尽管美国欢迎韩国在与现有的12个成员国完成谈判后加入，但美国在1月对韩国加入谈判提出了前提条件，包括金融数据的共享、小汽车的非关税壁垒、有机货物认证和海关原产地验证。基于对加入TPP所承担压力的测算，韩国可能不会加入。除了进展并不顺利的TPP谈判以外，中韩FTA谈判的出乎意料的不明朗又使得韩国对加入

---

① Christopher Johnston, "Trans-Pacific Partnership: Time for Some American Hustle" The Diplomat, March 11, 2014.

TPP的立场回归中立。美国在与日本就农产品市场开放的谈判中态度极端强硬，并且新加坡的部长级谈判（2014年2月）"结束时仍有诸多待解的议题，其中主要是日本对其农业部门的保护"。①

基于目前TPP谈判的进程和中韩FTA谈判，韩国贸易部长尹相直在2014年3月8日表示，"中国是韩国最迫切需要的自贸伙伴，韩国将努力完成与中国的FTA谈判。"② 考虑到TPP、中韩FTA和韩国的FTA战略之间的相互作用，韩国将在未来探索其新的FTA和区域经济一体化的路线图。基于FTA谈判所取得的成就，韩国可能会在考虑新的FTA谈判中更注重经济因素，同时提高利用其FTA网络的国家战略。考虑到TPP谈判的不明朗前景和加入TPP可能承受的压力，韩国可能继续着力于完成与中国的FTA谈判，而非加入TPP而削弱自身的谈判筹码。完成中韩FTA谈判后，韩国面对多边FTA的迅速发展将有更多的选择。

（李晓玉　译）

---

① 基于路透社的一篇文章 "U.S. Readies for More 'Extremely Tough' Trade Talks with Japan," March 7th, 2014。

② 细节详见 Daily Money Today, "Korea's Top Trade Issue Is the FTA with China," March 18, 2014。

澳日和澳韩自由贸易协定

——给未来的启示

澳大利亚阿德莱德大学 职业学院常务副院长

克里斯多夫·芬德利

近日，澳大利亚政府与韩国签署了自由贸易协定（FTA），宣布已经就FTA与日方达成共识，并将继续同中国展开FTA磋商。这一系列举措与澳大利亚总理托尼·阿博特今年4月的东北亚之行密不可分。澳大利亚同韩、日、中三国的FTA谈判分别始于2008年、2007年和2005年，2013年大选期间，阿博特宣称他的目标是执政一年之内——即2014年9月之前，完成同以上三国的自贸区谈判。

回顾近期一系列成果，我们有必要对双边FTA带来的利益及其同区域经济一体化的关系等问题进行思考。首先，是双边FTA的范围、深度以及由此引发的改革。第二个问题是不同协议之间的关系——这些协议涵盖的范围、签署的成员和适用的规则均不相同。澳大利亚和日本在进行FTA谈判的同时，均参与了跨太平洋伙伴关系协定（TPP）的谈判，韩国也在考虑是否加入TPP。因此，已经签署或达成共识的双边协定对TPP这样复杂的谈判和广泛区域融合的影响，也是一个有趣的话题。

本文将阐述澳大利亚与韩日两国的FTA的范围和深度，同时还将讨论双边FTA的影响。

范围和深度

澳大利亚谈判代表最关心的显然是农产品出口及其在伙伴国的服务类企业的市场准入。反过来,伙伴国则要求对澳出口的工业制成品享有市场准入,并希望澳大利亚就外资流入制定新政策。这些内容在澳韩和澳日FTA中均有所体现,也很有可能出现在澳中FTA中。

例如,在澳日FTA中,澳大利亚同意对日本工业品放开本国市场,由此换来了对日出口农产品的市场准入。小型汽车是日本对澳汽车出口的主体,根据FTA协定,澳大利亚将对此类产品减免5%的进口关税(2010年以前这一关税为10%)。其他类别的日本汽车进口关税将在3年内废除,除汽车外的其他消费品的进口关税也将予以免除。在服务业方面,官方的协议概要(又称经济合作伙伴关系)指出,澳日两国要在资金管理服务、法律服务、教育和电子通信等服务领域[①]放开市场准入,但细节尚未公布。

在与韩国的协议中,澳大利亚已经免除了韩国制成品的进口关税[②],针对敏感性商品(例如地毯,关税为5%)则设立了长达8年的减免期。在法律、会计、资金管理、保险、教育及其他专业服务领域,澳大利亚企业所面临的一些壁垒也得以消除。

表1列出了FTA中韩国、日本进口农产品所涵盖的具体范围。该范围并未涵盖所有的农产品,减税程度也各有不同。此外,某些产品在降低关税的同时设立了进口配额等保护措施。大米未包含在这两个FTA中,日本从澳大利亚进口的糖类产品和某些乳制品也被排除在外。牛肉产品方面,韩国牛肉进口关税的减免期非常漫长,而日本牛肉进口关税则大幅度降低。冷却牛肉因与日韩两国的本土牛肉形成竞争,其关税降幅比冷冻牛肉小得多,且关税减免期非常漫长。韩日两国均可实施针对牛肉进口的保护措施。

---

① 见http://www.dfat.gov.au/fta/jaepa/。
② 全文见http://www.dfat.gov.au/fta/kafta/。

表1：韩国澳大利亚自由贸易协定（KAFTA）及日本澳大利亚经济伙伴协定
农业领域的相关条款（1公吨=1000公斤）

产品	韩澳自由贸易协定	日澳经济伙伴协定
牛肉	40%的牛肉进口关税及18%的牛杂进口关税将于15年内免除。 　　未来15年内，韩国可实施保护措施（5年一间隔，关税从40%降至30%，再到24%）。适用于该项保护措施的产品进口额在基数水平上每年上升2%。2012年、2013年澳大利亚出口韩国的牛肉约为12.5万公吨，低于154584公吨的基数。近年来，澳大利亚的牛肉产品已占韩国进口额的一半以上。①	日本当前对牛肉征收38.5%的关税。冷冻牛肉的关税第一年降低8个百分点，达到19.5%，第二年降低2个百分点，第三年降低1个百分点（关税减免期为18年）。新鲜牛肉的关税将降至23.5%，第一年降低6个百分点，随后每年降低1个百分点（关税减免期为15年）。 　　日本有权实施进口保护措施。在冷冻牛肉进口方面，启用保护措施的基数为19.5万公吨，随后10年中每年上升1500公吨。第一年中只要从澳大利亚进口的牛肉超过基数，关税将自动"跳回"38.5%。冷却牛肉进口方面，适用保护措施的基数为13万公吨，未来10年中每年上升1500公吨。第一年的基数高于随后几年，例如，2013年澳大利亚对日本的牛肉出口冷却牛肉11.5万公吨，冷冻牛肉17.3万公吨。②
糖	废除3%的粗糖进口关税。	官方网站称，"关税减免、降低国际标准粗糖的关税将使澳大利亚的糖类出口商获利。"但是行业报告对此表示异议，认为"多年来，澳大利亚一直在为日本市场提供符合日本标准的特殊糖类产品，与向其他国家消费者提供的国际标准糖类产品存在固有差异。国际标准糖类产品的实际关税率从184%降低至110%，对此我们表示欢迎，但是这很明显没有推动进一步打开日本市场，因为这一关税率明显高于专门针对日本市场的糖类产品70%的关税"。③
小麦	免除1.8%的小麦进口关税及8%的面筋粉进口关税。	不包含此类产品

续表

产品	韩澳自由贸易协定	日澳经济伙伴协定
乳制品	未来13—20年逐渐免除36%的奶酪关税及89%的黄油关税。 随着奶酪、黄油及婴幼儿配方食品逐渐实现免关税配额，澳大利亚的出口商将从中获益。	根据当前的贸易安排，澳大利亚的奶酪出口享有2.7万公吨的免税全球配额。此外，澳大利亚还享有一个专门的2万公吨的免税优惠（超过部分适用29%的关税）。 协定要求10年内将加工奶酪的关税从40%降至20%，并立即降低碎奶酪、粉状奶酪和蓝纹奶酪的进口关税，不得实施进口数量限制。 日本已同意对浓缩蛋白、酪蛋白等奶制品实施免税市场准入，此前，奶制品的关税最高达5.4%。 14.9%的冰淇淋和酸奶关税将降低50%并提高配额。若一方给予第三国更优惠待遇，将启动审查机制。④ 脱脂牛奶、新鲜奶酪和黄油不适用此协定。
羔羊肉、山羊肉、猪肉	22.5%的羊肉及山羊肉进口关税将于10年内免除。 主要的猪肉产品进口关税（从22.5%到25%不等）将于5—15年内免除。	羔羊肉进口实现零关税，并将保持这一水平。 猪肉进口关税将从4.3%降至2.2%，其配额第一年为6700公吨，并在5年内上升至1.67万公吨。⑤
园艺产品	樱桃、杏仁及葡萄干等产品免税进入韩国的条款即将生效。目前这些产品的关税从8%到24%不等。 澳洲坚果、果汁、芒果、芦笋及小扁豆的关税，将于3—10年内逐步免除，目前这些关税从27%到54%不等。 土豆片（当前关税304%）、橙子（关税50%）、鲜食葡萄（关税24%）和柑橘（关税144%）等产品的关税将在澳大利亚的蔬果出口季节免除。	5%的澳洲坚果进口关税将立即免除；当季和反季的鲜食葡萄进口关税（分别为7.8%和17%）将于10年内免除；当季橙子和当季柑橘的进口关税（分别为16%和17%）将分别于10年和15年内免除；10%的西柚进口关税将于5年内免除。⑥
大麦	麦芽和啤酒大麦的免税配额将不断提高，两类产品的配额外高关税（分别为269%和513%）将于15年内免除。	大麦出口商将享有"扩大的免税市场准入"。
大米	不在协定范围内	不在协定范围内

续表

产品	韩澳自由贸易协定	日澳经济伙伴协定
海鲜	南方蓝鳍金枪鱼（当前关税10%）和龙虾（当前关税20%）将于3年内实现零关税。	小虾及对虾、龙虾、鲍鱼（新鲜及腌制）、牡蛎、螃蟹、黄鳍金枪鱼、洋枪鱼、海胆、鱼油和南方蓝鳍金枪鱼的关税将免除。
酒类产品	立即免除对澳大利亚酒类产品征收的15%的关税。	对桶装葡萄酒征收的关税将立即免除，瓶装及含汽葡萄酒的关税将"尽快免除"。

资料来源：基本资料来源于 http://www.dfat.gov.au/fta/。其他支持性资料出处详见注释。

注：① 见 http://www.mla.com.au/Prices-and-markets/Trends-and-analysis/Beef/Forecasts/MLA-cattle-industry-projections-2013/82-beef-exports-Korea。

② 见 http://www.beefcentral.com/news/article/4499。

③ 见 http://www.canegrowers.com.au/page/Industry_Centre/Media_Centre/Media_Releases/Japan_as_disappointing_as_04_US_free-trade_agreement_for_sugar_ASA/。

④ 见 http://www.abc.net.au/news/2014-04-23/andrew-robb-hits-back-at-japan-deal-criticism/5406428。

⑤ 见 http://www.agweb.com/article/japan_adds_pork_tariff_cut_to_beef_/in_trade_pact_with_australia_BLMG/。该文章称，2012年3月至2013年3月，澳大利亚出口至日本的猪肉大约为700吨。2013年日本进口猪肉738455吨，价值38亿美元，其中38%来自世界第一大猪肉出口国美国。

⑥ 见 http://www.weeklytimesnow.com.au/commdities/horticulture/japan-free-trade-agreement-is-big-a-boost-to-horticulture/story-fnker6g8-1226884737630。

澳大利亚外国投资审查委员会设有针对外国大型投资项目的审查程序。在与韩日两国的FTA中，适用该审查程序的投资额从2.48亿澳元提升至10.78亿澳元，达到了对美国和新西兰的承诺水平。农业是澳大利亚的敏感性行业。澳韩FTA降低了农业用地及农业综合性企业的投资上限（分别为1500万澳元、5300万澳元），相关领域内日本投资申请的审查将适用于澳日FTA概要中提到的"保留政策空间"。对澳大利亚而言，这是一种两难的选择：一方面澳大利亚积极寻求本国农产品出口的市场准入，但另一方面，国内政坛的争论导致对农业领域外国投资的管控更加严格。同中国的自贸谈判中，这一问题值得关注。

韩澳FTA包含了投资者与政府间的争端解决机制（ISDS）。此前澳大利亚一直拒绝在贸易协定中包含此类条款，因为这将限制其对外资的管控①。因此，ISDS的设立意义非凡。但是对这一机制的运用有所限制。根据澳韩FTA，只有在违反FTA投资章节的相关规定，或者违反投资者与一方政府间的投资协议时，才可提请争端解决。依据澳大利亚外资政策就相关投资所做的决定以及违反澳韩FTA其他章节（如知识产权、环境等）规定的情况，不适用ISDS②。澳大利亚政府在ISDS这一问题上奉行个案处理的立场③，在澳日贸易协定中甚至都没有这一机制。悉尼大学的卢克·诺蒂奇认为，对澳日双方而言，争端解决机制意义不大，但将争端解决机制排除在外对诸如TPP之类的其他协定影响巨大④。尽管基于诸多原因，美国国内有声音反对ISDS，但美国TPP谈判代表在谈判中加入这一条款的期望非常明显⑤。

澳韩及澳日FTA的影响

由于缺乏市场准入、实际操作困难且无益于提升国民福利，澳韩和澳日FTA饱受诟病。

一些出口利益集团对澳韩、澳日自贸协定中缺乏市场准入谈判以及漫长的关税减免期限表达了强烈批评。例如，澳洲农民联盟虽然承认澳日FTA有利于牛肉、葡萄酒和海产品行业，但是他们对FTA的整体结果表示"失望"⑥。奶农甚至将其称之为"无用的协议"，他们担心当前释放出的信息对澳中自贸谈判产生不利影响⑦。澳大利亚贸易部长对这些表态给予强烈回应，称澳大利亚"与日本取得了其他国家从未取得过的成果，'更何况澳大利亚还

---

① 详见《吉拉德政府贸易政策声明》第14页http://www.acci.asn.au/getattachment/b9d3cfae-fc0c-4c2a-a3df-3f58228daf6d/Gillard-Government-Trade-Policy-Statement.aspx。

② 各类贸易保护措施详见http://www.herbertsmithfreehills.com/insights/legal-briefings/text-of-korea-australia-fta-released-isds-provisions-revealed。

③ 见http://www.dfat.gov.au/fta/isds-faq.html。

④ 卢克·诺蒂奇对此有过讨论，见http://www.eastasiaforum.org/2014/04/09/why-no-investor-state-arbitration-in-the-australia-japan-fta/。

⑤ 见http://www.cato.org/publications/free-trade-bulletin/compromise-advance-trade-agenda-purge-negotiations-investor-state。

⑥ 见http://adf.farmonline.com.au/news/magazine/industry-news/general/robb-rejects-ags-trade-criticism/269186.aspx。

⑦ 见http://www.australiadairyfarmers.com.au/media-corner/australia-japan-fta-dud-deal。

是一个农业出口大国。'"①

澳大利亚其他行业代表对已达成的市场准入条件难以操作表达了日益严重的关切。从农业相关条款可以看出，澳大利亚与韩日两国的FTA中相似条款极为少见。行业评论员还指出另外一个问题，即FTA的数量不断增加，而适用这些协定的规则却不尽相同，这些规则差异中，尤其值得注意的是为充分利用已达成共识的市场准入条件所建立的原产地规则和建立此规则所实施的不同程序②。

上述争论表明，在国内政坛对谈判设置期限的情况下，要在市场准入方面取得重大成果是个挑战。这种挑战的另一个例子是美日谈判所面临的困境，人们认为这一谈判对TPP谈判的进展非常重要。作为推进TPP谈判继续发展的重要一步，美日谈判也面临着类似的困难。《华尔街日报》在奥巴马2014年4月访问亚洲四国期间报道称，"经过数月谈判……（美日双方）在关键问题上仍存在重大分歧，尤其是日本向美国开放农产品市场这一问题。日本希望保护大米、牛肉等本国农产品，而美国则要求日本农业市场全面开放。但与此同时，美国却在积极寻求延长日本汽车进口关税的减免期限。"③④与此相似，虽然澳大利亚已经与韩日两国签署FTA，但是先于两国开始的澳中FTA谈判却仍在进行。

另外一个批评是FTA无益于提高民众福利。实施新贸易政策带来的利益更多源自于国内改革，而非开放市场准入。因此，正在谈判中的FTA是否会对国民福利有所贡献成了值得关注的问题。《澳大利亚人》的比尔·卡迈克

---

① 见 http://adf.farmonline.com.au/news/magazine/industry-news/general/robb-rejects-ags-trade-criticism/2696186.aspx。

② 见 http://www.theaustralian.com.au/national-affairs/policy/fix-fta-fine-print-says-business/story-fn59nm2j-1226876184926。

③ 见 http://www.cato.org/blog/whats-really-impeding-progress-tppwhats-really-impeding-progress-tpp-japan-united-states-have。

④ 尽管美国2.5%的汽车关税低于澳大利亚，其小型敞篷载货卡车和商务货车的关税则高达25%，但是，美澳在贸易谈判结构方面的相似情形仍然值得关注。见 http://www.autonews.com/article/20130412/OEM11/304129790/us-to-gradually-drop-tariffs-on-japan- vehicles-under-trade-deal http://www.cato.org/publications/trade-briefing-paper/ending-chi cken-war-case-abolishing-25-percent-truck-tariff。

尔[1]对此持否定看法，他认为，在双边谈判中寻求市场的准入，实际上会使整体经济所受的影响无法得到应有的关注。

区域经济融合的作用及可行性

针对这些批评，有一种回答是，双边FTA是迈向成员更广泛的贸易协定——尤其是推动区域经济融合的贸易协定——的重要步骤。参与国众多的贸易谈判过程风险更大，有可能做出更广泛、更深入、更普遍的贸易承诺，从而改善对双边FTA的负面印象。履行双边FTA的条款，也可能会有效推动其走向多边化[2]。

但问题在于，率先开启双边FTA谈判会影响上述构想的可行性。如前所述，国内改革损害了部分团体的利益，需要做出国内政治补偿，在双边谈判中，任何一方都会顾及这些利益团体而不能做出补偿，因此，要在市场准入方面实现重大变革往往非常困难。多国参与的贸易谈判进程则使各方有能力进行变革。启动双边谈判将产生一批新的利益受损者，而更大范围的改革所产生的利益受损者是那些已经拥有市场准入权的出口商。例如，TPP使澳大利亚农产品的出口商和服务业丧失了优势，他们对TPP的态度就很值得关注。同样地，TPP取消了韩日两国制成品出口的优先进入澳洲市场的优势，两国制造商的态度也很值得玩味。如果不是利益受损，这些利益团体很有可能是区域及全球经济变革的支持者。率先走上双边自贸谈判之路势必使自由贸易联盟破裂，这将成为自贸谈判的参与方以及亚太经济融合进程所面临的重大而长期的挑战。

（王嘉珮　译）

---

[1] 见http://www.theaustralian.com.au/national-affairs/opinion/trade-as-a-foreign-policy-or-driver-of-growth/story-e6frgd0x-1226878195316。

[2] 继续推动现有国内政策及其结果的透明度，从而在国内改革价值何在的辩论中占得上风也非常重要。见http://www.theaustralian.com.au/national-affairs/opinion/trade-as-a -foreign-policy-or-driver-of-growth/story-e6frgd0x-1226878195316。

第三章

亚太经合组织

亚太经济一体化的新方向

APEC2014：迎接新挑战

中国社会科学院国际研究学部主任

张蕴岭

亚太地区占全球人口的40%、GDP的50%和贸易额的44%，有三个最大的经济体——美国、中国和日本，也有一些富有发展潜力与活力的经济体。该地区在全球经济发展等事务中当仁不让地占有中心地位。与欧盟不同的是，亚太地区在区域一体化领域走出了一条独特的道路。亚太经合组织（APEC）就是这样一个独一无二的区域性集团，它将发展中经济体、新兴工业化经济体和发达工业化经济体融合到同一个区域框架之内。在这一框架下，所有成员承诺以协调的单边行动和集体行动降低贸易和投资壁垒，并加强经济技术合作。

APEC将成员团结起来就共同利益开展合作，特别是为区域领导人提供了一个每年就共同关心的政策议题和迫切挑战交换意见的机会，APEC成员均认识到APEC的这一重要意义。尽管APEC面临难题，但它仍然是亚太地区不可替代的机制。APEC得到了成员政府及工商业界强有力的支持，它仍将是开展政策对话、发起议程、试验经济贸易合作新想法及处理各种全球性事务的关键平台。

亚太地区各经济体高度一体化并相互依存，这得益于它们开放的发展战略，得到本地区活跃的贸易与投资资金流所催生的生产网络强有力的支撑。APEC框架下的自由化、便利化及相互协作反映出成员加强地区一体化、共创经济可持续发展与繁荣的共同愿望。20世纪90年代设立的茂物目标旨在实现亚太地区的开放与合作。正如1993年亚太地区领导人在西雅图布莱克岛举

行第一次会议时所宣称的那样,"开放精神和伙伴关系的深化,使得我们能够通过合作方案应对日新月异的地区和全球经济发展所带来的挑战。"尽管地区经济一体化已经取得了显著进展,生产网络也在持续扩张,但茂物目标的第一阶段——到2010年实现自由化并对所有APEC成员开放的目标仍未达成。面对日益兴起的诸多自贸协定,APEC的角色,特别是茂物目标能否实现受到质疑。

APEC进入了新的发展阶段,需要重新调整优先顺序与议程安排以应对新的挑战。当前,亚太地区仍然面临的严峻挑战包括:2008—2009年全球金融危机挥之不去的阴影、供需链的再平衡与重组、气候变化的影响、可持续发展的需要以及日益紧张的地区与国际局势等。亚太地区现在面临的主要挑战是在宏观经济政策、经济结构调整、财政改革以及发展绿色经济等方面进一步采取协调一致的承诺与行动,维持经济发展的活力。APEC应该在处理金融危机影响、改革国际金融体系、实施经济体内部金融与经济结构改革方面发挥更加积极有效的作用。APEC应继续重视其最初使命,即通过完善成员经济体政策、加强合作来帮助成员经济体实现经济的可持续增长。APEC的公信力就在于发挥有力影响,促进变革,创造出更加平衡的经济发展模式与结构,并保持区域的开放与一体化。

尽管实现茂物目标的进展缓慢,过去几年间,APEC在推动执行方面还是做出了相当多的努力。例如,2001年的"上海共识"拓展了APEC远景目标,进一步明确了实现茂物目标的战略,强化了执行机制;2005年通过的"釜山路线图"是盘点目标实现情况的中期报告;紧接着2006年的"河内行动计划"针对实现"茂物目标"确定了具体的行动与检验标准。然而,面对日益增多的双边和多边自贸区,APEC在整合地区架构方面的作用看起来十分有限。

回顾APEC议程,指导所有成员保持市场开放、完善政策与商业环境一直是优先任务。APEC应该继续发挥好这一重要作用。正如APEC工商咨询理事会(ABAC)所建议的那样,"我们需要新愿景"。ABAC为2010年6月1日在日本札幌召开的APEC贸易部长会议提供了一系列的建议,呼吁APEC在实现"茂物目标"时"要反映当代亚太地区供应链与价值链不断变化的特性"。显而易见,APEC需要调整实现"茂物目标"的途径和路线图。

APEC成员致力于发展自贸区的各种努力对APEC主导的区域一体化与区域合作进程构成了重大挑战,而这一进程的最大价值即为区域整合与共享繁荣。在过去，APEC一直致力于协调现有的如"意大利面条碗"般复杂的各种自贸协定，力图将它们整合到一个框架之中。例如，2004年APEC通过了由"FTA/RTA章节范本"构成的区域贸易协定与自贸协定的最佳行为规范。APEC也实施了诸如原产地自规则（ROO）、供应链联通网络（SCCF）、公共—私营部门伙伴关系（PPP）及能力建设等在内的许多行动。

由美国等12个谈判国主导的跨太平洋伙伴关系协定（TPP）对上述努力构成了严重威胁。TPP最初由4个开放的小经济体（新加坡、智利、新西兰和文莱）发起。随着越来越多的成员参与其中，美国将TPP作为用以建立21世纪高标准自贸协定的关键战略，APEC开放的地区主义及循序渐进的原则似乎被抛弃了。

然而，用TPP来取代亚太自贸区（FTAAP）或颠覆"茂物目标"是不现实的。TPP或许会吸引更多的经济体参加，但在最终的谈判进程中它不可能容纳APEC所有经济体。而相反的是，APEC得益于其天然的多样性，能够为所有成员提供一个灵活和包容性的机制。

为保持地区的一体化与活力，加强其作为政府间对话与合作机制的角色对于APEC而言至关重要。一个涵盖整个亚太地区的自贸协定关乎所有成员的重要利益，而APEC可以就更为广泛的议程重新调整其举措并确定优先选项。这些议程包括互联互通、清洁能源、气候变化、供应链以及绿色产品的第二期降税等。APEC之所以有能力成功推进这些广泛议程，功能性合作是其法宝。

面对数量众多、形式多样的自贸协定，特别是像TPP和区域全面经济伙伴关系协定（RCEP）这样的大型协定，自2010年起APEC领导人在其年度宣言中不断强调"茂物目标"。领导人重申了到2020年实现"茂物目标"的愿望，并为此绘制了蓝图。这意味着"茂物目标"仍然是APEC 21个经济体严肃的政治承诺。考虑到2014年是"茂物目标"提出的第二十个年头，这或许是成立一个工作组来制定FTAAP蓝图的好时机。如APEC领导人宣言所示，FTAAP将建立在现在正在进行的诸如"10+3"、"10+6"、TPP等机制安排之上。然而，如果FTAAP成为APEC主导的议程，那么APEC就必须完成角色转换，从现在的仅仅作为一个论坛的性质转变为积极敦促所有成员参与谈判。有些成员可能不会同意这样的角色转换。至于FTAAP的建立方法，考虑到TPP和RCEP的差异性，将两者简单地合二为一的办法似乎并不可行。

更加可行的方法或许是将FTAAP视为涵盖着不同进程与安排的、囊括自由化、便利化与合作等内容的总体框架。

亚太地区在经济、国际关系、安全等领域均对中国具有重要意义，因此，中国积极参与APEC所有议程。中国参与APEC是十分必要的，因为APEC不但提供了一个广阔的区域框架，还采取循序渐进的方式。

自加入WTO之后，中国积极实施自贸区战略。自贸区不仅帮助中国扩大了市场，也使中国能够与成员制定规则、协调利益。无论是双边还是次地区自贸协定，均使中国有机会通过广阔的市场自由化与合作框架来缔造密切的伙伴关系。加入WTO后不久，中国就发起了建立"中国—东盟自由贸易区"的倡议，并在随后的"东亚自由贸易区"（"10+3"）可行性研究中发挥了主导作用。"中国—东盟自由贸易区"在中国和东盟成员之间建立了一个全面的框架，显著促进了双方的贸易及其他经济关系的发展。中国已经成为东盟对外贸易的最大市场，实施了许多合作项目，包括与大湄公河次区域经济体扩大贸易、基础设施互联互通以及推动人力资源的能力建设等。中国希望以当前的"10+3（中日韩）"框架为基础建立东亚地区自由贸易协定。然而由于各种复杂因素，"10+3"成员似乎难以就如何在东亚地区建立单一的制度框架达成共识。

事实上，东亚区域一体化与合作是以多层框架为特点的，这些框架包括"10+1"、"10+3"以及"10+8"（东亚峰会）。2011年，东盟发起RCEP倡议，将其作为整合东盟与其他6个经济体（中国、日本、韩国、印度、澳大利亚、新西兰）的自由贸易协定框架。中国很快调整了政策，在继续参与中日韩三边自贸协定的同时，积极参与RCEP谈判。

总的来看，多层框架给予中国更多的弹性和机动空间。一方面，中国是在各种生产领域具有特殊优势的出口方，而另一方面中国仍是一个发展中经济体。在这种情况下，中国难于同贸易伙伴，尤其是发达国家，达成自由贸易协定。事实上，TPP对中国的自由贸易协定战略形成了严峻挑战。由于TPP开始谈判之时就将中国排除在外，人们不免担心TPP在设计上就刻意绕过中国，这将中国置于困难处境。人们担忧，中国被拒之门外则不能参与规则制定，而新规则又有可能对中国同TPP成员间的贸易和投资产生消极影响。尽管中国对TPP持开放态度，但这也不能让中国克服困难成为早期谈判伙伴。因为TPP已经被标榜为21世纪高水平自由贸易协定，这意味着中国加

入的弹性空间很小。

中国在亚太地区有着重要的利益，将APEC视为与美国及其他所有区域成员打交道的独特平台。中国正在组织APEC 2014年峰会，将办会视为引导APEC重回正轨的绝佳时机。考虑到TPP正在努力试图结束谈判，而RECP仍处在谈判的初始阶段，尽管各方就FTAAP达成共识有难度，中国仍希望APEC 2014年会议能够成为FTAAP进程的发射台。

（杨子力　译）

亚太经济战略：
促进增长，加强规则，巩固存在

美国战略与国际问题研究中心威廉·西蒙政治经济学主席

马修·古德曼

一、前言

经济是美国重返亚太的核心。现在如此，早在1784年美国商船第一次自纽约开往广州时也是如此；同样，在1853年，美国海军准将佩里指挥他的"柚木船队"到达东京湾时，寻求的不是领土，而是为美国捕鲸舰队进行燃料补给的权利。

数字说明了为何如今的亚洲对美国有着巨大吸引力。亚太经合组织（APEC）的21个成员经济体约占全球GDP的55%和世界贸易的44%[①]。根据IMF的预测，发展中的亚洲2013年的平均增长率预计将达6.3%，是世界上增长最快的地区[②]。美国2011年对APEC经济体的总出口额接近1.2万亿美元，占对外出口总额的一半以上。[③]

与这一充满活力的地区之间的经济往来为美国的经济增长和就业作出了

---

① U.S. Department of State, "21st Annual APEC Economic Leaders' Meeting Fact Sheet," October 8, 2013, Http://www.state.gov/r/pa/prs/ps/2013/10/215195.htm.

② International Monetary Fund, "World Economic Outlook Database," October 2013, Http:// www.imf.org/external/pubs/ft/weo/2013/02/weodata/index.aspx.

③ U.S. Department of State, "21st APEC Fact Sheet".

重要贡献。由于2008—2009年的金融危机以及由此引发的经济结构调整,美国对亚太地区的出口成为国内需求和就业日益重要的来源。据估计,2012年美国约有120万个就业机会是由对亚洲的出口所支持的。①

亚洲如此攸关美国的经济,我们就不难理解自20世纪80年代末老布什政府决定与其他经济体共同建立APEC以来,美国在过去的25年中一直是亚太地区经济一体化的积极参与者,直到如今,奥巴马政府将精力集中于完成跨太平洋伙伴关系协定(TPP)。美国在本地区一体化上的目标与特点与域内其他经济体有所不同,这是过去这些年美国作出的努力,也是本文的主题。

二、美国亚洲经济政策的目标

近期美国政府在三个主要目标的指导下制定和落实亚太经济政策:促进增长和就业;加强基于规则的全球体系建设;巩固美国在本地区的长期存在。

首要目标是增长。正如上文提到的,亚太地区是世界上最大也是最富活力的经济区域之一。它是全球经济需求日益重要的源泉。亚洲强劲的需求和庞大的购买力意味着(除了其他方面之外)美国对该地区更多的出口,而这些出口是美国国内增长和就业的重要来源。

在过去三十多年的时间里,美国历届政府都致力于在亚洲主要劳动力富余经济体中促进内需拉动的增长。日本,作为当时世界第二大经济体,在20世纪七八十年代是这一政策的主要目标经济体,但近些年,美国的注意力已经拓展到其他较大的、快速增长且有持续经常账户盈余的经济体,其中最为明显的就是中国。由于2008—2009年的金融危机,美国和欧洲的政府和消费者被迫减少借贷同时提高储蓄,华盛顿提出有巨额盈余的经济体应该更多地消费和进口,否则全球增长都会受到影响。这就是为什么奥巴马政府把"强劲、可持续和平衡的增长"作为其在G20以及双边渠道中,与中国及其他亚太较大经济体接触的政策核心。

美国的贸易政策也支持了其宏观经济增长进程。最近几届政府在该地区寻求积极的贸易议程,小布什总统时期进行了美韩自由贸易协定(通常称为KORUS FTA)谈判,奥巴马政府启动了TPP谈判。在过去两届政府中,加

---

① East-West Center, "Asia Matters for America, "http:// www. Asiamattersforamerica.org/overview.

强既有的贸易安排已经成为贸易政策越来越重要的特点。所有这些努力的核心目标就是减少美国的出口阻碍，加强美国自身的竞争力，促进国内增长和就业。

地区贸易政策同样支持了美国亚洲经济战略的第二个大目标：支持并更新国际经济体系的规则。正如下文要讨论的那样，TPP（以及与其相似的，今年启动的与欧盟的跨大西洋贸易与投资伙伴关系协定，TTIP）旨在建立"面向21世纪"的贸易与投资规则。它将不仅涵盖关税和其他边境上的措施而且涉及边境内贸易与投资管理的条件，例如，知识产权保护、管理规制透明度、劳工和环境标准以及市场竞争等。

作为一个约占世界经济和贸易一半分量的地区，亚太是发展和落实这些规则的重要试验场。多哈回合框架内的综合性多边贸易谈判在经历了十年之后依然没有达成结论，美国及其有意向的贸易伙伴被迫寻求其他目标指向更为明确的方式，包括像TPP和TTIP这种巨型区域协定。现在的愿景是，这些协定一旦取得成功，便会在实际上成为一个新多边规则体系的样板。

华盛顿在国际经济规则上的领先地位并不仅仅限于贸易和投资领域。奥巴马政府通过G20推动加强全球金融管理规制、提出更有力的反腐败措施和逐步淘汰化石燃料补贴。由于近半数G20成员国同样也是APEC成员，这些努力应被视为华盛顿总体亚洲经济战略的一部分。

美国亚太经济战略的第三个组成目标是巩固美国在该地区的长期存在。美国天生（地理上）也必须（历史、安全和经济因素的推动）是一个太平洋国家，而且也被人为设计成一个太平洋国家。二战以来的历届政府通过政治、安全和经济等一系列的安排，处心积虑地将美国深刻地嵌入进了该地区。

美国在亚太的联盟体系——包括与日、韩、澳以及其他国家——以及用以支持联盟而部署的部队和军舰便是这项政策最显著地表征。具有约束性的KORUS FTA和TPP相当于经济上的美国安全联盟。也就是说，通过不断扩大的贸易和投资，这些安排将美国深深嵌入地区事务中，并使得亚太国家在彼此繁荣和安全方面的分量增加了。

三、地区经济一体化：美国路径

为了实现上述三项目的——增长、规则和存在——自老布什总统起，近年的美国总统一直在亚太地区经济一体化（REI）方面投注精力。1989年，老布什政府时期的国务卿詹姆斯·贝克支持澳大利亚外长的建议，成立APEC作为本地区外交部长讨论投资和贸易自由化以及能力建设的渠道。1993年，克林顿总统邀请APEC各成员经济体的最高领导人出席在西雅图布莱克岛上举行的APEC领导人会议，给予这一论坛实现REI任务以最高级别的政治认可。小布什总统启动并完成了KORUS FTA的谈判并在其任期行将结束之时发起了TPP。奥巴马总统重新对KORUS FTA进行谈判并促成国会通过了该项协定，然后支持并启动了TPP谈判。

华盛顿在该地区推动REI的方式有两个关键特点，使之与域内其他国家的方式明显不同：它是跨太平洋的，而非亚洲中心；它强调高标准的自由化和规则制定。

第一个特点首先主要由于美国是一个太平洋国家却不是一个亚洲国家。但是更高层次的政策考量也是原因之一。国务卿贝克将APEC推到前台，显然是源于东亚对共同体建设的渴望可能将美国排除在外的顾虑；他后来表示，东亚的这种努力将会"在太平洋中间划线"①。

此外，美国坚持将面向太平洋一面的拉丁美洲国家拖进REI，也是战略考虑使然。克林顿总统邀请墨西哥总统参加了1993年布莱克岛的峰会，此后很快率先推动智利和秘鲁加入APEC。TPP谈判囊括了APEC在西半球的所有经济体并非偶然，它们是加拿大、智利、墨西哥、秘鲁和美国。

美国REI方式的第二个显著特点是倾向于全面贸易和投资自由化以及高标准的路径规则。华盛顿从一开始推动APEC时就遵循这一方式，在与韩国和TPP伙伴启动"21世纪"贸易谈判中又增添了新东西。小布什和奥巴马政府都坚持推动尽可能广泛而深刻的自由化，制定最先进的边境上和边境内贸易投资规则。相反，包括双边的和次区域的FTA在内，仅限亚洲范围的一体化协定都主要仅限于边境上的措施，并且在全面自由化上有大量的例外条款。

在美国地区一体化政策的第二个特点背后有其经济和政治的双重考虑。

---

① Cited in Claude Barfield and Philip I. Levy, "Tales of the South Pacific: President Obama and the Transpacific Partnership," American Enterprise Institute, December 2009, 1, http://www.aei.org/files/2009/12/18/09-IEO-Dec-g.pdf.

华盛顿认为减少大部分贸易和投资的阻碍并推动严格的交通规则就会实现经济效率和增长的最大化。似乎亚洲现有的更为范围窄、水平低的协定几乎没有促进效率，其引起的贸易转移效应反而大于贸易创造效应。

当然，在一些农产品和敏感项目上美国坚持进口市场准入限制，这体现出华盛顿并不总是按照其宣扬的高标准办事。这就显现出国内政治在美国地区一体化政策中的重要作用：为了能够使已经谈成的贸易协定获得国会批准，白宫必须为满足美国的出口利益赢得尽可能好的结果，支持美国的劳工和环境标准，并且最低程度地损害国内的既得利益。美国在谈判桌上对高标准的坚持很大程度上反映了这些国内政治现实。

四、奥巴马的亚洲"再平衡"

奥巴马政府的亚太经济战略总体上与上文提到的传统目标与特点相一致。但本届政府的"重返"或者说"再平衡"战略使这一世界关键地区的分量增加了。

自2009年伊始，美国政府就将亚太地区作为其外交政策的核心。这可以从三个层次上看出：象征性举动，包括希拉里·克林顿决定将其担任国务卿后的首次访问放在这一地区；言辞，较为显著地是在2011年秋季希拉里·克林顿发表文章，首次阐明了美国政府将资源和注意力从大中东地区转向亚太的战略，很快被称为"重返"[①]；实质性举措，决定参加东亚峰会这一除APEC以外的第二大地区领导人论坛，并将TPP作为其政府在该地区贸易政策的核心。

经济往来是整个"再平衡"战略的核心特点。虽然大部分都集中于TPP，但实际上，奥巴马政府在该地区的政策是多管齐下，涵盖了三个层次的互动。

从双边角度，美国政府已经通过多种方式与大部分地区主要经济体接触。中国方面，美国重新部署了布什政府时期建立的高层次论坛并建立了中美战略与经济对话（S&ED）。通过这一对话，美国鼓励中国实现更为均

---

① Hillary Clinton, "America's Pacific Century," Foreign Policy, November 2011, http://www.foreignpolicy.com/articles/2011/10/11/americas_pacific_century.

衡的增长，促进金融自由化和更具灵活性的货币体系，并推动双边投资协定（BIT）谈判。由于今年早些时候将日本纳入TPP谈判，与这一亚洲第二大经济体的协定主要集中于鼓励东京调整经济结构从而形成新的增长。重新谈判、通过并且实施KORUS FTA已经成为美韩经济关系的组织原则，当然美国也与诸如澳大利亚和印度尼西亚等其他重要的地区力量展开了积极的双边对话。

在全球层面上积极接触是美国亚洲经济战略的另一个重要组成部分。美国政府充分认识到大的新兴经济体在全球经济中日益增长的分量，在2009年将G20作为国际经济合作的首要论坛，并在其中鼓励亚洲经济体实现强劲、稳定且平衡的增长。与此同时，自从2001年中国加入WTO以来，美国投入了大量的政策精力使其遵守WTO的承诺和世界贸易体系的规则。

但是，奥巴马政府亚太经济战略最主要的核心是在区域和次区域层面。在这方面，TPP便是长枪之尖锋，下一部分将进一步讨论。虽然总统本人没有出席上两届的APEC领导人会议，美国始终非常积极地融入该论坛，包括在2011年担任该论坛的东道主。美国还与东盟（ASEAN）国家启动了一个被称为"加强经济接触"的倡议（E-3），这一设计将最终使美国与东盟10国形成高标准的贸易安排。相反，华盛顿选择不加入以东盟为核心的区域全面经济伙伴关系协定（RCEP）。

五、TPP

TPP构思于布什政府任期即将结束的时候，白宫在2008年年末通知国会欲与文莱、智利、新西兰和新加坡4个APEC的小经济体进行贸易谈判，它们已在两年前与澳大利亚、秘鲁和越南达成了协议。奥巴马政府在2009年年末加入TPP，并在2010年3月开始与其他8个创始经济体展开谈判。然后，马来西亚也在2010年加入谈判，加拿大和墨西哥在2012年，日本在2013年的夏天加入谈判，使参与总数达到12个。

TPP阐明了之前提到的美国经济战略的目标和特点。这三个战略目标是刺激美国的经济增长和就业、加强地区（以及全球）贸易体系规则以及使美国深深融入该地区事务。正如TPP的名字及成员所体现的那样，它本质上是跨太平洋的，连接了西半球大部分面向太平洋的国家和一些亚洲的经济体。

并且，正如奥巴马总统在2009年晚期宣布加入TPP时所说的那样，TPP明确地要被设计成为"面向21世纪的高标准贸易协定"①。除降低如关税那样的贸易壁垒外，TPP意图在一系列阻碍贸易和投资的边境内措施上建立管理规则，这些边境内措施包括过度的或非透明的规制、对国内企业尤其是国有企业的优惠，以及不适当的知识产权保护等。

正如笔者在其他地方曾论述过的那样，本地区对TPP认知颇多偏谬之处。② 其中之一是这一谈判是在"分裂亚洲"，理由是并非亚洲所有经济体都有资格参加谈判，而那些具备谈判资格的经济体则必须在参加被视为由美国领导的TPP，还是参加中国更中意的RCEP中进行选择。然而，TPP在原则上是对所有想要争取更高标准规制的APEC经济体开放的。诚然，美国的战略是开始的时候拉一小部分"志同道合"的国家谈判，并随着时间推移激励其他经济体参加——这一战略看起来是奏效的。理论上讲，即使是像印度和缅甸这样的非APEC经济体也没有理由被永远排除在外，而事实上，E-3倡议的就是想要帮助所有东盟国家都能够达到TPP的高标准。

相对于要在TPP和RCEP之间"选边站"，7个同时参与这两个谈判的东亚国家明显并不认为这两个轨道是相互排斥的。并且正如下文中将要进一步探讨的那样，TPP和RCEP可以最终在某一天交融形成一个地区范围的协定，或者至少彼此协作，从而大大激发世界收入的增长潜力。

直到最近在北京仍然流行另外一种误解，就是TPP是华盛顿"遏制"中国努力的一部分。包括美国在内，没有一个亚太国家想要将中国排除在地区经济一体化之外，相反，所有经济体均想加深它们与中国的经济联系。当然，除其他考虑之外，TPP的一个目标就是要创造一个公平竞争的环境，使其他经济体与中国进行更好的竞争，但这与"遏制"相去甚远。在过去的几个月里，北京精英层的观点非常显著地从完全拒绝TPP转变为寻求更好地理解它；事实上，已经出现了一些迹象，例如，北京支持与美国之间的全面BIT并开启了上海自由贸易区——中国的领导层正在为最终成为一个高标准地区协定的成员铺路。

---

① White House, "Remarks by President Barack Obama at Suntory Hall," news release, November 14, 2009, www.whitehouse.gov/the-press-office/remarks-president-barack-obama-suntory-hall.

② Matthew P. Goodman, "Five Myths about TPP," CSIS, April 30, 2013, http://csis.org/publication/global-economics-monthly-five-myths-about-tpp.

第三种误解是华盛顿在TPP中所推行的高标准对于亚洲来说过于野心勃勃。当然，包括越南这样的欠发达成员在内，所有参与谈判的经济体都明确表示从一个高标准的协定中可以获得大量收益，打开新的市场机遇，帮助各国解决自身经济的结构性障碍。并且，参与国都明白除经济利益外，华盛顿的政治动态推动着美国在谈判中的野心。大部分经济体都欢迎美国在支持区域内高标准规则和规范上发挥积极作用。

TPP结束谈判的前景非常值得怀疑——当然是就当前确定的2013年年末这一最后期限而言。虽然29个章节大部分谈判都已经结束，但据说在许多争议较大的议题上依然存在严重分歧，尤其是知识产权、市场竞争、环境标准以及市场准入条款。

不确定性的最大来源之一是奥巴马政府是否在没有所谓的贸易促进授权（之前称作"快速通道"）的情况下，能够说服国会支持最后的协定。通常情况下，美国的贸易谈判代表需要这种政治上的明确授权才能够缔结协议。虽然国会中倾向于贸易自由化的明显占据多数——包括那些所谓的"茶党"成员——在当前这种相互不信任且机能失调的情况下，依然存在即使是一个宽泛的支持性立法也无法在国会通过的可能。

但是，各国贸易谈判代表均表示普遍具有快速完成协定的紧迫感和决心，并且在未来几个月中达成基本一致的可能性也依然存在。由于分歧将被缩小至政治上最困难的议题上，贸易谈判永远都是黎明前的黑暗。但迄今为止，因为他们纠结于政治上的而非技术上的决定，只要意愿存在，最终协议将会很快达成。

TPP对奥巴马政府的重要性是无可比拟的。TPP谈判结束不仅是政府地区经济政策而且也可以说是其整个再平衡战略成功的必要条件。除经济利益之外，一份成功的协定能够将美国更牢固地嵌入亚太地区并支持其在该地区的领导。没有TPP，"重返"将几乎失去其蕴含的新的实质内容。

六、通往FTAAP的路径

在亚太同时进行的两个主要地区贸易谈判——TPP和RCEP——可能造成有害的贸易转移，出现不一致规则的拼接情形，这将损害而非有助于地区经济的一体化。本地区正在谈判中的诸多其他贸易安排，比如中—日—韩三边

的自贸谈判，加剧了上述情形。① 由于各个国家要么进入这一经济阵营，要么进入另一个，不同路径之间的竞争势必加剧地缘政治的紧张。

若从更为乐观的角度分析上述现象，正在谈判中的各贸易安排并非相互排斥，且最终可以融合于一个更为广阔的 APEC 版本的亚太自由贸易区（Free Trade Area of the Asia Pacific, FTAAP）。派特瑞以及其他学者的研究表明，这种地区层面的贸易安排潜在的经济效益是巨大的，到 2025 年，全球年度收入可增长 1.3 万亿到 2.4 万亿美元之巨。②

考虑到 TPP 和 RCEP 之间不同的范围及采用的不同标准，二者间的完全融合是不可能的。但是，可能有办法将二者的重要部分统一起来，从而使它们在实践中相互契合。

正如即将出版的国际战略研究中心（CSIS）报告③ 中所指出的那样，价值链管理上的共同规制可以成为一个有前景的起点。全球价值链的出现从根本上改变了贸易谈判的砝码，作为 21 世纪贸易和投资模式的定义性特征，在全球价值链中，一个产品的概念产生于一个国家，在其他国家投入采购和生产，在另外的国家装配，最终成品运输和销往全世界。国家必须确保不受限制的价值链，例如投资、技术、投入的跨境及边境内顺畅流动，而不是为其产品和服务出口的市场准入进行基础性的讨价还价。

所有正在谈判的地区贸易安排，包括 TPP 和 RCEP，都可能会涉及一系列的价值链规则，包括物流、服务和投资自由化以及信息/通信技术发展。这些领域的一致性和高标准将会促进地区一体化和推动更好的经济效益。一份重要的报告分析称，减少全球范围内一半的关键性价值链阻碍从而建立起良治将会使全球 GDP 增长 2.6 万亿美元。④

APEC 是亚太地区贸易和投资一体化最早也可以说是最成功的一个论

---

① 根据亚洲发展银行（ADB）亚洲地区一体化中心的统计，截至 2013 年，正在谈判中的包含至少一个 ADB 成员的自贸协定有 75 个，其他另有 51 个要么提出建议要么正在研究磋商中。

② Peter Petri, Michael G. Plummer, and Fan Zhai, "The Trans-Pacific Partnership and Asia-Pacific Integration: A Quantitative Assessment," Peterson Institute for International Economics, November 2012.

③ Matthew P. Goodman, Scott Miller, and David A. Parker, "Enhancing Value Chains: An Agenda for APEC," CSIS, December 2013 (forthcoming).

④ World Economic Forum, Bain and Company, the World Bank, "Enabling Trade: Valuing Growth Opportunities," (Geneva, 2013), 4, http://www3.weforum.org/docs/WEF_SCT_EnablingTrade_Report_2013.pdf.

坛，并且由非约束性的共识加以推动，它可以在促进价值链协调上发挥重要作用。自从1994年自由贸易与投资的茂物目标以及近期的FTAAP提出以来，APEC在地区一体化中担当孵化器的角色已经走过25个年头。作为APEC 2014的东道主，中国拥有独一无二的机会去启动一个进程，旨在使得地区大量贸易安排中的价值链条款在一个高标准层面上相互协调。

迄今为止，APEC在"供应链互联互通"的工作计划中特别集中于关键性的跨境物流问题。例如，APEC经济体在2010年制定了目标，到2015年将实现跨境交易中的时间、成本和不确定性减少10%。这是非常重要却很少被宣传的工作。CSIS的报告建议，由中国领导一个有关价值链的宽泛计划，立足于APEC既有的工作但又与价值链的其他多个政策议题相协调，其中包括投资、数据流和规制一致性。

七、结论

从美国的角度来说，一个成功的亚太经济战略对于保持美国在21世纪的增长和就业至关重要。而在基于国际规则基础上的秩序中保持领先地位也同样是华盛顿工作的核心。这些支撑着美国在该地区的长期存在，转而为地区安全和繁荣作出重要贡献，并因此有益于美国自身。基于以上所有原因，在区域经济一体化的进程中，美国将倾向于成为一个积极的甚至是有些心急的参与者。

（贺熙琳 译）

当前亚洲和太平洋地区合作向何处去？

澳大利亚国立大学克劳福德公共政策学院经济学名誉教授

彼得·德雷斯代尔

2014年11月，中国将主办APEC峰会，这是一个将为亚太地区经济合作指引新方向的适时机会。在过去的五年中，跨太平洋伙伴关系协定（TPP）（美国主导，在APEC后院中进行）与区域全面经济伙伴关系协定（RCEP）（东盟主导）先后启动，左右着地区一体化的思维。在APEC内部，一些成员国仍相信以上倡议也许能够为制定一个更广泛的区域自由贸易协定——亚太自由贸易区（FTAAP）奠定基础。实际上，这只是一种妄想，这种妄想将使APEC转移注意力，APEC更重要的议程是推进边境内改革，促进亚太经济体间互联互通和更深层的一体化。TPP这类跨区域自由贸易协定也许算是朝着这一更重要的目标迈出了一小步，但对于APEC大局而言，它们微不足道。

一、APEC大局

在11月的北京峰会上，APEC可实现以下三大目标：

2014年APEC峰会的首要目标不是拘泥于狭义的自由贸易，而是要提出亚太地区经济合作设想，为充分发挥本地区的潜能而努力。APEC需要在三个维度上开展合作，这些合作非常重要且互相关联：

——保证可持续增长所需要的全球环境；

——推动亚太经济体进行富有效率的结构调整；

——推动区域性经济一体化建设。

目前，全面实现亚太经济体潜力的最重要威胁是全球性威胁——包括自世界金融危机以来全球经济复苏步履仍然屡弱且充满不确定性，以及全球气候变暖。亚太经济体需要努力克服这些威胁。所有APEC成员在结构、规制和制度方面均存在缺陷，这是威胁增长的持续性和生活水平提高的因素之一。本地区的增长与活力呈一种稳定状态，而这种增长和活力有赖于持续的结构性变革与调整。

多边体制一直支撑着贸易和其他国际商业的成功运转。但近年来，各方尊重其核心原则的情况趋弱，这威胁着亚太地区的未来。APEC乃至RCEP应致力于恢复世界贸易组织（WTO）的中心地位，而不是试图取而代之。

RCEP经济体之间已经实现高度一体化。它们之间的相互依赖是在全球贸易体制下逐步增强的，而不是通过双边或区域性的贸易安排实现的。更深层次的区域经济一体化仍然是值得追求的目标，但这不单纯是追求大型区域贸易安排。RCEP成员国政府不应满足于亦步亦趋地按照TPP的模式进行一揽子谈判。21世纪的贸易和其他形式的国际商务活动需要一套基于原则的规则，一个综合性的RCEP可争取最终成为这样一套全球规则的样板。这些规则应当考虑到所有新兴经济体的利益，而不仅仅是目前最强大的经济体的利益。APEC的首要目标之一便是引领这些原则和规则的制定。

APEC另一目标是确保有效跟进2013年APEC峰会达成的《APEC互联互通框架》承诺。加快对经济基础设施投资，振兴互联互通，有助于开展上文提及的三大方面的经济合作。要改善基础设施，可适时抓住建立亚洲基础设施投资银行（AIIB）所带来的机会。中国决定通过AIIB来为改善地区基础设施作贡献，受到欢迎，如果这一新的多边开发银行定位于通过动员内部和外部资金发展基础设施，推动亚太各经济体加强结构改革，那么将更有可能取得成功。AIIB也可以推进APEC的互联互通进程。APEC成员如能加入到AIIB的创立活动并为其运作方式出谋划策，就能保证AIIB按国际最佳实践运行，有效运用资金，在地区层面和国际层面增强主人翁意识和参与意识。

2014年APEC峰会还有第三个目标，这一目标是基础设施倡议的必然结果。将APEC所推动的经济架构与围绕"东盟+6"经济体形成的经济架构联系起来的时机已经到来。东亚地区的"东盟+"安排包含印度和非APEC经济体，它们对亚太一体化和跨区域的互联互通、基础设施建设均举足轻重。从今以后，宜使这些经济体与APEC领导人的对话常规化，以便推动更为广

泛的区域合作，创造积极地地缘政治环境。25年来，APEC所形成的机制基础设施和其推动的相互关系有助于推进这一进程。问题在于，如何在既克服APEC扩员限制，又不损害"东盟+"机制的价值与中心地位的情况下来实现这一目标。下文阐述实现这一目标的路径。

二、区域一体化议程

目前，亚太地区的区域一体化进程主要集中于建立跨区域自由贸易协定（FTA），同时，APEC明确目标是最终建立一个亚太自由贸易区（FTAAP）。这严重误导了APEC的努力方向和能量发挥。即便经过数年艰难的政治谈判达成一个亚太区域的自由贸易协定，也不会引来对基础设施的投资，而基础设施投资对经济一体化的效果要大于自贸区。世界经济论坛(WEF)2013年的研究指出，为改善互联互通而进行的投资具有巨大的潜在收益，原因是：

对国际贸易而言，供应链壁垒对贸易的阻碍远远比关税壁垒要严重得多。事实上，就世界GDP增长而言，减少供应链壁垒的贡献是消除所有关税壁垒贡献的6倍多。

到目前为止，亚太地区签订的数量众多的双边自由贸易协定在边际意义上是有效的，但是，未能促使整个亚太地区各经济体推行商业或国内改革。并且，多哈回合谈判难以结束，贸易改革的中断，这使得区域性贸易安排的重要性凸显。区域贸易安排应该被用于推进区域的经济与政治合作，并构建一个更强大的全球经济体系。

在地缘政治合作领域，东北亚地区围绕领土和其他问题和南海地区领土争端所形成的紧张局势威胁着本区域的建设性合作与稳定。这些问题有可能将美国和亚洲各国卷入意外的无谓冲突之中。

东亚地区贸易与投资的快速增长是由其单边贸易与投资自由化和对外开放所驱动的。这构成了亚洲地区围绕生产网络与价值链体系而形成的深度一体化的基础。APEC是这一进程的领导者，是推动协调的单边自由化的论坛，这种单边自由化包括中国自1995年APEC大阪峰会一直到其加入WTO所采取的大规模自由化措施。APEC还发挥领导作用，为制定《信息技术协定》打下了基础，最近又在推动环境商品清单。这些进步为实现亚洲与跨太平洋综合性经济一体化和开启多边政治合作奠定了基础，使这种政治合作不再建

立在旧有的辐—毂安全关系之上。

直至最近，中国一直未准备好或不愿意在地区或全球议题上承担积极的领导角色。但是现在，中国看起来能够并已准备好要加入贸易改革的联合阵营。尽管中国对最终加入TPP仍持开放态度，但一个更为直接有效的途径是"东盟+"机制，因为这一机制提供了一个框架，能够动员中等国家为地区制度带来真正变革。

没有哪一个国家能够通过与任何一个主要大国的双边协定来显著影响地区政治或经济进程。中国即使比其他国家拥有更大影响力，也难以做到这一点。动员各国力量加强区域合作，提升区域政治经济合作雄心，将亚洲打造成一个开放的经济共同体，积极塑造地区合作成果，这种办法将更可行。要塑造这个开放的共同体，各种机制要强化其既定目标，RCEP也要将TPP所要采取的规则和承诺吸收进来并加以强化。目前，综合性的区域合作倡议也要包含更加广阔的战略利益。

RCEP要想以这种方式有效补足TPP，首要的一定是逐步制定一套健全的基于原则的规则来规范当代的贸易与其他国际商业活动。一旦其他地区的新兴经济体认识到这些由中国、印度、印度尼西亚和其他RCEP经济体所达成的健全规则的价值，作为全球机制基础的将是这些规则，而不是那些标准化的规则或者像TPP等安排所制定的规则。

一个高标准协议的目标是使发展中国家以一个合理的时间安排来实施它们渴望的标准，而不是因为它们没有立即开始执行发达国家的标准就将它们排除在外以示惩罚。中国和其他RCEP经济体绝对是亚洲供应链的内在组成部分，这些供应链推动着东亚地区和全球的经济一体化和经济增长。正是通过这些供应链，东南亚与南亚地区更晚出现的新兴经济体才能够参与到全球化进程之中，并能够采用开放的贸易与投资规则。

RCEP包含了中国、印度尼西亚和印度等亚洲国家所有主要经济体，比TPP包含更多成员国。有东盟"10+"机制支撑，尽管区域内存在诸多政治问题，RCEP仍代表着地区经济合作的前进方向。但是，以东盟为支点，将所有的东盟"10+1"贸易协定，如东盟与日本、中国、韩国、澳大利亚、新西兰、印度的贸易协定聚合到一起将是艰难的进程。而如果以TPP方式，或是以传统自贸协定（FTA）的方式来推进谈判，则意味着一个冗长延宕的过程。人们日益认识到，把各个东盟"10+1"自贸协定聚合到一起也许在政治或技术上非常困难。在整个地区乃至域外，存在着诸多相互重叠的自贸协定和地区安排，注定陷入低效谈判的泥潭，因此，人们迫切需要推动区域合作前进的新理念。

RCEP也是亚洲地区创建一个更为有利的地缘政治环境的战略机会。为此目的，它将需要重新包装以唤起更高层次的政治努力，也需要在东盟与亚洲经济共同体（AEC）的RCEP上尽快成型。

一个有效的战略是精简经济合作协定，要将其达成RCEP的众多步骤中的重要一环。这将会与创建AEC的战略同时进行。将90年代的东盟自由贸易区协定（AFTA）升级为更为综合的东盟货物贸易协定（ATIGA）是建设亚洲经济共同体（AEC）的首要步骤之一，与此同时还实施更广范围的项目，包括努力实施《东盟互联互通总体规划》。在RCEP成员国间进行关于达成一个革新性、总括性的自贸协定的谈判可与实现更深层次的经济一体化、地区发展与政治目标需要的其他步骤同时进行。

RCEP成员国可抓住其他机会推进有益的经济一体化进程，而不必等到由所有成员国达成一揽子贸易自由化协定并就所有的新规则达成一致。它可寻求就实现贸易自由化完成一大笔"首付"，以此锁定达成最终宏大目标的进程。

在RCEP框架下对多个维度的经济一体化的制度性支持应尽快创立。东盟在推进AEC的进程中已经很好地就如何实现这一点进行了思考。它们也与实现APEC茂物目标的努力相一致。

在这一概念下，在既定时间线上实现这些目标的最有效战略将是一套创新性措施：设立到2025年完成的有约束性的目标；谈判达成到2015年实施的初步承诺（首付）；从2015年开始在新建立的制度框架内所有成员通过继续合作与谈判实施这些目标。

上述时间安排考虑到了本地区各方广为关心的政治与经济问题，将使像印度这样的国家和其他东南亚欠发达国家更容易参与进来；将推动南亚与东亚的连接；将催生一个重要的而且是成功的大型区域合作倡议；并且，快速推进这一进程本身将显著改善区域政治环境。随着跨东亚与南亚地区的以原则为指导的经济一体化与经济合作取得成果，它也将为关于WTO改革的对话指明道路（例如，在G20内进行对话）。

TPP与RCEP的经验使人们不禁要问，这些区域与跨区域贸易与投资安排将如何影响全球贸易与投资体系。无论哪种通过谈判而达成的区域一体化的进程概念胜出——通过RCEP或TPP——很明显亚太自由贸易区（FTAAP）的理念与这一结果无关。FTAAP不可能凌驾于亚太地区通过TPP和RCEP开展的一体化进程之上。这两个安排将难分难解；它们将决定亚太贸易和经济合作的未来图景。

那么，APEC应如何帮助塑造全球一体化结果与全球体系？APEC在推动开放地区主义方面创造了骄人历史，在基于WTO的多边贸易规则方面具有重要利益，因此应该发挥引领作用，对这一问题做出解答。

APEC能够最有效发挥作用之处在于努力制定原则，主导缔结跨区域安排，并影响WTO和国际投资体系的改革。这并非易事，APEC存在形形色色的既得利益群体，它们抵制国际经济体系的变革。但是，这一现实在过去未能阻碍政策的创新。设立APEC专题组或名人小组，明确倡导全球贸易与投资改革战略，恰逢其时，值得欢迎。

三、基础设施议程

推进基础设施投资之所以成为亚洲和太平洋地区的优先议题，原因有二。全球经济虽稳步复苏，但仍显脆弱，需要刺激投资需求以维持经济长期有效增长。同时，本地区各经济体要通过深化地区一体化和互联互通保持增长与发展，关键要解决基础设施需求的巨大缺口。

当前，全球利率很低，这为经济基础设施投资提供了绝佳机会，基础设施能够提高长期生产率，推动有此抱负的经济体走向一体化。为此，APEC和G20的成员国都在努力加速经济基础设施建设的投资，但是，要将善意的声明与研究落实为大力推进基础设施投资，这绝非易事。

资金并不是当下最紧迫的限制因素。具备健全投资环境的经济体能够为那些准备充分且有足够投资回报的项目动员到资金。目前存在许多切实可行的项目，包括那些已经被多边发展银行认证的项目，但是，许多经济体即使已经知道该怎么做，其在组织和规制方面的缺陷也使得项目难以落实。

当然，各经济体政府负有首要责任去改善政策环境，提高能力准备具有可行性项目。但是，在APEC和G20等组织内部开展协调，通力协作，推进落实基础设施投资，这样的空间也是存在的。APEC已经开始协助区域内相

关经济体政府培育必要的人力资本和制度能力,并协助扫除政策和管理等方面的障碍以加速投资。

改善投资所需环境和提升管理基础设施投资的能力是必不可少的,但这并不足以保证成功。要加快经济基础设施投资,不但需要制定政策,更需要做出决定将筹划好的基础设施项目付诸实施,在实施过程中遇到困难,还需要政治承诺的支持。取得经验后就可以最有效地实行政策变革和制度升级,从而为后续项目投资打开方便之门。

东盟决定创立AEC的决定是亚太地区最好的例子。在东盟基础设施基金的支持下,东南亚各国政府已着手开始在所需的交通、通信和能源网络领域进行投资。

APEC官员正在根据2013年APEC领导人所批准的《APEC互联互通框架》规划一个蓝图,全面提升亚太经济体之间的管理、制度和人与人互联互通。下一步也许是起草出一个《APEC互联互通总体规划》,以为蓝图中设定的愿景真正引来投资,要引来投资必须认真做好长期打算,同心协力,培育必要技能和机构能力。

APEC并非,也不应该成为一个融资或项目实施机构,因此,APEC并没有现成的针对《APEC互联互通总体规划》的融资工作的程序,APEC也不针对任何改善互联互通的区域性倡议做可行性研究。中国将在主办APEC会议之际正式发起亚洲基础设施投资银行(AIIB),在这一新成立的银行支持下,通过与ADB和世界银行携手合作,上述问题有望迎刃而解。

新AIIB向任一政府和个人投资者开放持股,旨在缩小区域内经济基础设施差距。而对实现《APEC互联互通框架》目标所需的投资进行资助,正好与AIIB授权相契合。将AIIB的预定资本金的一小部分用于支持《APEC互联互通总体规划》的准备工作和某些试点项目的可行性研究,是合乎时宜的。

要在亚太经济体之间建立并维持足够的交通、通信、能源网络和机制联系,就要进行数十年的能力建设和投资,这种短期支持将使之成为可能。G20的领导人要欢迎这些亚太行动,并引导其他领导人关注这些行动。

一旦更多的政府致力于改善它们准备和实施项目的能力,G20也可发挥领导作用,保证有足够的资金来源对经济基础设施项目进行投资。G20领导人已经建立了一个工作小组,在数个国际组织的专门知识支持下,探讨如何打开全球资本市场进行基础设施投资,从而扩大现有的基础设施投资规模。

这一工作组将想方设法吸引私人储蓄，手段包括公私伙伴关系、发行债券以及直接通过政府或者通过国际金融机构牵线为具体基础设施项目贷款。其所进行的政策导向型研究将可能提出新的议题和政策挑战。

我们需要降低多个经济体中实际存在的，以及可预见到的基础设施投资风险，以此提升吸引投资的能力。这种风险的最重要决定因素是政府的行为记录——其政策及体制性框架的质量与可预见性、其投资公共资源的意愿，以及其与私人部门合力预测和（或）应对基础设施升级中不可避免的实际问题的意愿。

基础设施投资中的私人资本所占份额将需要提高，但是公共部门投资仍将保持主导地位，且在动员国际资本市场融资方面发挥根本作用。因此，要制定鼓励私营部门投资的政策，就要确定基础设施的公共投资是否合情合理，并尽量客观评价政府的借贷能力。在APEC峰会之际宣布建立AIIB，将有助于在整个亚洲地区，包括在中国，建立公私伙伴关系（PPP）中心，这将以积极方式为上述工作提供了又一重保证。

不能指望个人或机构性私人投资者具备必要的专业知识来评估许多特定基础设施项目潜在收益和风险。现存的多边开发银行的宗旨就是降低进行这些评估的交易成本，并降低这些投资的风险。但是，在目前，部分由于其有限的融资能力，它们并未对关键经济基础设施的升级和扩展所需要的商业融资作出显著贡献。

AIIB的建立将刺激已有的开发银行考虑扩充其融资能力。AIIB对已有的发展银行构成新的竞争。同时，这一新型银行将具备强烈动机与它们进行合作。这些银行已积累了大量知识和经验，借用这些专门知识是这一新兴国际金融机构进行能力建设的最有效途径。APEC峰会是启动AIIB的绝佳机会。

在2014年的峰会上，G20领导人可对AIIB的倡议表示欢迎，并鼓励已有的多边开发银行与其分享信息、经验和专业知识来帮助AIIB取得成功。领导人也可要求世界银行和其他多边开发银行于2015年拟写战略文件，着眼于国际金融机构如何加速提升能力，撬动私人部门投资，促进基础设施，如何增加自身商业借贷容量，以满足因缩小经济基础设施差距而形成的大得多的融资份额。这些战略文件也应就G20成员国政府如何协助多边开发银行克服当前的局限性提出建议。

四、演进中的区域架构

中国在2014年APEC会议中发挥领导作用,这为塑造更为有效的区域性架构提供了良机。我们不可能一蹴而就,将需要对现有区域性架构进行创造性改造。窍门在于利用已建立的区域安排,由于其内部具有巨大的灵活性,能够逐步推动目标明确的变革。

第一步不难。中国可围绕APEC峰会召开一个高水平的对话,将APEC论坛与东亚峰会(EAS)的成员国联结起来。将主要的区域经济对话(APEC内)与政治对话(已经成为东亚峰会的一大特点)联系起来是十分重要的。APEC东道主可以提议将"东盟+"机制内的非APEC成员经济体与APEC领导人聚到一起,而无须触及棘手的扩大成员问题。中国基础设施倡议体现了跨亚洲的利益,而东盟的核心地位是地区合作的原则,这些为围绕北京峰会来组织这样一个会议提供了无可非议的理据。

APEC内能够轻易地实现这一事实上的架构延伸而不会引起争论的仅有两个国家,美国和中国。很明显,中国将必须与美国一道排除障碍,并向其他APEC和东亚峰会(EAS)成员解释这一倡议的价值。

在2012年的符拉迪沃斯托克峰会上,俄罗斯总统邀请欧亚经济委员会参加相关会议。其重要之处是,欧亚经济委员会理事会(关税同盟的治理机构)主席在峰会周被邀请至APEC部长会议和其他会议上解释欧亚经济联盟的蓝图。这是一个非常聪明且具备战略性的举动,与APEC的开放地区主义精神完全契合,在APEC内部的办事方式上可谓另辟蹊径,APEC具有开放且灵活的框架,与东亚峰会发展关系可如法炮制。

过去,一些人曾主张最终需要在APEC和EAS间做出选择,用来作为亚太地区领导人在未来宣扬其理念的场所。正如一份近期美国国会研究报告所观察到的,"奥巴马政府已频繁地将APEC描绘为亚太地区首要的经济和贸易组织,同时将东亚联盟(EAS)视为这一地区主要的地缘政治组织。这一观点并不被这两大组织的所有其他成员所认可"。但是俄罗斯人在人们不经意间已经开启了一个创新性的新"玩法"。APEC可以被转换成为一个平台,在这一平台上,任何人只要能够为经济合作作出贡献,都能够被邀请参加。

作为2014年APEC峰会的主办国,中国可以邀请印度、缅甸和其他EAS

的非APEC成员参加APEC峰会，处理重要地区事宜，今年的重要事宜是基础设施议程。将印度和今年的东盟主席国——缅甸纳入在APEC峰会期间举办的会议，是实现亚太合作架构演进的重要步骤。这种关于APEC进程的思考方式，有效的变革方式将是如何把APEC与EAS议程融合在一起，而非试图去贬低一个或另一个区域安排。

（宁胜男　译）

将服务业置于APEC更加优先的位置

国际贸易和可持续发展中心（ICTSD）高级研究员

雪莉·史蒂芬森

引 言

服务业在现代经济体中具有极大的权重，占世界GDP、就业和外来直接投资的比重平均为2/3。以前，我们认为服务业只占世界贸易的22%；但以附加价值衡量贸易的话，由于服务业以投入的形式被纳入初级产品与制造品的生产中，使产品的价值显著增加，其占全球货物和服务贸易的比重可达到近50%。

在APEC中，服务业占地区GDP的比重已经达到67%，占地区就业的比重已经达到52%。但是，AEPC服务贸易的增长和服务贸易多样化的提高仍有很大空间。

这一目标的实现取决于全球及APEC层面服务自由化程度的提高。本文认为，服务业应该成为APEC成员的关键优先项目，以促进互联互通及地区经济一体化。

将服务业置于优先位置有若干理由。首先，服务业仍然是APEC经济体中受限最多的部门，这意味着服务自由化将使地区贸易实现最大的提升。其次，运行有效的服务业能够实现生产力最大的提高，并使影响外溢到其他各经济部门；最后，服务业与投资是茂物目标尚未完成的两个主要领域，在地区层面上处理这些议题将进一步推动地区一体化。

服务业的全球重要性

传统方法计算，服务业占全球跨境贸易的22%。但是，这一数字并未包含商品生产、农产品生产和自然资源生产中的那部分服务，这些服务被计入这些产品最终出口价值中。随着世贸组织—经合组织（WTO-OECD）附加值贸易（TiVA）数据库的发布，我们对服务业在国际贸易中的重要性有了新的、也很可能是更准确的理解。这一理解考虑了服务业作为中间投入的贡献，能衡量中间产品和服务在形成最终产品前通过全球价值链（GVCs）跨越国界而产生的价值。初级产业、制造业，以及其他服务业因"包含型"和"嵌入型"服务而使产值大为提升。这体现在图1中，该图显示了以总值和附加值角度衡量的服务业在全球出口中的比重，对前者服务业的贡献率是22%，对后者是46%。因此，从增值角度看服务业对全球贸易的实际重要性是传统估计的

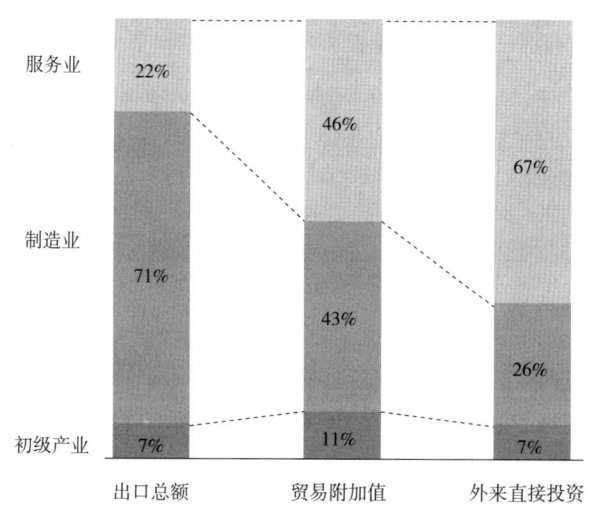

图1：服务业对全球出口总额、贸易附加值和外来直接投资的贡献

来源：UNCTAD-Eora 全球价值链数据库，联合国贸易和发展会议（UNCTAD）对外直接投资数据库。图表来自 UNCTAD《2013年世界投资报告》。①

---

① 联合国贸易和发展会议：《2013年世界投资报告：全球价值链——面向发展的投资与贸易》，http://unctad.org/en/publicationslibrary/wir2013_en.pdf。

两倍多。而且,服务业足足构成了外来直接投资存量的2/3,这一数字将继续不断增加。考虑到外来直接投资在现代经济体中往往能带动贸易流量,这更加值得关注。

对服务业作用新的认识使人们意识到了它在商品贸易中的重要性,并突出了这样一个事实:经济体若想提升它们产品的竞争力,就必须同时提升其服务业的生产力,使服务贸易自由化,并着重规则的改革。

服务业在APEC中的重要性

服务业对APEC而言非常重要,占成员经济体GDP的比重平均为67%。许多APEC成员经济体中服务业占GDP的比重更大,香港和新加坡是服务密

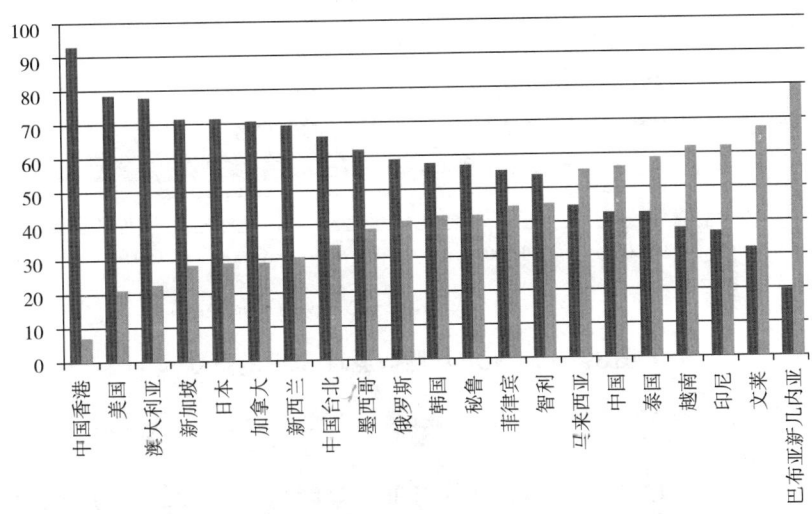

图2:APEC经济体GDP(服务/商品)的构成

来源:南加州大学(USC)与亚太经合组织(APEC):《APEC 地区的服务贸易》,2012年。[1]

---

[1] 南加州大学马歇尔商学院(The University of Southern California Marshall School of Business)和亚太经合组织工商咨询理事会(APEC Business Advisory Council):《APEC地区的服务贸易》,2012年,http://www.keidanren.or.jp/abac/report/20120918_USC_Report.pdf。

集程度最高的APEC经济体（服务业占GDP比重接近90%），紧随其后的是美国和澳大利亚，服务业占GDP比重近80%。2012年，服务业占APEC总体就业的比重为52%，并预计成为下一个10年创造工作岗位最大的推动力。[①]

有趣的一点是，APEC经济体服务业占GDP比重和人均GDP之间存在关联，体现在图2和图3中，更发达的APEC经济体有更高的服务业密集度。许多贸易分析家已经注意到，提高服务活动的密度，使经济结构具有更高程度的"服务化（servicification）"，与更高的经济发展速度是相关的。

图3显示，以服务业占GDP比重衡量，服务业密集度与人均GDP存在正相关。过去20年来，APEC经济体不断提高它们生产结构的服务业密集度。

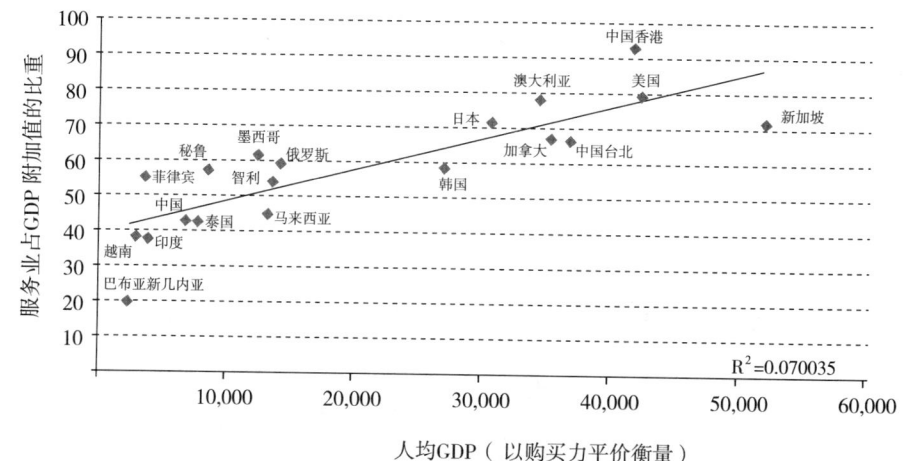

图3：人均GDP和服务业对GDP的贡献

来源：USC和APEC《APEC地区的服务贸易》，2012年[②]

尽管有些APEC成员的经济中服务业密集度高，但APEC成员间的贸易，服务贸易相比货物贸易仍处于低水平。2010年，APEC内部生产的全部服务

---

① 南加州大学马歇尔商学院（The University of Southern California Marshall School of Business）和亚太经合组织工商咨询理事会（APEC Business Advisory Council）:《APEC地区的服务贸易》，2012年，http://www.keidanren.or.jp/abac/report/20120918_USC_Report.pdf。

② 南加州大学马歇尔商学院（The University of Southern California Marshall School of Business）和亚太经合组织工商咨询理事会（APEC Business Advisory Council）:《APEC地区的服务贸易》，2012年，http://www.keidanren.or.jp/abac/report/20120918_USC_Report.pdf。

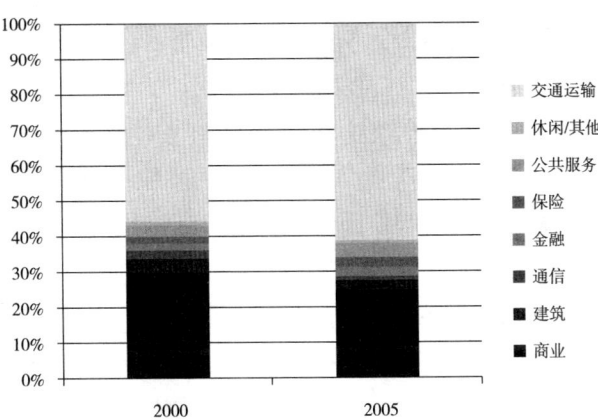

图4：APEC内部的服务贸易，以行业划分

来源：Joseph Francois 于2009年建立的服务贸易数据库，以及作者本人的计算。图表来自 APEC 政策支持小组《APEC 地区的服务贸易》，2010年。①

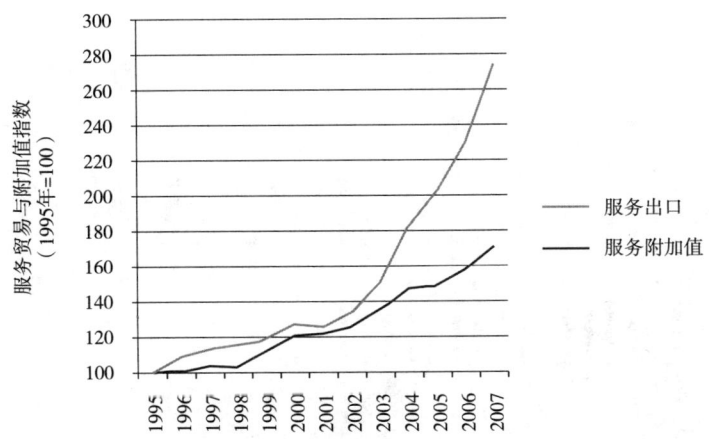

图5：APEC服务出口与附加值（1995年=100）

来源：世界发展指数，以及作者本人的计算。图表来自 APEC《APEC 地区的服务贸易》，2010年。②

---

① APEC 政策支持小组：《APEC 地区的服务贸易：模式，决定因素和政策影响》，2010年，http://publications.apec.org/publication-detail.php?pub_id=1070。

② APEC 政策支持小组：《APEC 地区的服务贸易：模式，决定因素和政策影响》，2010年，http://publications.apec.org/publication-detail.php?pub_id=1070。

只有6%用于出口,而货物则有63%出口。

图4显示,APEC间的服务贸易大部分在交通运输和商业服务领域,而其他服务业(通信、金融、保险、建筑、休闲等)在APEC内部的贸易量十分不起眼,因此仍有很大的增长潜力。

图5显示了以总值和服务附加值衡量的APEC服务出口情况。该图显示,自2002年以来,服务出口的增长远快于服务产出的增长。这一趋势强调了一个事实,即该地区高度参与了全球价值链的运转。

早前提到的新WTO—OECD附加值贸易(TiVA)数据库将服务业在出口总额中的份额按贡献其来源分为三部分:(1)直接的国内服务产业;(2)间接的国内服务内容;(3)包含在进口中间产品中的服务,如国内服务的再进口或外来服务内容。

如图6所显示,APEC超过20%的服务出口来自源于从国外进口的服务,30%来自直接的国内服务投入,近50%来自源于中间产品的间接国内服务投入。再进口的国内服务增值内容在出口总额中比重极小。

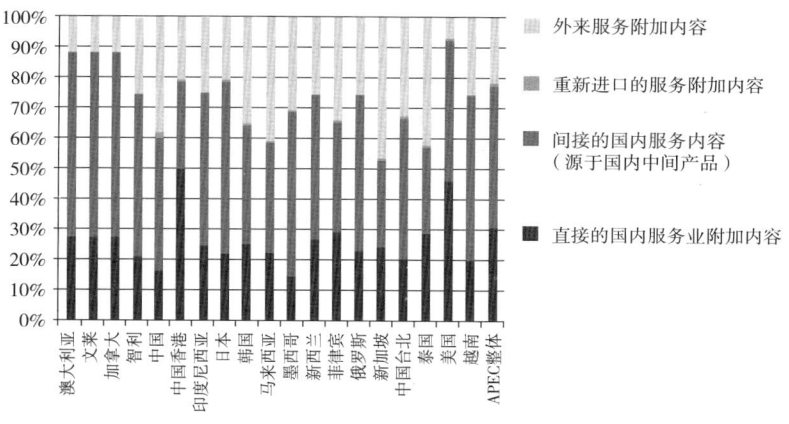

图6:出口总额中的服务附加构成

来源:PSU基于WTO-OECD附加值贸易(TiVA)数据库的计算。该图使用的是2009年数据,APEC整体不包括巴布亚新几内亚。图表来自Pasadilla "估量APEC中的服务相关活动"。①

---

① Gloria Pasadilla:"估量APEC中的服务相关活动",由APEC政策支持小组向APEC高官提交的论文,2014年2月。

在服务增值的构成上，APEC内部存在非常不同的情况。美国服务出口中外来内容最少，少于10%。相比之下，新加坡服务出口中外来内容最多，占近50%。国内服务内容的巨大份额可以通过不同方式得到解释，部分原因是在许多行业对服务贸易仍然存在壁垒，且这些壁垒影响显著，而且许多服务仍然需要买卖双方相互接近，部分原因是更偏好本地服务提供者。①

与贸易领域发生的情况类似，APEC的外来直接投资也日益从制造业转向服务业，这或许是贸易模式变化的原因。图7显示日本、中国、泰国和新加坡的这一情况。由于服务业是APEC中外来直接投资增长最快的领域，外来直接服务投资向APEC经济体日益增加的流动促进了生产者服务的成长，支持了全球价值链。

APEC内的服务贸易障碍

服务贸易在世界许多地区往往受到高度限制。服务贸易自由化极具挑战性，尤其鉴于其经常与监管结构的改革和边境内歧视相关。如图8所显示，根据世界银行的服务贸易限制指数，世界上所有地区——包括APEC所在的东亚和太平洋地区——具有较高程度的服务业保护。专业服务业和交通运输领域尤其如此。在东亚和太平洋地区，服务贸易仍受到高度限制，在受调查的五个行业的服务贸易壁垒显著高于OECD经济体。

境内壁垒和障碍是服务贸易面临的最显著的问题。国内监管、行业标准、专业要求和政府机构的效率比起市场准入壁垒有着更大的影响。如图9来自南加大马歇尔商学院的报告显示，市场准入限制指数在调查涉及的四个服务领域（零售与分销、交通运输、专业服务、金融服务）各有不同。但是，对市场准入的限制总体上不如其他三种均与监管有关的壁垒严重。这些信息是南加大研究人员通过访谈和调查得到的。

---

① Gloria Pasadilla：“估量APEC中的服务相关活动”，由APEC政策支持小组向APEC高官提交的论文，2014年2月。

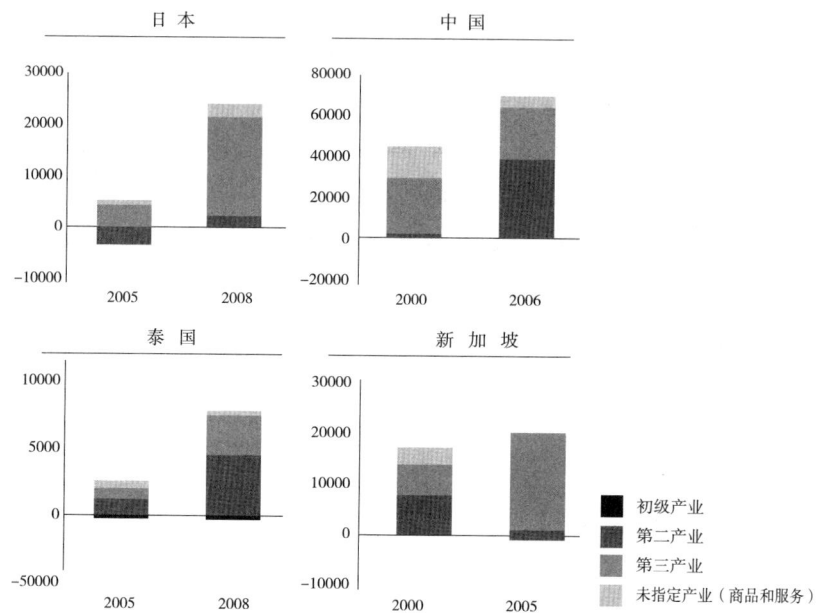

图7：部分APEC成员的分产业外来直接投资（2005, 2008年）

来源：世贸组织和日本贸易振兴机构亚洲经济研究所:《东亚贸易模式和全球价值链》，2011年。①

在APEC成员经济体中，新加坡、中国香港和新西兰是对服务贸易最开放的；印度尼西亚、越南和菲律宾目前对服务贸易开放程度最低②。APEC经济体的服务出口和行业受限程度看上去存在大体的相关关系。地区最大的服务出口方（美国、新加坡、中国香港和马来西亚）在服务贸易领域拥有相对开放的监管环境。③

---

① 世界贸易组织（WTO）和日本贸易振兴机构亚洲经济研究所（IDE-JETRO）:《东亚贸易模式与全球价值链：从商品贸易到任务贸易》，2011年，http://www.wto.org/english/res_e/booksp_e/stat_tradepat_globvalchains_e.pdf。

② 南加州大学马歇尔商学院（The University of Southern California Marshall School of Business）和亚太经合组织工商咨询理事会（APEC Business Advisory Council）:《APEC地区的服务贸易》，2012年，http://www.keidanren.or.jp/abac/report/20120918_USC_Report.pdf。

③ 南加州大学马歇尔商学院（The University of Southern California Marshall School of Business）和亚太经合组织工商咨询理事会（APEC Business Advisory Council）:《APEC地区的服务贸易》，2012年，http://www.keidanren.or.jp/abac/report/20120918_USC_Report.pdf。

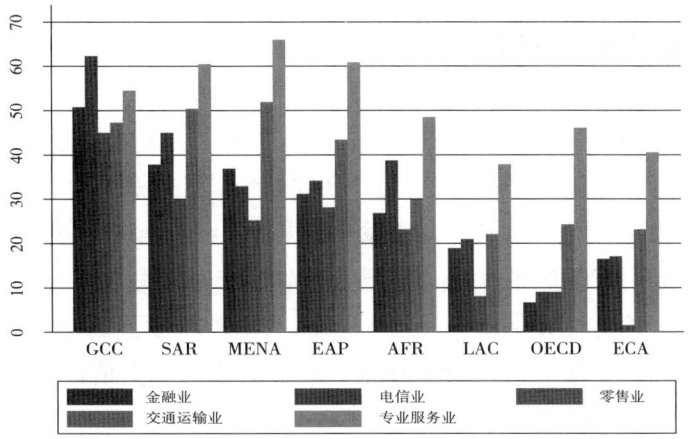

图8：部分地区服务贸易限制指数（STRI）

注：地区层次的服务贸易限制指数（STRI）由区内各国家的STRI简单平均得出。跨境空中旅客运输次领域的STRI来自世贸组织QUASAR数据库（2007）。地区简写：HNO—高收入非经合组织国家，SAR—南亚地区，EAP—东亚太平洋地区，MENA—中东北非地区，AFR—撒哈拉以南非洲，LAC—拉美加勒比地区，ECA—欧洲中亚地区，OECD—高收入经合组织国家。

来源：Borchert等：《国际服务贸易的政策壁垒》，2012年。[①]

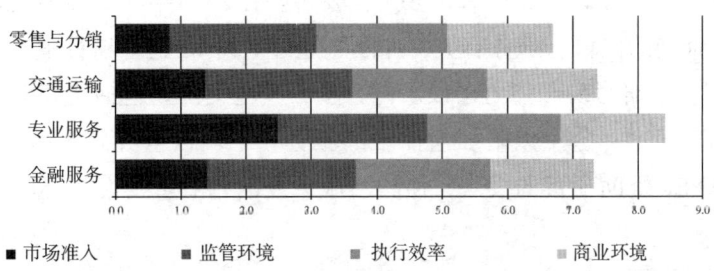

图9：APEC服务业各行业壁垒

来源：南加州大学（USC）与亚太经合组织（APEC）：《APEC地区的服务贸易》，2012年。[②]

---

① Ingo Borchert, Batshur Gootiiz 和 Aaditya Mattoo：《国际服务贸易的政策壁垒：来自新数据库的证据》，世行发展研究小组工作报告6109，2012年6月。

② 南加州大学马歇尔商学院（The University of Southern California Marshall School of Business）和亚太经合组织工商咨询理事会（APEC Business Advisory Council）：《APEC地区的服务贸易》，2012年，http://www.keidanren.or.jp/abac/report/20120918_USC_Report.pdf。

在APEC内实现服务贸易自由化的收益

由于服务业是APEC经济体中受限最多的部门，通过放宽限制，服务业对经济增长的贡献潜力将非常显著。若干研究显示，服务贸易自由化所能产生的收益大于货物贸易自由化产生的收益。根据世界经济论坛2013年的报告——《使贸易成为可能》，哪怕只是将供应链运营和服务业壁垒改善到世界最优做法的一半水平，全球GDP的增长也会比取消关税所带来的增长高出6倍。①

在APEC内，服务贸易自由化也有着巨大潜力。据估计，贸易成本若降低10%，APEC内部与服务业相关的GDP就会增加1000亿美元。② 此外，APEC政策支持小组所做的有关服务业改革的调查③ 显示，诸如交通运输业、通信和能源等关键服务领域的限制大大拖累了地区经济增长与贸易。这些领域的结构性改革每年能够为APEC创造大约1750亿美元的收益。

将服务业置于APEC更加优先的位置

尽管服务业对亚太地区在经济上很重要，但要强化APEC对服务行业的政策聚焦和政策能动性，还有许多工作要做。在2006年与2012年之间，38%受APEC资助的项目与服务有关，才刚刚超过1/3。在这些项目中，大约64%的支出用在了研习班和能力建设研讨会上，其他支出则包括研究工作或调查与数据库项目④。鉴于以附加值衡量的服务业平均占世界贸易的半壁江山，增加对APEC资助项目的投入，使其与服务业的相对重要性相称就显得尤为必要。

---

① 世界经济论坛、贝恩咨询公司和世界银行：《使贸易成为可能：衡量增长机遇》，2013年，http://www3.weforum.org/docs/WEF_SCT_Enabling-Trade_Report_2013.pdf。

② 南加州大学马歇尔商学院（The University of Southern California Marshall School of Business）和亚太经合组织工商咨询理事会（APEC Business Advisory Council）：《APEC地区的服务贸易》，2012年，http://www.keidanren.or.jp/abac/report/20120918_USC_Report.pdf。

③ APEC政策支持小组：《APEC经济体交通运输、能源与通信行业结构性改革的影响与得益》，2011年。

④ Gloria Pasadilla：“估量APEC中的服务相关活动”，由APEC政策支持小组向APEC高官提交的论文，2014年2月。

类似于各地区的经济体,APEC面临的挑战之一是服务贸易数据的匮乏。由于定义与衡量标准不同,以及缺乏各经济体服务贸易详细数据,这就难于判断贸易模式的变化趋势,衡量服务导向的政策的有效性。另一挑战是贸易协定谈判中对影响到服务业的规制缺乏关注。从APEC经济体达成的自贸协定看,这些协定中与服务业有关的条款80%关注的是市场准入壁垒,只有20%涉及诸如经济体间规制差异的边境内议题[1]。旨在协调规制、减少境内障碍的服务贸易自由化,应与安排市场准入的义务相辅相成,并与其等量齐观。

更加高效的服务业能够对APEC经济体产生诸多溢出效应,因为服务业包含在所有经济行业的产出中。因此,更好的服务业带来更强的竞争力。着眼改善服务业的政策也因此间接地提高了诸如出口能力、参与全球价值链的能力。更加高效的服务业还有助于:

● 通过就业效应和给予妇女就业机会,促进包容性增长;

● 通过服务创新,加强绿色增长,减少经济增长途径中的自然资源和物质含量。APEC内对服务业的聚焦有助于从持续的经济体内部(如中国与拉丁美洲的APEC经济体)改革借力,为整个地区创造动能;

● 加大在全球价值链中的参与程度,特别是占服务出口方大部分的中小企业(SMEs)的参与程度[2]。

本文主张APEC加强对服务业的重视程度,提高服务业在APEC议程中的位次,APEC应努力在工作中突出服务业的重要性。对APEC具体建议如下:

首先,APEC对服务业的讨论应该提升至高官会的水平,以审视重要的跨界问题,提高认识和理解。高官会每年应发表声明,对服务业的重要性给予肯定。这可以通过年度公私领域的服务业对话实现,这一对话最好安排在APEC贸易部长会晤期间举行。这将显示APEC视服务业为优先事项,也将促进与服务贸易相关的跨界问题的解决,协调各种各样的APEC工作小组和委员会处理与服务业相关的——往往是在部门层面上发起的——不同倡议。

---

① 南加州大学马歇尔商学院(The University of Southern California Marshall School of Business)和亚太经合组织工商咨询理事会(APEC Business Advisory Council):《APEC地区的服务贸易》,2012年,http://www.keidanren.or.jp/abac/report/20120918_USC_Report.pdf。

② 南加州大学马歇尔商学院(The University of Southern California Marshall School of Business)和亚太经合组织工商咨询理事会(APEC Business Advisory Council):《APEC地区的服务贸易》,2012年,http://www.keidanren.or.jp/abac/report/20120918_USC_Report.pdf。

其二，APEC高官会应该设计出一套服务业政策框架，并专门制定服务业工作计划——这一计划可以是由若干部分组成的多年期优先计划。可考虑将下列问题列为APEC服务业工作计划所应关注的跨界问题的一部分：

- 服务业、竞争力与中小企业；
- 服务业对APEC各经济体附加值的贡献；
- 服务业与APEC生产力提高；
- 审视服务业在全球价值链中扮演的角色，以及自身作为全球价值链的服务业；
- 服务业与规制改革（就各经济体整体而言）；
- 服务业与创新；
- 服务业、就业与更加包容的增长；
- 服务业对更可持续的增长路径的贡献。

第三，每年APEC领导人的宣言中应有一章节专门论述服务业。

（吴劭杰　译）

联结APEC经济体的纽带：基础设施、治理和社会融入

新加坡国立大学李光耀公共政策研究院
亚洲竞争力研究所联合主任

陈企业

新加坡国立大学李光耀公共政策研究院亚洲竞争力研究所
研究实习员

叶心仪

前 言

对于发达国家和发展中国家而言，全球化仍是正道，循此可以促进增长，增进区域经济一体化以及提高生活水平。出口带来的增长已使东亚上千万的人民致富，同时制造业和劳动密集型产业业已转移到了发展中经济体。这一转移过程以国际贸易和国际投资作助力，从而也导致了产业重组和技术升级。（Tan, Yuan, Yoong and Yang 2013）

这些过程如今仍在继续，经济实力在世界主要的增长引擎之间流动——这些引擎包括美国，欧盟，中国和日本。资源富集的东盟处于沟通东西贸易路线的战略要冲。拥有6亿人口的东盟，因而凸显其重要性以及对投资者和各大国的吸引力。

但是，新加坡国立大学亚洲竞争力研究所（ACI）的数据显示，除了新

加坡与印度尼西亚、马来西亚和泰国等国保持着强劲的双边贸易之外,东盟经济体之间的贸易往来并不活跃(见表1)。的确,自2000年以来,中国与东盟的双边贸易额显著上升。在每年近10%的适度增长预期下,到2020年,双边贸易额将会超过8000亿美元,超过其他任何一对主要的贸易伙伴关系,跃升为世界上最大的双边贸易伙伴关系(Tan, Low, Tan and Lim 2013)。

表1:东盟五个经济体之间的增长引擎,1990—1999年以及2000—2010年

	印度尼西亚	马来西亚	菲律宾	新加坡	泰国
印度尼西亚	1.31	0.09	0.03	0.13(0.17)	0.06
马来西亚	0.15	1.23	0.06	0.33*(0.49*)	0.16(0.20*)
菲律宾	0.01	0.03	1.07	0.03	0.02
新加坡	0.26(0.16)	0.30*(0.43*)	0.07	1.18	0.15(0.22*)
泰国	0.14	0.18(0.24*)	0.07	0.21*(0.30*)	1.27

注释:*在东盟成员国之间的双边贸易较强;括号中是1990—1999年的数字。
来源:Tan, Yuan, Yoong and Yang, 2013。

印度尼西亚、马来西亚、菲律宾、新加坡和泰国,作为主要的东盟经济增长引擎,量化观察这5个经济体的重要性是饶有趣味的。近几十年来,美国、欧盟和日本对东盟增长的贡献方面与中国相比,已趋下滑。例如,在贸易和投资方面,20世纪80年代,美国和欧洲的重要程度分别是中国的9.2倍和4.49倍,而到了90年代和新世纪,这些数据趋向稳步下滑。预计到2020年,预计美国和欧盟的影响力将分别只有中国影响力的0.65倍和0.51倍。同样的,在20世纪80年代,中国对东盟5个经济体的贸易和投资影响力只有日本的0.31倍,而这一影响力预计在2020年将达到日本的4.52倍(见表2)。

我们也可以观察到,在过去30多年中,中国在贸易和投资方面分别对亚洲11个经济体所产生的类似的重要性上升的势头。当然,如将美国和日本加总,那么它们对一些亚洲经济体来说仍是重要的增长引擎(见表3)。与中国相比,欧洲仍然对一些亚洲经济体保持了增长引擎的地位,例如印度、马来西亚、菲律宾、泰国和印度尼西亚。近期日本努力在东盟内部重组其价值链网络,以及近期还试图将制造业转移出中国,我们可以预计日本跨国企业将

表2：中国、欧盟、日本、美国作为东盟五个经济体的增长引擎的相对重要性，1980—2020年

项目	美国与中国相比的相对重要性	中国与日本相比的相对重要性	欧盟和中国相比的相对重要性
时段	比率	比率	比率
1980到1989	9.17	0.31	4.49
1990到1999	4.30	0.71	2.41
2000到2010	1.53	1.88	1.02
2011到2020	0.65*	4.52*	0.51*

注释：中国作为东盟经济体的主要增长引擎的重要性在过去30年来骤然上升。
来源：* 由亚洲竞争力研究所预测；Tan, Yuan, Yoong and Yang, 2013。

对在相关东盟经济体内的贸易和投资重新洗牌（见表3）。

表3：中国、欧盟、日本和美国对于亚洲各经济体的相对重要性（2000—2010年）

经济体	美国与中国相比作为增长引擎对于11个亚洲经济体的相对重要性	美国和日本加在一起与中国相比作为增长引擎对于10个亚洲经济体的相对重要性	欧盟与中国相比作为增长引擎对于11个亚洲经济体的相对重要性	中国与日本相比作为增长引擎对于10个亚洲经济体的相对重要性
经济体	比率	比率	比率	比率
印度	1.94	2.28	1.61	2.98
马来西亚	1.69	2.18	1.03	2.04
菲律宾	1.59	2.14	1.05	1.75
泰国	1.57	2.16	1.06	1.75
日本	1.53		0.91	
印度尼西亚	1.47	2.20	1.03	1.37
新加坡	1.34	1.74	0.94	2.52
澳大利亚	1.15	1.81	0.92	1.52
韩国	1.09	1.40	0.76	3.20
中国台北	0.99	1.26	0.63	3.73
中国香港	0.70	0.86	0.46	6.33

注释：如将美国和日本加总，那么与中国相比，它们对一些亚洲经济体来说仍是重要的增长引擎（见表3）。与中国相比，欧洲仍然对一些亚洲经济体保持了增长引擎的地位。日本的影响力正在急速下降，但或许会由于更新换代后的日本—东盟互联互通的实现而略见起色。

来源：Tan, Yuan, Yoong and Yang, 2013。

由于如此之多的东盟贸易是与区域伙伴开展的，所以东盟各国必将会在区域内新近出现的自由贸易协定中发挥重要作用。故而追问下述问题必有助益，即东盟如何能够促成一个将所有多边区域经济结构一体化整合在一起的综合性战略，这些需要被整合的架构包括区域全面经济伙伴关系（RCEP）、跨太平洋伙伴关系（TPP）以及亚太自由贸易区（FTAAP）。我们正为东盟经济共同体（AEC）而努力，我们必须同时更进一步加强多边贸易体系和区域经济一体化。

全球化的更进一步增强，需通过加强东盟和美国、中国及日本的互联互通。本文将在稍后的章节论述在整个区域正在筹划加入更为广泛的自由贸易协定时，东盟国家经济增长所需的互联互通和基础设施。亚太经合组织（APEC）致力于发展基础设施的多年规划，正如2013年APEC经济体领导人宣言所阐明的："在互联互通硬件方面我们承诺，通过一个基础设施发展与投资的多年计划，在发展、保持和更新我们的基础设施硬件时开展合作。这一计划将会协助APEC各经济体改善投资环境，促进公私伙伴关系以及增进政府在准备、计划、排序、架构和实施基础设施计划方面的能力和统筹力。"

亚洲基础设施投资银行（AIIB）是中国国家主席习近平在2013年巴厘岛APEC领导人会议上提出的一个重要倡议。本文还将论述AIIB的急迫性、原则、程序、参与和支持等问题。AIIB和亚洲发展银行（ADB）都可能会在RECP、TPP和FTAAP带来成果的过程中发挥有益的作用。

亚太自由贸易区：一些建议

鉴于目前在一些东盟经济体所发生的社会骚乱，在2015年建成一个完全的AEC的目标显得遥不可及。区域经济一体化的进程也可能会被拖延，东盟同有关国家就RCEP开展的讨论也会比预期的进展缓慢。

同样，近来的几轮TPP谈判遇到难题，其中包括美国缺乏来自国会的决定性支持,以及由于未能同日本和马来西亚达成协议,使得奥巴马总统2014年4月访问亚洲的成果令人失望。这似乎表明TPP谈判也将不会在近期完结。

然而在贸易和投资方面更加广泛的全球化仍然是可持续的、平衡的、包容性增长和发展的最为可行的途径。WTO在加强多边贸易体系方面的努力是决定性的。鉴于各类自由贸易协定的扩散发展,如正在平行发展的TPP和RCEP,确保WTO在多边贸易体系的努力方面是至关重要的。

FTAAP的首次提出是在2004年智利举行的APEC工商咨询委员会上,而后2010年,在日本举办的APEC领导人会议上提出了通向FTAAP的具体途径。一些关于如何实施FTAAP的想法开始萌生,比如2014年在新加坡提出将TPP和RECP联结在一起的提议,这些都可能会在今年晚些时候于北京召开的APEC领导人会议上被再次提及。

2013年APEC会议上,习近平主席曾谈到,"海纳百川",中国欢迎"自由贸易协定迅速增加并将此视为积极信号"。为促进区域经济一体化,在朝FTAAP方向努力方面,可采取以下措施。

首先,所有的APEC成员应愿承诺确保实现茂物目标,最为可能的实现途径即是建成FTAAP。至于说FTAAP是由APEC所"领导"还是由其"支持",可在APEC成员间进一步探讨。为集中精力稳步迈向长期目标,在成员中还需要一些领跑者。

其次,APEC需要确定自身的优先考虑的问题。有些评论认为APEC没有发挥足够的作用,甚至建议将APEC降级为部长级会议而非国家领导人会议。我们对此不能苟同,因为APEC尚还有很多事情可做。APEC应该协力共为来实现特定的目标。

实现下列目标对工商业尤为重要:(1)2012年确立的APEC环境产品清单,这份清单旨在于2015年将54种产品的实施税率降至5%或更低;(2)供应链互联互通倡议(SCI),这一倡议旨在于2015年在供应链业绩方面取得10%的增长;(3)营商便利倡议(EODB),至2015年将营商便利度提高25%。

再次,APEC应该确保将某些倡议嵌入WTO的工作活动中。WTO开展很多实际工作,这些工作对于工商业来说十分有益。然而WTO仍纠结于决策和实施,尽管大多数人都对进一步推动贸易和投资心怀期待。现在由APEC这类的平台来领导这些工作势在必行。过去APEC也是这样做的。APEC的全

面日程包含了货物贸易、服务贸易和投资。其中一些可以嵌入到WTO的日程中。例如，APEC可以将其环境产品清单的做法扩展到其他领域，或者采取免税措施并提高监管透明度等。

最后，APEC必须寻求将TPP和RCEP等现存的贸易协定统一起来。通过确保最高的而现实的水准，最终成功缔结FTAAP。新加坡贸工部长林勋强说："中国在2014年担任APEC主办国，对于实现我们2015年的目标至关重要。对此延缓不前就意味着我们在通往FTAAP的道路上戛然而止"（Lim 2014）。

东盟互联互通和基础设施要求

中国—东盟互联互通

过去30多年来，中国在GDP方面的快速增长以及区域发展的不均衡导致了要素市场的扭曲，环境恶化，基础设施吃紧，治理难题，以及公共政策矛盾。这些为发展中国家的决策者提供了宝贵的经验，同时也引起了对公共政策辩论的可观的学术兴趣。

更进一步讲，中国试图采取再平衡措施，将其外需驱动型、出口导向型、数量增长型的发展方式，调整到更加偏重于内需驱动型、消费导向型和更为重视质量增长的方式，这一庞大的再平衡任务预计会对全球贸易和区域经济一体化产生深刻影响。

据最新估计，只要年均GDP增长率在未来20多年稳定保持在6%到7%之间（见图1），最迟到2027年，中国就会成为世界第一大经济体。中国对其不断繁荣的经济了然于胸，乐于分享经济发展成果，特别是与东盟邻居们分享。分享繁荣的确至关重要。通过中国—东盟互联互通来增进区域经济一体化并增进商机，中国的和平崛起将会变得更为有意义，这也会赢得本区域人民的更为积极的反响。

在一些亚洲经济体中，腐败在非民主体制中盛行。这一社会政治体制倾向于创立一个特权比业绩更重要、关系比能力更管用的环境。然而，最为关键的议题还是要有效地实施治理，拟定并执行有利于并包容大多数公民的公共政策。事实上，纪律若存，民主方立，对此我们相信其定会到来，甚至对中国而言亦然。

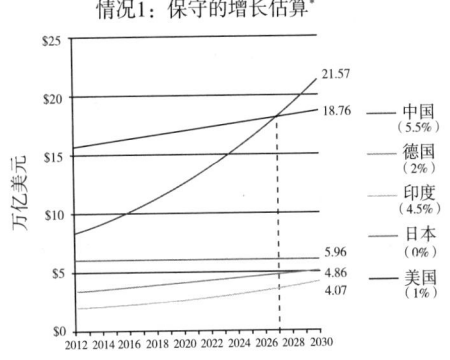
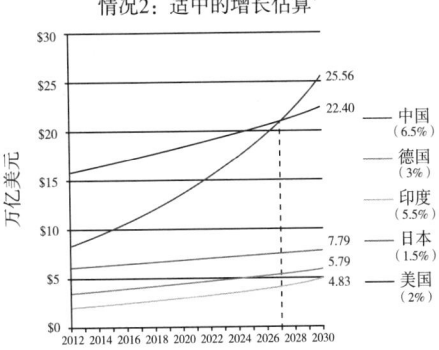
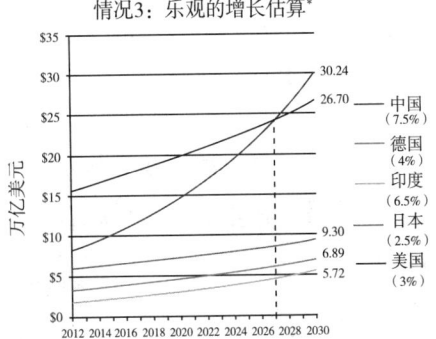
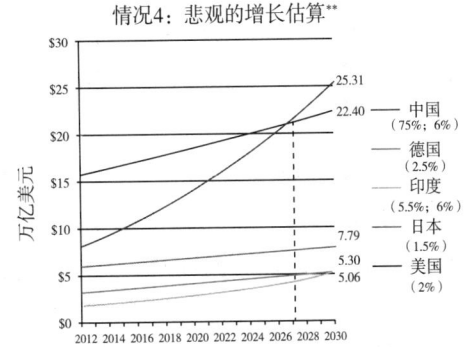

**图1：对中国、德国、印度、日本和美国的名义GDP增长率的估算：
2012—2030年^**

∧ 新加坡国立大学李光耀公共政策学院亚洲竞争力研究所项目；
*2012—2030年期间的长期平均增长率；2012年数据来源：世界银行；
**2012—2020年，中国的每年的增长率是7%，而2021—2030年则是6%；2012—2020年，印度的每年的增长率是6%，而2021—2030年则是5.5%；德国、日本和美国的平稳的每年的增长率分别是2.5%、1.5%和2%。

考虑到私人企业拥有丰富的自然资源、充足的劳动力供应以及巨大的区内土地，在中国—东盟间更紧密的政府间合作关系的促进下，在日益增加的经济开放度，更宽广的市场准入，以及可操作性的倡议的共同作用下，私人企业的商业潜能将被进一步挖掘出来。这其中的挑战是如何努力实现在基础设施、机制建设以及人文交流等方面的更大的区域互联互通目标。

日本—东盟互联互通

20世纪80年代末到90年代初,日本的跨国企业已经将制造业稳步地从东盟地区迁移到了中国的沿海省份,因为那里的地租和工资成本更低,高速公路和空、海港在内的有效的基础设施到位,熟练和非熟练的相对廉价劳动力供应充足。

自2010年以来,日中之间经历了一段双边关系愈发困难的时期,引发困难的原因很复杂,包括10多年的日本经济停滞,中国超过日本成为世界第二大经济体,未解决的历史包袱,以及主权争端。亚洲这两个大国之间的紧张双边关系,预计在未来十几年内或者至少在中期,都不会得到缓解。

因此,日本跨国企业积极谋划将制造业迁出中国。作为其将风险分散化过程的一部分,它们计划在一个崭新的富有竞争力的东盟内,重新建立制造价值链,而东盟在1997年亚洲金融危机后业已采取了变革措施。

鉴于近期地缘政治格局的变化以及美国重返亚太对中国实施平衡政策,东盟处于吸引来自包括日本、中国、美国和欧盟等世界主要经济体直接投资的有利地位。对日本跨国企业而言,至关重要的是,在东盟内部寻找合适的投资目的地、区域总部以及制造业能力和容量。

克服金融瓶颈:AIIB

APEC应该在三个方面提升区域互联互通。基础设施,金融和人的发展是当下APEC各成员面临的三大瓶颈。尽管APEC在贸易和投资全球化方面取得长足进展,但是这些瓶颈如不能突破,那么本地区将面临长期处于经济底层的人群扩大化的危险。

因此,基础设施方面硬件和软件的互联互通对于增进互联互通、紧密经济联系,以及提高APEC经济体内部的社会融入都有着十分重要的作用。基础设施的硬件部分应全面地跨越整个区域,特别是海陆空方面的互联互通。关于良政、透明度和法治等机制体制方面的互联互通,将会在政府之间形成更为紧密的合作关系。这同时也会激励私人部门开展合作,这有助于提升经济效率。提升人与人之间的互联互通,要通过提升社会融入,极为重要的是要有更公平的收入分配、可负担得起的健康保障、住房、教育以及交通。

东亚经济发展模式的要诀就是基础设施互联互通,这能够克服生产上的瓶颈和促进实现长期目标。东亚经济发展的成功经验业已表明，通过全面的基础设施规划来克服生产瓶颈是经济起飞的主要先决条件，同时这也是度过中等收入陷阱的利器。

由于投资基础设施项目需要相对巨额的资本投入、长期的酝酿，以及考虑到回报周期过长，因此融资成本也往往偏高，再加上投资方经常会在确定投资项目上难以取舍，故而这里还存在着金融瓶颈的问题。

政府必须在治理和提升基础设施投资方面保持积极进取的态度，以确保区域经济和社会一体化是平衡的、可持续的和包容的。更大规模的软、硬件基础设施互联互通正在日益被视为区域性的公共产品。

应拟定亚太互联互通的更长期的路线图，在资本、技术和竞争力方面具有比较优势的大经济体应扮演积极角色，以应对那些导致增长停滞和区域发展不平衡的基础设施瓶颈问题。

习近平主席在2013年巴厘岛举行的APEC领导人会议上倡议建立AIIB，这想法可谓精妙绝伦，举动高瞻远瞩，理应受欢迎。他提出，AIIB倡议旨在促进区域内的互联互通和经济一体化，包括——但并未局限于——东盟地区。因此，至关重要的是，与现有的多边开发发展银行（MDB）进行合作，以充分利用它们的优势并共同促进亚洲可持续的和稳定的增长（Tan 2013）。

亚洲所需的基础设施投资规模是庞大的，且这项投资已经长时间被拖延了。缓慢和不平衡的区域经济恢复增加了对财政预算的压力。2012年，官方发展援助计划合计有大约1250亿美元。现有的资金不能满足区域所需。东盟基础设施基金（AIF）拥有4.85亿美元。而根据亚洲开发银行（ADB）2009年的研究显示，2010—2020年期间，亚洲所需的基础设施资金会达到8万亿美元（见表4）！缺乏可融资项目是主要的瓶颈。根据工业界人士的非正式估算以及来自"项目融资国际"的数据，2010—2020年期间，对可融资项目比例和基础设施所需的预期份额可见图2。

2013年10月9日，出席中国—东盟峰会的新加坡总理李显龙表示，新加坡欢迎建立AIIB的倡议。鉴于今后10年及之后的亚洲基础设施投资需求极为庞大，世界银行、ADB，以及新近成立的AIF会与亚洲各经济体合力满足这些需求。然而，解决生产和金融的瓶颈的需求迫切，区域组织在此方面应多有作为，AIIB是这些组织的补充。

表4：亚洲和东盟各经济体的基础设施需求（美元）*

	总计	不可融资	差可融资	可融资
亚洲	7—10万亿^	约4到5万亿	约2到4万亿	约1万亿
东盟（不包含新加坡）	1.05万亿^	可达6000亿	可以4500亿	可达1000亿
东盟四国	8000亿*	可达3500亿	可达3000亿	可以600亿

注释：*经济体包括印度尼西亚、菲律宾、泰国和越南。^由亚洲开发银行估算。

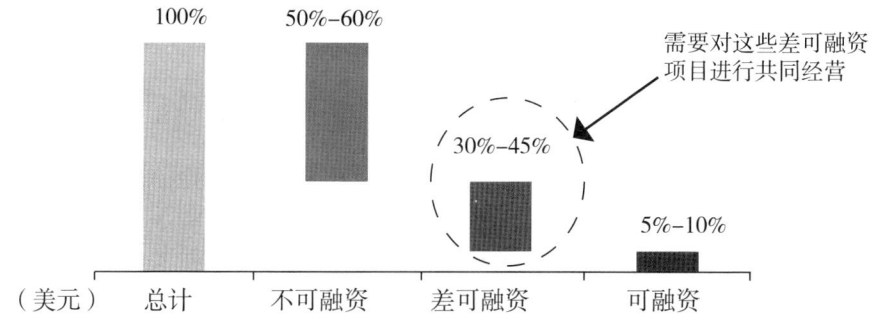

图2：基础设施所需的银行担保项目和非银行担保项目的比重

较为理想的情况是，AIIB的会员资格能够具有包容性，涵盖东盟经济体并能够让非东盟经济体参加。成员国和关键投资者的权限配置，可以使这一新机构保持稳健的信用评价。包容性的会员资格同时能够激励私人部门基金的参与。新加坡对加入AIIB持开放性态度，这与加入ADB和AIF的态度是一致的，新加坡期待与东盟成员国一道研究加入AIIB的具体细节。

可融资项目要具备长期吸引私人部门投资的能力，这是至关重要的。可融资项目可按如下指标评估：（1）微观经济、法律和监管环境；（2）技术和环境活力；（3）经济和财政活力；（4）项目实施和管理能力；（5）全面风险评估。AIIB可以促进区域法律和监管环境的提升。世界银行和ADB已积极从事发展援助业务，AIIB可以在可融资基础设施项目中发挥补充性的和独特的作用（Tan, Tang and Yao 2014）。

AIIB可通过降低参与的风险来吸引私营部门的参与。例如，AIIB可以向次级债投资或是为项目债券提供信用担保等。私营部门应该被邀请参加金融/

技术咨询和组建工作中去。AIIB可以直接和私营部门对项目进行联合投资。比如，欧洲投资银行（EIB）仅分担总项目开支的50%，剩余的部分则是通过发挥杠杆作用，从私营部门的金融机构中取得。AIIB的资本可以通过增加发行供私营部门购买的债券来发挥杠杆作用。AIIB一旦建立起信誉就可通过发行自己的债券来融资。

另外，可以通过与其他的MDB建立机构性和经营性合作关系来辅助基础设施倡议。现有的MDB网络已经通过交换它们各自的信息形成了合作，这些信息包括重点目标、行动计划、项目估价的联合行动以及联合融资项目等。AIIB可以筹划与其他MDB联合参与特定项目。例如，AIIB可以提供贷款，而其他MDB可以提供拨款。今后，AIIB也可以对例如AIF之类的现有区域性倡议发挥助益作用。

结 论

自20世纪80年代以来，美国、欧洲和日本在东盟各经济体的经济影响力业已被中国快速的经济增长所盖过，这一趋势在新世纪更甚。新加坡国父李光耀首先站出来呼吁重估美国在亚洲，特别是在东盟内的经济地位。东盟不受制于任何一个经济体，这一点从战略上讲是有道理的。因此，美国重返亚洲，欧盟的复苏有希望接踵而来，以及日本跨国企业制造部门迁移到东盟，这些都将会提升东盟的重要性。这些不等同于遏制中国（Tan, Yuan, Yoong and Yang 2013; Tan, Yoong and Yuan 2014）。

东盟应该处理好美国参与亚洲区域经济集团化的进程。除了中国台北和中国香港外，美国依然是亚洲经济至关重要的增长引擎。美国积极参与APEC和东亚峰会，并在TPP中发挥领导地位，都对确保这一亚洲主要的增长引擎履行其承诺起到决定性的作用。

对东盟很关键的一点是，不仅要确保和中美的经济利益平衡，同时也要确保欧盟和日本经济利益的平衡。亚洲竞争力研究所（ACI）业已指出了一些影响中国世界工厂地位的新动向：成本增加，跨国企业正在考虑从中国迁移到东盟，以及中国的市场业已变得较易进入。ACI认为对于东盟来说，机会之窗大概会有五年的时间。印度尼西亚、马来西亚以及泰国处于善加利用这些新动向的有利地位，而新加坡作为区域金融中心和物流—运输枢纽，将

为新兴而勃发的地区贸易和投资提供服务。(Tan, Low, Tan and Lim 2013; Tan and Tan 2014)。

　　拟议中的AIIB是另一个可以加强东盟在区域内发挥关键作用的机制。亚洲正在进入一个前所未有的城镇化时代，如今人们对发展宜居的城镇和城市更感兴趣。AIIB能够迅速展示其实施成功项目的能力，挖掘中国和新加坡在发展全面城市解决方案方面的相关经验。为支持AIIB的发展，太平洋经济合作理事会（PECC）应该组建一个工作团队来开展对于其他MDB和基础设施基金的综合研究，主要关注治理、投资结构以及AIIB可采纳的最佳运作方式。现在要开始研究AIIB采取何种方式才能最为有效地获取私营部门的资金并取得良好的信誉评级（Tang et al. 2014）。

（刘畅　译）

APEC在促进亚太区域经济一体化中的作用

南开大学APEC研究中心主任、教授

刘晨阳

亚太区域占据了世界40%的人口，55%的国内生产总值和44%的国际贸易。该区域近年在促进世界经济发展和国际贸易方面发挥了非常重要的作用。因而，亚太区域经济一体化进程不仅能促进该区域的经济发展，也有助于促进世界经济的繁荣。

作为世界上最大的经济合作组织之一，亚太经合组织（APEC）为促进亚太地区的经济发展、公平成长和共同繁荣作出了卓有成效的贡献，因而成为加强亚太区域经济一体化进程的有效机制。2014年是APEC成立25周年。这意味着APEC不再是一个青少年，而是一个应该为自己做出新的"职业规划"的充满活力的成年人。随着当前国际和区域环境的演变，APEC注定要在亚太区域经济一体化的进程中扮演一个更加积极的角色。

一、APEC在亚太区域经济一体化进程中的贡献回顾

1994年设立的茂物目标成为引领APEC贸易投资自由化发展的灯塔，也加速了亚太区域经济一体化的航程。通过1995年《大阪行动议程》的发布，APEC确定了以单边行动计划和集体行动计划相结合的方式来实现茂物宣言的路线图。

同时，APEC在选择推进亚太区域经济一体化方式时考虑了多种因素，比如复杂的区域地缘政治结构，APEC成员经济发展水平的差异，以及各成

员参与区域合作的不同意愿等。因此,一个独特的"APEC方式"诞生了。在承认APEC成员的多样化的同时,它体现了自主自愿、协商一致、开放和包容的内涵。"APEC方式"已被证明适合于APEC区域合作的发展,并对保持亚太区域经济一体化进程的良好态势发挥了关键作用。

在过去的20年里,APEC践行以茂物目标为核心的各类愿景(王毅,2013)。APEC成员的市场更加开放,这体现在贸易和投资壁垒的显著减少,非贸易壁垒的逐渐消除和市场透明度的提高。得益于商业环境的改善,一个充满活力的区域服务市场诞生了。APEC区域也对外商直接投资(FDI)更加友好。

APEC在贸易投资便利化领域也取得了许多成就,贸易便利化行动计划(TFAP)的实施成功减少了贸易成本。同时,APEC在促进无纸化贸易、提高透明化、商业人员流动、与国际标准接轨、增强竞争、反腐败,以及规制改革等方面开展了卓有成效的合作。

不仅如此,APEC还确立了在亚太区域开展经济和技术合作的优先领域,鼓励发达成员和发展中成员积极参与能力建设和技术援助。人力资源发展合作和相关的能力建设活动为缩小APEC成员经济发展的不平衡和促进亚太经济的稳定发展作出了重要贡献。

APEC深刻认识到亚太区域一体化的发展必须基于相互理解、友谊和APEC成员之间的认同感。就此而言,跨文化交流是APEC促进亚太区域一体化进程的另一个很重要的领域。在过去的20年间,APEC付出了巨大努力以促进具备不同文化和信仰背景的成员开展社会互动和实现互相理解和信任,这些都是应对社会、法律、政府和经济挑战,以形成一个和谐大家庭所必不可少的因素。

APEC为了协调亚太区域RTAs/FTAs的发展也付出了很多努力。为了保证区域/自由贸易协定(RTAs/FTAs)的衍生不会增加国际和区域环境的复杂性,APEC已建立起以促进高质量、全面、透明和广泛统一性的RTAs/FTAs为目标的最佳范例和示范措施。这些范例和措施既不是强制的也不是详尽无遗的,而是在适当的情况下对可能纳入RTAs/FTAs中的有关条款提供指导。另外,APEC还进行了一系列的能力建设活动,如政策对话和研讨会等,以促进最佳范例和示范措施的应用,使各RTAs/FTAs实现更大程度的一致性。

二、APEC进一步推进亚太区域经济一体化进程的内部和外部驱动力

上述成就清晰表明了APEC自成立之初就在促进亚太区域经济一体化进程中发挥了积极作用。然而，APEC成员认识到了新世纪国际和区域环境的快速演变，以及由此带来的机遇与挑战。因此，有一系列内部和外部因素促使APEC进一步深入推进亚太区域经济一体化进程。

首先，人们期待APEC为促进全球经济的复苏提供更加强劲的推动力。当前，世界经济整体上正朝好的方向发展，但是不确定性和不稳定的因素依然存在。主要发达经济体的结构性问题远未解决，加强宏观经济政策协调的必要性日渐突出。新兴市场经济体增速放缓，外部风险和挑战增加。与此同时，贸易和投资保护主义有所抬头。显然，世界经济在全面复苏和实现健康增长之前还面临着巨大挑战。在过去的30年间，充满活力的亚太经济一直是世界经济增长的有力引擎。APEC承载着推动本地区和全球发展的重要使命，面对上述挑战，应该展示勇气和决心（习近平，2013）。毫无疑问，深化区域经济一体化合作将为亚太经济注入新的活力，进而为世界经济的健康恢复提供强劲动力。

第二，考虑到目前亚太地区多个FTAs/RTAs遵循不同的规则和标准并行发展，APEC有能力在协调FTAs/RTAs的发展方面承担起更加积极和有效的责任。FTAs/RTAs在近年的迅速衍生主要是缘于亚太地区经济的迅猛发展和各经济体之间贸易投资相互依赖程度的加深。对于很多经济体来说，加入FTAs/RTAs不仅仅是当WTO谈判陷入僵局时的次优选择，同时也是为了重拾或加强自身经济竞争力的有效手段。另外，"多米诺骨牌效应"也加速了一些经济体加入FTAs/RTAs，这被视为一种被动反应。通过加入不同的亚太经济一体化机制，许多经济体不仅仅期待得到经济利益，还希望得到非经济利益，比如与其他经济体加强政治关系和全面的战略伙伴关系等。从这个意义来说，当前的FTAs/RTAs不仅是缔约方之间的经济协议，也是各缔约方外交、安全和对外经贸战略中不可缺少的一部分。目前看来，不同的FTAs/RTAs轨道之间存在一种独特的相互激励与竞争的关系，尤其是跨太平洋伙伴关系协定（TPP）引导的"TPP轨道"和区域全面经济伙伴关系（RCEP）引导的"亚

洲轨道",从而使亚太区域经济一体化进程实现了某种程度的平衡。然而,这种平衡是不稳定的,甚至是脆弱的。如果一些区域经济一体化机制被用作区域大国政治投机或是战略博弈的工具,那么这种平衡将很容易瓦解。(刘晨阳,2012年)亚太区域任何一个经济体都不希望看见不同轨道间的恶性竞争。因此,APEC有责任和内在需求通过促进全区域的经济一体化来协调FTAs/RTAs的发展。

第三,APEC应该从诸边层面强化其WTO支持者的角色。实际上,APEC在WTO问题上一贯发挥着很重要的引领作用。支持多哈发展议程(DDA)是近年来APEC的优先议题之一。尽管WTO多哈回合谈判的前景仍不明朗,但我们必须强调多边贸易体制仍肩负着协调国家贸易政策,平衡国际贸易关系,减少贸易摩擦,促进世界经济增长的重任,它在应对国际金融危机、反对保护主义方面扮演着重要角色。同时,我们也应该意识到多边贸易自由化和亚太区域经济一体化进程是互补的。APEC的未来与一个强大和充满活力的多边贸易体制有着密不可分的关系。同样,一个更加开放自由的国际贸易投资环境也会显著促进亚太区域经济一体化进程。因此,APEC成员应履行承诺,坚定反对一切形式的贸易保护主义,共同使多边贸易机制成为一个惠及全体成员、平衡和具有包容性的机制。

第四,APEC应该进一步促进亚太区域经济一体化,以更好地顺应全球价值链(GVCs)合作的趋势。近年来,GVCs极大地改变了国际贸易。具体而言,GVCs使出口越来越多地依赖进口。例如,在东亚地区,与GVCs有关的制造业出口占出口总额的65%。在不少APEC成员的对外贸易中,在国外获得的增值部分约占出口总额的三分之一甚至一半。因此,毋庸置疑,GVCs鼓励开放边界和非歧视的贸易和外国直接投资。另一方面,GVCs也可能引发"系统性风险",这意味着在一个部门或经济体发生的个体事件甚至会破坏整个系统的价值链。这两个事实都提升了APEC成员加强GVCs合作的必要性,并形成了APEC促进亚太区域经济一体化进程的又一内部驱动力。

三、APEC进一步促进亚太区域经济一体化的途径

(一)促进亚太自由贸易区的建立

首先,APEC应该建立一个"后茂物目标时代"的中期目标,从而阐明

APEC在未来10年促进亚太区域经济一体化的总体方向。在这方面，建立亚太自由贸易区(FTAAP)是最理性的选择。事实上，在过去的几年中，APEC领导人多次在声明中重申了推进建立FTAAP的承诺，现在是时候来实现领导人的指示。此外，FTAAP将是一个包括所有APEC成员的自由贸易协定，任何经济体都无须担心成员资格。还应该指出，FTAAP可以通过多种方式实现，如集体谈判，扩大或融合现有的区域贸易协定等。在短期内，APEC成员应本着开放、包容、透明和保持灵活性的原则，尽早建立和启动FTAs/RTAs信息交换机制，旨在加强沟通和交换意见，为FTAAP的建立创造有利条件。

（二）加强GVCs合作，构建亚太大市场

在以构建FTAAP作为总体目标的基础上，APEC应该采取更有效的措施促进该区域货物、服务、资本和人员的自由流动，这不仅对于深化亚太区域经济一体化至关重要，而且可以显著促进亚太地区的GVCs合作。因此，APEC各成员应该充分发挥比较优势，优化经济资源配置，完善产业布局，共同努力促进亚太地区大市场的形成，实现利益共享。在这方面，重点领域应包括提高贸易便利化和供应链管理，完善物流基础设施网络建设，以及便利自然人的跨境流动等。

（三）进一步强化投资自由化和便利化

应该强调，优化区域产业分工和经济资源配置也是APEC达到高水平区域经济一体化的重要环节。在这方面，跨国公司的对外直接投资发挥着关键作用。因此，APEC应该更加积极地推进投资自由化。APEC应全面回顾近年来取得的与投资有关的成果文件，如《非约束性投资原则》和《APEC投资便利化行动计划》等，并适当地强化执行。APEC应采取有效措施提高各成员的能力建设来减少投资壁垒，尤其是边境内的壁垒。同时，APEC应更加重视投资便利化，这一领域的敏感度较低，比较容易取得结果和进展。APEC还应加强公私合作，认真听取商界人士对投资环境的观点，建立和保持有效的公私对话。

（四）加强互联互通和基础设施建设合作

互联互通和基础设施建设将有助于增加亚太地区的贸易和投资机会，完善区域生产网络，巩固亚太统一大市场的基础。该领域的合作将提高亚太区域经济一体化的质量和有效性，大大加强FTAs/RTAs的执行效率，并有助于用较低的成本建立一个透明、稳定和高效的贸易和投资环境。APEC成员对

互联互通和基础设施发展合作的重要性已达成了广泛共识,例如,2013年在印尼巴厘岛举行的第21次APEC领导人非正式会议通过了《APEC互联互通框架》和《APEC基础设施建设和投资多年期计划》。

目前,多个亚太区域和次区域合作组织已经着手制定了以基础设施建设为主的互联互通合作框架。这些合作框架在目标、机制、重点领域或成员构成方面有一定的相似性或联系,从而为跨地区基础设施网络的发展奠定了基础。在这方面,APEC可以发挥积极的协调作用。例如,APEC可以考虑建立一个亚太互联互通合作信息在线平台。该平台将收集并及时发布亚太地区不同机制框架下开展互联互通的总体规划和具体项目的信息,旨在加强信息沟通和吸引更多的利益相关者参与。

总之,APEC不仅有责任也有能力为未来亚太区域经济一体化的过程作出更多贡献。APEC各成员应遵循开放、包容、合作共赢的原则,培育更紧密的伙伴关系,共同努力,迎接挑战,实现亚太区域可持续发展和长期繁荣。

参考文献:

[1]王毅:"承前启后,继往开来,共建面向未来的亚太伙伴关系",APEC非正式高官会议发言,2013年12月10日,北京,中国。

[2]习近平:"发挥亚太引领作用,维护和发展开放型世界经济",在APEC第21次经济领导人非正式会议上的发言,2013年8月8日,巴厘岛,印度尼西亚。

[3]刘晨阳:"亚太经济一体化的新趋势",TPP的进展与挑战专题研讨会(CNCPEC主办),12月7日,北京,中国。

[4]拉兹恩·萨利:"全球价值链,贸易政策和亚洲",东亚论坛,2013年6月,http://www.eastasiaforum.org/2013/06/13/global-value-chains-trade-policy-and-asia/。

(王静穗 译)

第四章 论合作框架的融合

亚太经济一体化的新方向

TPP与RCEP：融合的前景

新西兰APEC研究中心主任

罗伯特·斯克莱

2010年，APEC的与会领导们认为，亚太自由贸易区（FTAAP）将会从两个平行的路径演变而成。这两个路径后来被称为"跨太平洋路径"和"东亚路径"，其中"跨太平洋路径"以"跨太平洋伙伴关系协定"（TPP）为代表。当时，与会领导人认为，"东亚路径"将主要通过"东盟+3"和"东盟+6"的进程而确定。然而今天，"区域全面经济伙伴关系协定"（RCEP）已经明确表明其最有资格引领"东亚路径"的进程，尽管一些RCEP的成员国或许还并不认为RCEP正扮演着这样一个意义深远的角色。

有预测认为"跨太平洋路径"和"东亚路径"最终会演变成FTAAP，这自然就意味着，两条路径最终会在某个节点上实现融合。但目前，还看不到关于融合进程的任何规划，甚至连纲要也没有。领导人们也没提及他们实现融合的任何设想。很多问题会影响融合能否实现，以及实现的时间和方式，本文的目的就是提出并思考这些问题。

文章的开始部分简要总结了TPP和RCEP谈判中已经取得的关键进展，同时比较两个谈判进程的性质，预测参与方能够达成的最终协定。文章随后继续讨论融合面临的挑战，这些挑战可以归纳三个方面，即：成员问题、议题的覆盖面以及目标的定位。

最新进展比较

源自早期"跨太平洋战略经济伙伴关系"（TPSEP）的TPP的谈判始于2010年初，截至2013年年底，共进行了19轮谈判，其间也举行了各种谈判小组会议和部长级的会晤。在谈判过程中，成员国数量逐渐增加至当前的12个APEC经济体。目前，至少有两个APEC经济体要求加入TPP，还有至少两个非APEC成员表示在有机会时加入TPP。最早从2013年中期起，就有报道称，协定的很多章节都已经达成一致或者接近达成一致。另一方面，很多困难和敏感的事项明显地仍然有待协商解决。有人期待，协定有可能在2013年年底全面完成，虽然回过头来看，这个期望相当不现实。现在，美国国会能否在2014年11月中期选举之前授予总统奥巴马"贸易促进权"，即"快车道"一事使TPP能否在2014年年底完成变得错综复杂。

有关RCEP的谈判始于2013年5月。RCEP是为了避免在"10+3"和"10+6"之间做出选择而提出来的。它将成为东亚地区贸易协定的基础。然而实际上，RCEP的参与者都是"10+6"集团的成员国：即10个东盟成员国，加上中国、日本、韩国、印度、澳大利亚和新西兰。迄今，RCEP已经举行了4轮谈判，并且将于2014年中期举行一次部长级的会议，以便为将来协定的范围和目标提供指导。参与国声明，有意在2015年年底达成协定，但普遍认为这一目标过于乐观。

图1概要显示了TPP、RCEP和潜在的FTAAP的成员参与情况。7个APEC成员都参加了TPP和RCEP。当前12个TPP参与国都是APEC成员。太平洋联盟是太平洋沿岸4个拉丁美洲经济体（很快将成为5个）之间的贸易协定，旨在巩固当前经济体之间的贸易协定，尤其有意将此作为参与未来亚太地区一体化的载体。联盟包括一个非APEC成员——哥伦比亚，并且正在与另一个非APEC成员——哥斯达黎加进行谈判加入的问题。两国都明确表示希望将来能够加入TPP和FTAAP。16个RCEP成员国中有12个是APEC成员。剩下的国家中，柬埔寨、老挝和缅甸是3个东盟最不发达的非APEC成员，印度至今还不是APEC的成员。还有4个APEC成员：中国台北、中国香港、俄罗斯和巴布新几内亚既没有参加TPP也没有参加RCEP，尽管中国台北曾明确表示过希望加入TPP。

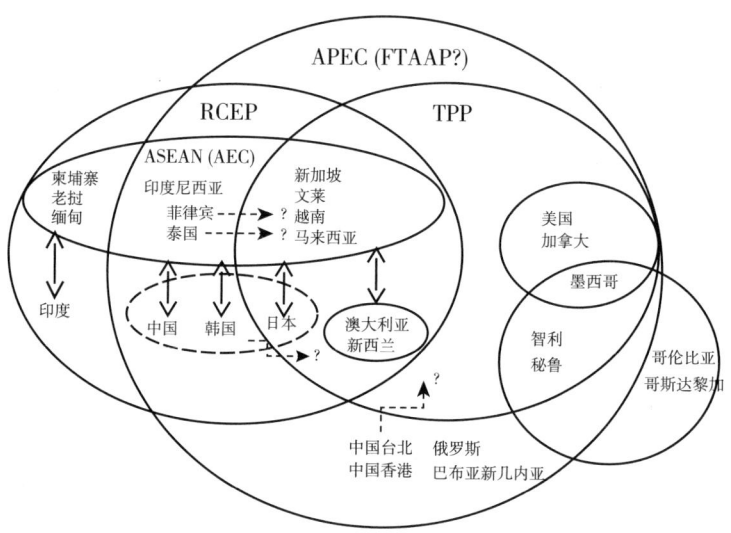

图1：当前区域一体化倡议架构

TPP的参与国反复强调，力图达成一个"高标准的、面向21世纪的"协定，并为此设定了广泛的议程，涵盖当今国际贸易规则全范围的重要问题，其承诺和规则也反映了这一高水平的目标。目前有超过20个谈判小组就29个章节进行工作，确定以"一揽子承诺"的方式进行谈判。

RCEP谈判的指导原则和目标（东盟，2012年）是强调灵活性，包括（但不限于）针对低水平发展成员的特殊与差别待遇，并承认"成员经济体的个性和多样性环境"。RCEP的议题涵盖"商品贸易、服务贸易、投资、经济技术合作、知识产权、竞争、解决争端和其他问题"。谈判的形式是开放的。RCEP的指导原则和目标指出"商品贸易、服务贸易、投资和其他领域的谈判将并行开展，以确保取得全面与平衡的结果"。由东盟领导人确认的框架文件（东盟，2011年）也指出，"可以通过顺序方式、一揽子承诺或者其他一致认可的方式达成协定"。

TPP与RCEP：融合问题

成员问题

如果TPP和RCEP要融合成FTAAP，就需要解决成员问题。就目前来看，

TPP的参加国仅限于APEC成员。除非FTAAP对所有东盟成员国开放，否则很难想象东盟会支持FTAAP。这就意味着，对那些潜在的FTAAP成员，包括现在的RCEP内的非APEC成员以及哥伦比亚和哥斯达黎加等，需要考虑是否应首先纳入APEC，然后它们才有资格进入FTAAP。目前，印度的地位问题有可能是这些问题中最为棘手的。RCEP的指导原则和目标指出，一旦RCEP谈判结束，将对其他"经济伙伴"开放加入。如果这些问题没有事先解决，非APEC成员加入RCEP将会使APEC和FTAAP的成员问题更加复杂。

议题的覆盖面

表1：TPP与RCEP议程中的共同点和不同点

共有议题	TPP特有议题
商品的市场准入	政府采购
原产地规则	国有企业
贸易便利化？	● 只有在竞争原则项下才能纳入RCEP中
● 海关	电子商务
● 卫生及动植物检疫	环境
● 贸易的技术壁垒	劳工
服务	贸易救济
投资	纺织品和服装
竞争	水平议题
知识产权	● 中小企业
经济技术合作	● 供应链便利化
● 发展同样是TPP的水平议题	● 监管一致性
争端解决机制	TPP的独立章节
"其他议题"（RCEP）	● 电信
	● 金融服务

来源：美国贸易代表办公室（2011）；东盟（2012）。

表1列出了RCEP和TPP设定的议程中重叠的议题，同时也列出了RCEP议程中没有的TPP的议题。原产地规则、关税贸易便利化问题、卫生及动植物检疫措施、贸易的技术性壁垒等问题并没有作为议程项目在RCEP的指导原则和目标中出现。但是，RCEP的谈判人员解释称，这些问题，可能还有贸易救济在内，将会纳入"商品的市场准入"议题之下。此外，电信和金融服务将纳入RCEP的服务议程之中（印度尼西亚贸易部，2014年）。同样，不

难预见,临时入境问题以及纺织品和服装问题可能会分别被纳入到RCEP的服务议题和商品的市场准入议题之中。由于东亚地区贸易政策的讨论长期以来强调供应链的简化,即使简化供应链问题不会单独占用一个章节,很难想象RCEP的议程中会没有这一议题。中小企业问题(SME)也会以某种形式予以处理。

随着RCEP现有议程的自然扩展,政府采购和电子商务以及不断出现的其他议题将来也会被纳入其中。规制一致化也是TPP议程中的"下一代"问题,其内容和范围有待明确。然而,这一议题的实质性内容很有可能与东盟经济共同体(AEC)提出的关注点相重合,也将被修正后纳入到RCEP的议程之中。国有企业(SOEs)问题是TPP中最富争议性的问题,然而还不清楚最终决议将如何处理这一问题。在这一问题上,如果TPP采取竞争原则予以处理的话,这就有可能与RCEP中的竞争部分协调起来。反之,TPP应对国有企业问题的措施可能难以修正并导致其与RCEP渐行渐远。

在TPP的议题中,RCEP没有与之对应或以后有可能对应的议题是环境和劳工议题。这些议题在TPP内部充满争议,非官方的意见显示,成员国的倾向很分散。一端是一些国家倾向于采取法律上可执行的措施,而另一端国家则倾向于就一致同意的共同原则做出不具有执行力的承诺。如果TPP的最终条款倾向于前者(可执行的措施),这将让RCEP的一些成员国将难以接受。如果是后者(不具有执行力的承诺),就容易接受。TPP中任何"折中"解决方案都可能包括一些成员国在这些领域某种程度的政策性审查条款,所有RCEP成员国对这些条款的接受程度主要取决于条款的具体内容。

粗略地看上去,TPP和RCEP似乎难以相容,而将TPP和RCEP议程表上的议题做比较,两者议题覆盖面上的差别表明两者融合的挑战并不太严峻。融合主要取决于TPP在就议程中最具争议的和创新性的问题形成条款时最终采纳何种形式。

雄心水平差异

从迄今掌握的或推断的议程来看,与议题覆盖面的差异相比,TPP和RCEP两个倡议雄心水平的不同是二者融合的最大障碍。

就商品的市场准入问题而言,TPP最初的说法是打算百分之百的关税减免。然而,随后的谈判强烈表明,这一目标无法实现,因为一些参与国坚持或者倾向于接受传统的"例外"的办法。这对其他一些国家的市场准入目标而言是一种严重打击。与此同时，没有任何信息显示最终达成的关税减免目标不是高水平的，也许可能会达到关税清单的98%。

在关税减免方面，RCEP并没有设定官方目标。在东亚东盟经济研究中心（ERIA）对本区域自由贸易区建设提出的总体规划中，福永（Fukunaga）和九野（Kuno）（2012年）建议减免关税清单的95%。他们同时指出，这对一些RCEP的成员国来说也很具挑战性。然而，如果这一目标能够达到，将是TPP和RCEP融合为FTAAP迈出的重要的一步。一位中立观察员称，关税减免覆盖面上3%的差异——即98%和95%之间的差距——随着时间的推移是不难解决的。而且，对那些同时参加TPP和RCEP成员的国家来说，剩下的关税项目很可能包含传统的"例外"办法。

在全方位比较TPP和RCEP的全方位市场准入时，如果以促进区域经济一体化为主要标准，TPP未必总是最优的。在原产地规则和承诺表两个领域，RCEP有可能达成更好的成果。

原产地规则如欲推动区域经济全面一体化，需要将充分累积的条款纳入其中，确保区域价值成分法（Regional value content，RVC）与税目归类变更法（Change in tariff classification）具有同等地位，同时推行能促进贸易的有效的操作认证程序（OCPs）。TPP谈判过程中传递出的信息显示，TPP的规则难以符合上述条件。另一方面，正在推进RCEP的"东盟+自由贸易区"（ASEAN plus FTAs）已经试验了这类规则。正如梅达（2011年）所言，要以这些标准为基础，达成一致的规则，RCEP将在技术上和政治上面临挑战，但并非无法实现，并将对区域一体化作出巨大贡献。

为了全面支持区域经济一体化，贸易协定需要全体成员有一个共同的承诺表。TPP谈判中传递出的信息再一次显示，TPP采取的承诺时间表方式不能满足这一要求。另一方面，RCEP仍然有机会就这一方式达成一致，希望它们能够抓住这一机会。

至于服务贸易问题，TPP已经通过了负面清单的方式。还有一种就是以《关贸总协定》为基础的方式，"东盟+1"自由贸易区已经采用，如果RCEP也采用这一办法的话，TPP和RCEP之间的融合就会产生障碍。在东亚东盟经济研究中心的分析总结中，石出（Ishido）和福永（Fukunaga）（2012年）也重点关注了这些自由化水平较低的自贸区，指出其承诺几乎没有高出《关贸总协定》。

在投资方面，TPP和RCEP在议程上以及可能达成的成果方面目前缺乏足够的信息，还无法对两者进行比较。但是，TPP内部对"投资者与东道国争端解决"议题产生了非常激烈的争论，该议题也可能在将来融合过程中引发激烈争论。对"投资者与东道国争端解决"条款的反对，部分源于对该条款在过去造成的不良后果的合理担忧，但是如果在条款的起草阶段就足够谨慎的话，这类后果是可以避免的。为了将来与RCEP融合，TPP的谈判人员需要确保TPP关于"投资者与东道国争端解决"问题的条款把这些担忧都考虑在内。

2013年年末泄露出的TPP知识产权章节的草案文本显示，在TPP内部，知识产权问题即使不是争论最激烈的问题，也一直是争论最激烈的问题之一。在这一章节中，尚存大片的用方括号标出的解释文字，显示出在这一问题上存在大范围的争议。在知识产权问题上意见相左可能使它成为融合进程中最难解决的问题。部分原因是TPP的建议面面俱到的性质与高标准，也因为TPP关于知识产权的谈判与其他的谈判一样都缺乏一个合理的分析构架。这些建议通常基于这样一个前提，那就是对知识产权的保护越多越好，这个前提可能是基于对贸易自由化的分析进行类比而得出的。然而，就知识产权问题而言，利益最大化的结果是通过优化保护而不是最大化保护来得到的。如果保护未能达到最佳水平，社会将剥夺它所愿意为之付费的创新和创造性成果。利益也就无从谈起。但是对知识产权过度的保护，也牺牲福利。这是因为，过高的垄断性租金和信息、思想传播的障碍将加重社会成本，从而抵消了创新所带来的新增价值。如果TPP的谈判者们希望避免给TPP和RCEP的融合造成不必要的障碍，他们应当对知识产权进行优化保护，而非将这种保护最大化。

结 论

TPP与RCEP之间的差异不是存在于两者的雄心水平上，而是两者的雄心所指本身就有本质的差异，这是TPP和RCEP融合的最大的潜在障碍。在很多领域中，RCEP的成员国需要提高它们的目标水平，达到与TPP的雄心水平兼容，才能与TPP实现融合。一个重要的问题是，这是否就是两者实现融合的先决条件。或者辅以能力建设援助方面的适当条款，再经过雄心水平上的定位调整，两者是否在融合进程上就能达成一致。但是TPP的成员国也需要在其他方面展示出灵活性。首先，在原产地规则和承诺表问题上，RCEP的方式在促进地区经济一体化方面明确地显示出了优越性，TPP的成员国应当考虑到这一点。第二，在亚太地区经济一体化的整体调控构架上，一些条款难以被接受，不管是因为在构思上就存在缺陷，从而不能起到促进这一地区经济利益最大化的作用，还是因为这些条款给该地区的一些经济体造成了难以逾越的政治障碍，TPP的成员国都应避免拘泥于这类条款。

（崔小涛　译）

亚太经济一体化：预测前行道路[①]

彼得森国际经济研究所高级研究员

杰弗里·肖特

引 言

近20年前，在印尼茂物举行的亚太经合组织（APEC）领导人非正式会议上，领导人确立了本地区发达经济体在2010年、发展中经济体在2020年实现贸易和投资自由化的目标。对于参加1994年11月APEC的领导人们来说，实现这些宏伟目标的最后限期似乎还非常遥远，但现在第一个时间节点已经过去很久，而第二个时间节点马上就要到来。

APEC在区域经济一体化远见上可以获得"优"，但在执行力上却只能算是"未完成"。不过，这一时期亚太在建设自由贸易区方面的进展令人瞩目，毋庸讳言，其中的许多成果是在APEC讨论范畴之外获得的。在过去10年间，亚太地区双边和区域层面自贸协定（FTA）的网络化建设取得显著拓展，几乎连接起域内所有的主要贸易国，只是存在着一个明显的例外：美国和中国尚未共处于任何一个FTA中。多数APEC经济体都已参与了多个一体化安排，并且所有成员均承诺将建立亚太自由贸易区（FTAAP）作为长远目标。

即便如此，通往亚太经济一体化的路径仍不确定。几个实现FTAAP的方案尚在讨论中。事实上，APEC范围内两个大型区域一体化安排——跨太平洋伙伴关系协定（TPP）和区域全面经济伙伴关系协定（RCEP）将实质上成

[①] 彼得森国际经济研究所，2014。

为APEC讨论的主要内容。① 本文试析通过大型区域路径实现FTAPP的前景。

大型区域路径——融合还是合并?

TPP和RCEP倡议涵盖了许多经济体，它们在世界总产出和出口中占据了举足轻重的份额(见表1)。二者均吸收了APEC半数以上的成员，并且越来越多的经济体还在加入TPP和RCEP谈判的进程中。两个倡议都设定了雄心勃勃的议程，要消除货物和服务贸易与投资壁垒。

表1: TPP和RCEP: 共同成员

	TPP	RCEP	同在TPP-12和RCEP	同在TPP-16和RCEP	同在TPP-17和RCEP
成员经济体数量	12	16	7	11	12
世界GDP占比（%）	38	29	12	15	27
世界总出口占比（%）	24	30	10	16	28

TPP：跨太平洋伙伴关系协定；RCEP：区域全面战略经济伙伴协定
备注：
▲ TPP-16   包含印尼、菲律宾和泰国
▲ TPP-17   包含中国
来源：国际货币基金组织2013世界经济展望报告及贸易方向统计。

迄今为止，APEC关于实现FTAAP潜在路径的讨论已经审视了每一个大型区域安排。初看，TPP和RCEP相似的谈判议程和重叠的成员似乎预示着FTAAP可通过将二者合并来实现。但是，将这些安排合并为统一的FTAAP可能会十分困难，原因有二。

首先，这两个大型区域协定完成谈判的期限完全不同。TPP谈判预计在2014年内就可以完成，而RCEP尚处于多年谈判的早期阶段。协调东南亚国家联盟（ASEAN，以下简称东盟）中经济最不发达的成员，同时避免如印度那样现在就在贸易自由化上拖后腿的成员所造成的延迟，对RCEP谈判来

---

① 未来收益的经济学分析参见Petri, Peter A., Michael G. Plummer, and Fan Zhai. 2012. The Trans-Pacific Partnership and Asia-Pacific Integration: A Quantitative Assessment. Policy Analyses in International Economics 98 (November 2012). Peterson Institute for International Economics, Washington, DC。

说会是一场严峻的考验，很可能最终导致谈判远远超出2015年年底这一目标期限。

其次，更成问题的是，TPP在未来贸易自由化的深度和承担规则制定义务的广度上比RCEP更具实质性。TPP旨在针对一些重要领域制定超越现行的WTO义务、21世纪的贸易规则，比如劳工和环境、知识产权、投资和竞争政策、国有企业规制等，并将像韩、美FTA那样以具有约束力的争端解决程序来落实大部分义务。① 虽然RCEP也致力于拓展东盟与6个双边贸易伙伴现有FTA的承诺，但在改革深度和广度上雄心较小，在敏感产品上有更多的例外，更多考虑到广泛的发展议题，更多的是协商而非有约束力的争端解决程序。

两个大型区域自贸安排的融合必然会降低TPP的改革承诺。大部分TPP经济体会认为这样投入的收益不足为道。

当然，TPP和RCEP成员上的重叠会促进二者的融合。截至目前，RCEP成员中的7个已在进行TPP谈判。此外，4个RCEP经济体，即印度尼西亚、菲律宾、韩国和泰国，也已经在进行"尽职审查"，评估它们如果在未来几年内加入TPP可能获得的潜在利益和需要进行的国内政策调整。在2020年之前，RCEP16个成员中有11个很可能加入TPP。

由于TPP预期将先于RCEP结束谈判，TPP的成果将会很大程度上影响RCEP谈判。对于那些同时参与两个谈判的经济体来说，如果它们已经承诺了TPP要求的更加全面的义务，那么实施RCEP的标准将会更加简单。从这个角度来说，这两个超级区域自贸协定之间已经存在共通之处。但这不是TPP和RCEP之间的合并或协调，而是二者融合后走向TPP模式！

但是，并不是所有的APEC成员都参加了这两个大型自贸谈判，一些非APEC成员也参与了谈判。俄罗斯、中国台北和中国香港没有参与这两个谈判中的任何一个，而RCEP包含了4个非APEC成员。② 每个大型区域自贸安排对参与国的限制，为更广泛执行这些区域自贸安排，并扩展到整个APEC成员范围制造了难题。TPP谈判仅限于APEC成员，而RCEP则限于东盟的

---

① 通过这种做法，TPP将使参与谈判经济体之间现有的贸易协定获得实质性的提升。

② TPP所有12个成员均是APEC成员；16个RCEP经济体中有4个（印度、柬埔寨、老挝和缅甸）不是APEC成员。

FTA伙伴国。事实上，如果FTAAP像普遍设想的那样建立在这些倡议基础之上，那么它们对成员的限制问题就需要加以解决。①

总之，APEC经济体似乎"用脚投票"，投给了TPP路径。然而，正如任何基础设施项目一样，现场准备可能需要一些调整，以应对具体的挑战。下文将介绍两种推进FTAAP建设的前景。

TPP：通往亚太经济一体化的路径？

从一开始，TPP就是一个动态架构，从跨太平洋战略经济伙伴关系协定4国（简称P4，包括文莱、智利、新加坡、新西兰）发展到后来的12国协定，整个谈判过程都有新成员加入并且未来协定生效后也会有新成员加入。TPP设计师设想将最终的FTAAP建构在TPP协定的全面基础之上，未来其他APEC经济体加入协定要通过一个与参加世界贸易组织（WTO）相似的加入过程——即使这样做的先例还很少。TPP经济体表示这一协定将对APEC其他成员加入持开放态度，但是，具体程序尚待明确。

如前所述，TPP一经生效，未来"第二轮"扩员谈判的候选成员已经存在。印度尼西亚、菲律宾、韩国和泰国是将TPP从12国扩展到16国的主要竞争者。促使这些国家考虑加入TPP谈判的主要原因有二：TPP改革所带来的较大预期收益，以及不参加在贸易和投资转移方面所要付出的代价。

另一个正在仔细评估TPP优劣的贸易大国当然是中国。如果中国要求加入TPP，将会使TPP预期新成员增加到5个，总数达到17个——距离TPP全面覆盖APEC 21个经济体又近了一步。② 虽然中国现在仍在评估TPP将如何补充和加强2013年11月召开的十八届三中全会通过的国内改革，但广泛的共识是中国尚未准备好接受TPP规定的义务，尤其是那些涉及透明度和政府干预市场规定的内容。加入TPP，中国须极大地缩小其目前在自由化承诺上存在的差距。不管怎样，随着中国加深与东北亚贸易伙伴自贸协定谈判，包括目前正在与韩国进行的FTA谈判，中国正朝着这个目标不断取得进步。中

---

① 细节参见Jeffrey Schott, "Revisiting APEC's Membership Greeze," *Boao Review*, November 21, 2013。
② 目前，俄罗斯的加入尚成问题。但愿现有摩擦能够缓解，在未来几年中贸易关系得以正常化，所有APEC的成员均能参与FTAAP。

国愿意在WTO关键多边框架内——服务贸易协定（TISA）和信息技术协定（ITA）做出重要承诺也同样释放了重要的前行信号。①

如果中国愿意并能够在未来几年中加入TPP，显然，TPP标准将不仅成为FTAAP的标准，而且将成为全球贸易体系的标准。一个涵盖17国的TPP将对其他贸易伙伴形成难以抗拒的吸引力。这样，为鼓励那些最不发达非成员经济体（柬埔寨、老挝和缅甸）加入，接受TPP做出一些特别安排就变得相对容易。中国台北和中国香港与中国均已存在双边协定，可以按照它们加入APEC类似的方式加入TPP。但是，如果TPP所要求的高标准和改革被证明会成为构建整个APEC机制的突出障碍，那么就需要考虑制定一个框架协定，不需修改相关安排，以"软硬结合"的方式加入TPP和RCEP。

一种混合的方式

如果到2020年中国仍未加入TPP，可以结合TPP中"硬"的因素和亚洲区域贸易一体化方式中"软"的因素，选择一种混合的方式，作为通往FTAAP的路径。这样，作为一个混合协定，FTAAP将成为一个框架安排，既规定适用于TPP和RCEP成员之间的共同互惠条款，同时TPP更加全面和更具约束力的条款只在TPP签署成员中有效。重要的是，这样的安排可以加深美国和中国商贸关系，避免直接将中国吸收进TPP所产生的压力，同时也避免因适应中国而降低TPP成员间贸易和投资活力的损失。事实上，中美出于各自的政治目的和经济考虑，都会认为通过这样一个混合的方式实现FTAAP是十分有吸引力的。

那么，这样一个混合的亚太一体化协定涵盖什么内容呢？初步看来，中国最近一段时期在本地区发起的贸易和投资倡议值得仔细研究。未来介于TPP和RCEP之间的方式可能就是从现存的多个东北亚倡议中发展而来。韩国和中国已于2012年5月开始FTA谈判，2013年中、韩、日三方谈判也在并行推动。虽然，这些经济体之间双边或三边的协定所包含条款将不及韩美FTA（这一FTA在很多方面是TPP的基础）那么全面，但是在这两个截然不

---

① 参见 "Froman Says China ITA Stance Does Not Bode Well for TISA, Cites Other Factors," *Inside US Trade*, October 29, 2013, www. Insidetrade. Com(Accessed on March21, 2014)。

同的亚太区域一体化路径之间的广阔中间地带上，上述谈判可能产生某种协定。譬如，该协定部分先例可从RCEP尚在谈判的经济合作条款和TPP的环境章节中汲取。

结 论

TPP和RCEP成员国在并行的轨道上推进APEC经济一体化愿景，它们将相互促进，共同为亚太经济体加入更广泛的FTAAP做准备。即便如此，TPP似乎在制定经济一体化的重要先例方面具有先发优势，将在塑造通向FTAAP的路径方面发挥关键性作用。随着时间推移，会有越来越多的国家考虑逐步采用TPP规则有什么好处，需要何种调整。个中道理简单明了，采用TPP的"高标准"与未来国内经济改革是互补的，有利于提升整个经济生产力。通过这种做法，将创造更多贸易和投资新机会，同时提升经济制度和治理的质量。

当然，加入TPP意味着要坚持高标准和具有约束力的义务，限制使用政治上迎合民意的政策，事实上，这种做法已经减缓了中国以及其他经济体一体化的步伐。如果这造成了棘手的经济或政治问题，APEC成员应该考虑以混合的方式来建设FTAAP，使其成为一种统摄型协定，涵盖RCEP和TPP。

先发优势将是非常重要的，会促进各进程向TPP靠拢，使之成为区域经济一体化的主要平台。这在很大程度上取决于TPP谈判结束后是否能成功吸引并吸收新成员。如果中国在未来几年中决定加入TPP，将会增强TPP，使之成为FTAAP和升级世界贸易规则的样板。当然，就这一点而言，中美间的政治和经济气氛将会成为重要的约束（或推动）因素。

（贺熙琳　译）

韩国的区域经济一体化战略

韩国对外经济政策研究院 高级研究员

金三洋

韩国贸易自由化政策简介

韩国经济高度依赖贸易。如图1所示,2012年韩国的外贸依存度达到了73%。

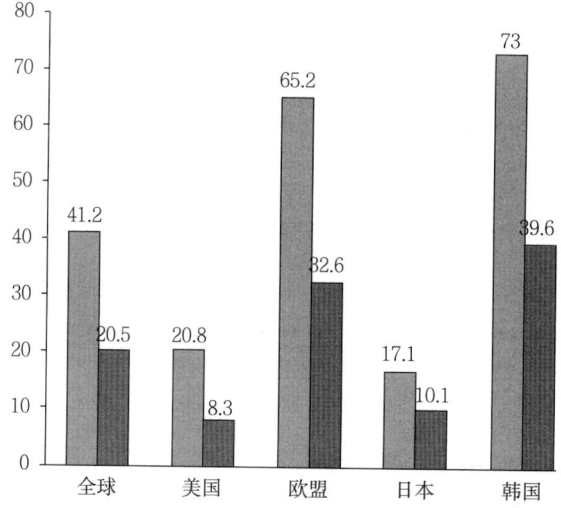

图1:外贸依存度与出口比例

外贸依存度 =（出口总额＋进口总额）/附加值总值

出口比例 = 出口总额/附加值总值

来源：Oh-Seok Hyun, "New Korea-US Economic Relations: Recommendation for a Mature Partnership," presentation file, 2013。

作为全球贸易自由化的受益者，韩国重视双边、地区、多边等各个层次的贸易自由化。面对复杂多变的经济环境，韩国的贸易政策始终坚持开放的、基于规则的多边贸易体系的原则，同国际社会一起努力推动完成多哈回合贸易谈判（DDA）。

韩国认为，自由贸易协定（FTA）和区域经济一体化（REI）是加快多哈回合谈判的补充性工具。因此，韩国对FTA持积极态度，这不仅仅是为了开拓国际市场，也是为了与其他经济体达成众多FTA从而确保市场准入。特别是，韩国在"10+3"、区域全面经济伙伴关系协定（RCEP）、跨太平洋伙伴关系协定（TPP）等区域经济合作中发挥引领作用，坚信这些区域经济合作是通往多边贸易自由化的途径。

本文接下来的内容如下：作为实现贸易自由化的策略，第二部分介绍了韩国为实现贸易自由化所采取的FTA战略及成绩。第三部分讨论区域经济一体化的重要性，并提出了实现一体化所需采取的战略。第四部分简要讨论了几个区域经济一体化谈判。最后一部分则从韩国的角度提出政策建议作为总结。

FTA战略

韩国的FTA战略

自2003年起，韩国积极参与FTA的谈判，并形成了自己的FTA战略。首先，韩国奉行多轨战略，同世界上其他国家同时展开磋商，并将数个协定同时放到桌面上以缓和政治对立。其次，韩国在内容上追求全面、高水平的FTA，同WTO规则保持一致，全面囊括了商品、服务、投资、政府采购、知识产权、技术标准等领域。其三，韩国通过推动国民共识获得公众对FTA的认可和广泛支持。

FTA路线图

韩国FTA路线图制定于2003年9月，并在2004年5月重新修订。这一路线图构成了韩国自由贸易协定议程的基础。在这一路线图基础上，韩国在FTA谈判过程中对目标经济体进行了分类。短期FTA伙伴包括日本、新加坡、东盟、欧洲自由贸易联盟（EFTA）、墨西哥、加拿大和印度。美国、欧盟、中国、南美共同市场（MERCOSUR）和东北亚等大经济体被视为中长

期FTA伙伴。海合会（GCC）、俄罗斯、澳大利亚、新西兰、秘鲁、以色列、摩洛哥、阿尔及利亚和南部非洲关税同盟被视为未来潜在的FTA伙伴。

韩国在FTA方面的成绩

自从2003年FTA路线图确立以来，韩国积极同其主要贸易伙伴开展FTA谈判。到目前，韩国已经同智利、新加坡、欧洲自由贸易联盟、东盟、印度、秘鲁、欧盟以及美国达成了FTA。韩美FTA签署于2007年6月，2012年3月15日正式生效。2014年4月8日，韩国同澳大利亚达成了一个期待已久的FTA；此前不足1个月，韩国结束了同加拿大的FTA谈判。

韩国目前正在同印度尼西亚、海合会、新西兰以及中国开展FTA谈判。韩中FTA谈判开始于2010年5月2日。需要特别指出的是，中日韩FTA谈判以及RCEP谈判也于2012年11月20日启动。

在开展正式谈判之前，韩国同南美共同市场、以色列、越南、中美洲、马来西亚、印度尼西亚之间已经完成或正在进行预备性谈判或联合可行性研究。一旦当前不利的经济政治环境与条件得到改善，韩国也会努力重启同海合会、日本及墨西哥悬而未决的谈判，争取有所突破。

表1：韩国的自由贸易协定

	伙伴国	生效日期
业已生效 （9个FTA，涵盖46个经济体）	智利	2004.04
	新加坡	2006.03
	欧洲自由贸易联盟	2006.09
	东盟	2006.06（商品） 2009.05（服务） 2009.09（投资）
	印度	2010.01
	欧盟	2011.07
	秘鲁	2011.08
	美国	2012.03
	土耳其	2013.05

续表

	伙伴国	生效日期
已签署	哥伦比亚	2012.06
	加拿大	2014.03
	澳大利亚	2014.04
谈判中	中国、印度尼西亚、新西兰、越南、中日韩、RCEP	
开展联合研究	中美洲、以色列、马来西亚、南美共同市场	
待完成	海合会、日本、墨西哥	

资料来源：http://www.fta.go.kr。

注：由作者本人整理。①

REI战略

韩国的REI战略

正如上文所述，韩国视区域经济合作为实现多边贸易自由化的途径。尽管双边FTA在考虑贸易伙伴所特别敏感的部门方面似乎更加有利，但双边FTA在服务贸易、投资等特定领域的自由化程度却很低。而REI则可以通过共同准则和日益增多的竞争带来更多的收益。首先，REI能够形成外部性和网络效应，因为参与网络的经济体收益多寡取决于参与网络的成员数量。此外，统一的和累积制原产地规则（ROO）有利于防止"意大利面碗效应"损

表2：FTA与REI之比较

	双边FTA	REI
排他性优惠（如市场准入）	有区别的关税减让	单一关税减让
非排他性议题（如规则、标准、条例）	相互承认	网络效应
原产地规则	双边（意大利面碗效应）	本地区统一/累积制

资料来源：Young Gui Kim, "Korean Perspectives on the Trans-Pacific Partnership", presentation file, 2013.

---

① 译者注：至2014年年底，韩—澳自贸区协定已生效，中、韩已完成自贸协定的实质性谈判。

害供应链。韩国的供应链已经遍布各个区域，可以分散生产流程从而发挥比较优势。

鉴于此，韩国将REI视为在各区域推动贸易与投资自由化和便利化的另一轨道，认为REI将最终强化多边贸易体系。

亚太REI

得益于域内包含众多快速增长的市场，亚太地区正成长为全球经济的核心。图2显示出2010—2015年这5年间东亚地区的经济有望增长7.2%。因此，这一市场蕴含着巨大的贸易机遇。面对这样的机遇，韩国热切希望通过与新兴经济体建立合作网络来延续本国的经济增长势头。

此外，亚太经济体间高水平的区域内贸易和投资产生强大生产网络，这有利于成员国的比较优势得到充分发挥。如图3所示，RCEP和ASEAN在亚太区域内的贸易份额已经分别占43.7%和24.2%。

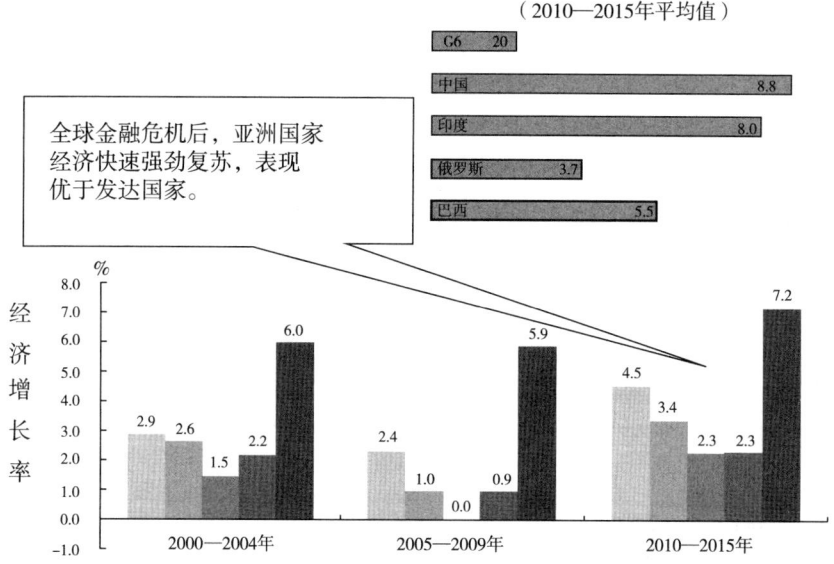

图2：经济增长率

注：G6包括美国、日本、德国、英国、法国、意大利，东亚指的是亚洲四小龙、东盟和中国。

资料来源：Young Gui Kim, "Korean Perspectives on the Trans-Pacific Partnership", presentation file, 2013.

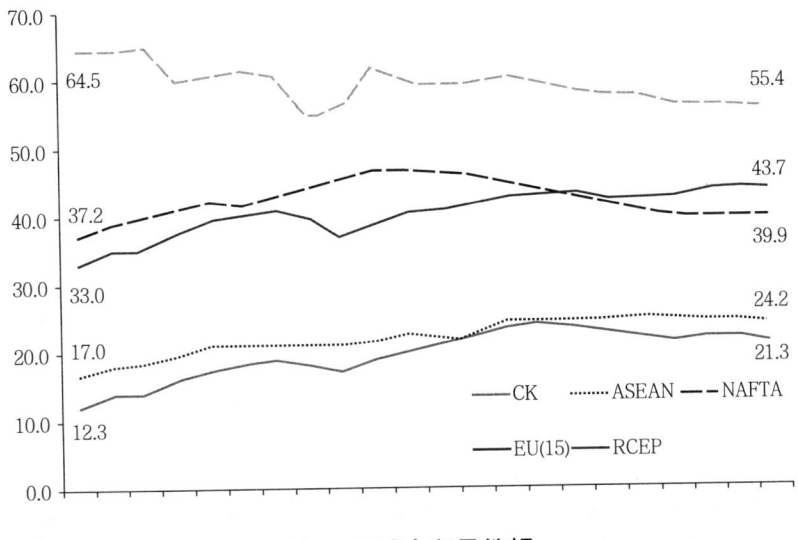

图3：区域内贸易份额

资料来源：根据国际货币基金组织2012年贸易统计数据整理。

现在韩国的眼光需要超越亚太，通过强化机制安排的角色为未来的繁荣夯实基础。REI可以通过法律框架确保事实上已经存在的一体化，成为经济持续发展的新驱动力。

进行中的谈判

中日韩FTA

1999年APEC领导人会议后，中国国务院发展研究中心、日本综合研究开发机构（NIRA）/日本贸易振兴机构亚洲经济研究所（IDE-JETRO）[①]、韩国国际经济政策研究所（KIEP）三个研究机构开始就中日韩三国之间建立一个FTA进行三边联合研究。自2003—2009年，三国进行了中日韩FTA的联合研究，并于2012年11月正式启动中日韩FTA谈判。2014年3月三方在韩国首尔进行了第四轮谈判。

中日韩FTA旨在建立东北亚经济一体化的里程碑。为建成全面的高水平

---

① 2009年，IDE-JETRO替代NIRA参与研究。

的FTA，中日韩FTA与WTO规则保持一致，平衡竞争利益，并允许考虑敏感部门。

韩国针对中日韩FTA战略是将其同现有的FTA以及RCEP联结起来，以提高一致性，避免"意大利面碗效应"。这就需要在谈判方式、原产地规则及海关程序上加强协调。

RCEP

2011年在印尼巴厘岛举行的第十九届东盟峰会通过了旨在以东盟为中心建立RCEP的框架文件。在2012年11月的东亚峰会上，东盟及其6个伙伴（澳大利亚、中国、印度、日本、韩国和新西兰）启动RCEP谈判。RCEP旨在在东盟成员与其自贸区伙伴之间建立一个全面的、高水平的、互利的经济伙伴协定。亚洲开发银行的斯里尼瓦萨·马度尔（Srinivasa Madhur）表示，"RCEP首要的任务是统一东盟所参与的各FTA的规则及其应用"。RCEP将在成员经济体之间深化经济一体化、支持公平的经济发展、加强经济合作。

东盟官网首页上写道："遵照2012年11月20日RCEP领导人关于启动RCEP谈判的联合宣言，以及2012年8月30日RCEP部长会议达成的关于RCEP谈判的指导原则与目标，RCEP谈判旨在：

● 达成一个现代的、全面的、高水平的惠及各方的经济伙伴关系协定，在本地区营造开放的贸易和投资环境，促进本地区贸易和投资的扩展，推动全球经济增长与发展；

● 立足于成员国间现有的经济联系，通过RCEP促进经济增长、推动公平的经济发展、推进经济合作、扩大和加深区域一体化"。

2013年，Yoshifumi Fukunaga和Ikumo Isono建议，RCEP应该引进一系列一致的原则，如统一的关税减让办法、对非关税壁垒清晰的定义和方法、用于制定具体原产地规则的通用规则、区域通行的贸易便利化与经济合作办法、服务业优先以加强东亚同全球生产网络的联系等。

鉴于韩国对区域内经济高度依赖、具有同发达经济体建立自贸区的丰富经验、在区域经济合作中处于中等大国位置，韩国将积极参与RCEP谈判。尽管韩国仍然追求同RCEP成员国建立双边FTA，并继续中日韩FTA的谈判，但韩国需要采取战略步骤，通过RCEP加深并充分利用东亚生产网络。韩国不应只把目光放在关税减让上。为了以东盟国家为生产基地，将产品打入中国市场，韩国应该同中国建立双赢关系，而非仅仅是竞争关系。

TPP

TPP起始于2003年新加坡、新西兰和智利三国关于亚太地区贸易自由化的构思。其时称为跨太平战略经济伙伴关系协定，2005年秘鲁加入谈判，2006年谈判结束。2008年3月，美国加入剩余的关于投资和金融服务条款的谈判。

这一跨太平洋的区域贸易自由化协议最终发展为TPP倡议。2011年11月12日，9个TPP经济体——澳大利亚、文莱、智利、马来西亚、新西兰、秘鲁、新加坡、越南和美国——的领导人共同推出了这一雄心勃勃的21世纪TPP的纲要。TPP将加强伙伴国间的贸易和投资，推动创新和经济增长，增加就业。随着加拿大、墨西哥和日本的加入，TPP 12个成员国正在着手制定贸易和投资规则。

一份美国国会研究报告将TPP描述为一个"全面的、高标准的"FTA，目标是实现几乎所有商品和服务的自由贸易，并超越WTO业已确立的承诺。报告认为"TPP有利于保证国内经济政策改革的长效性……TPP被视为美国亚太再平衡的重要一环……为应对21世纪贸易挑战需要一个更可行的多边贸易体系，而TPP可以为这一多边贸易体系添砖加瓦。"

2013年11月，韩国表达了加入TPP的意愿。关于韩国加入TPP谈判事，金三洋（Sangkyom Kim）2011年曾说道，"TPP的一个主要目标是通过整合大量交叉议题来确立全球贸易的新标准，一旦TPP成功建立，韩国所要承担的机会成本将是巨大的。"

总结：从韩国角度提出的政策建议

韩国立场是，保持与贸易伙伴缔结的每一个贸易协定的开放性，这是至关重要的。韩国认为，贸易自由化的最终目标之一是建立亚太自由贸易区（FTAAP）。作为通向这一最终目标的途径，目前正在进行的中日韩FTA、RECP和TPP谈判都是十分重要的。从韩国当前的政治经济形势来看，就加入TPP形成国民共识的条件已经成熟。在我看来，TPP可能发展成为塑造新的全球贸易规则的主要的规则制定进程，韩国需要加入其中。韩国应该不断为统一区域贸易安排献策献力。事实上，韩国既然有能力顺利开展与TPP成员国的双边磋商，韩国正式加入TPP后，也会让人们认识到，这一努力是值得的，这些重大的区域贸易安排将最终导向一个更为广阔的亚太共同体。

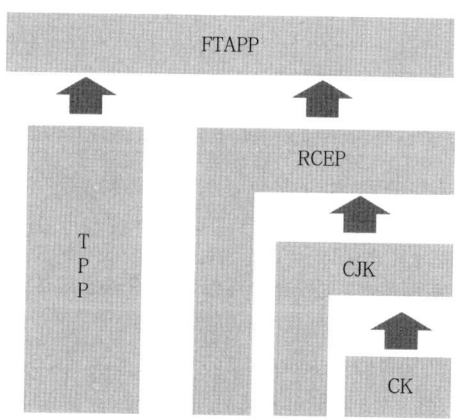

图4：新贸易路线图

资料来源：Younggui Kim(2013), "Korean perspective on the Trans-pacific partnership." Presentation material.

随着区域经济一体化谈判的深入，韩国将发挥孵化器作用以协调区域贸易安排，发挥骨干作用以促进亚太地区区域一体化。

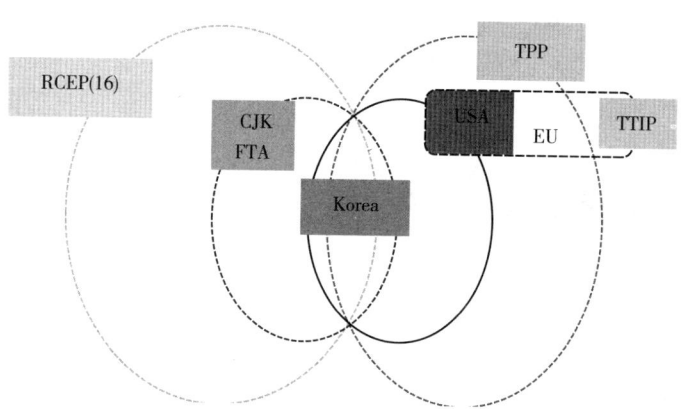

图5：韩国在区域经济一体化中的角色

资料来源：Younggui Kim (2013), "Korea-US FTA and Prospects of Korea-China FTA." Presentation material.

（杨子力　译）

如何在当前区域贸易谈判中推动世界贸易组织多哈回合谈判？

泰国曼谷大学泰国亚太研究国际学院研究员

威尼猜·差诚

2011年11月通过的《WTO部长级宣言》推出了《多哈发展议程及工作计划》，其内容涉及范围较广，包括谈判议题与非谈判议题。谈判议题包括农业、服务、非农产品（NAMA）市场准入、《与贸易有关的知识产权协议》（TRIPS）、贸易便利化、WTO规则、争端解决谅解（DSU）、贸易与环境。非谈判议题包括投资、竞争政策、政府采购的透明度、政策落实问题及关切、电子商务、小型经济体、贸易债务和金融、贸易与技术转让、技术合作与能力建设、最不发达国家与特殊和差别待遇。

该宣言规定，除争端解决谅解（DSU）之外，谈判的进行、结束与结果的生效应该被视为一揽子完成的任务中的若干部分。然而，"早期达成的协议可能在临时实施或按规定条件实施。"(WT/MIN(01)/DEC/1)

与此同时，自中国于第四届部长级会议加入WTO以来，WTO成员已从143个增至目前的159个。本应该在2005年结束或在4年内完成协商的WTO多哈回合谈判，已经历时了12年，但结束谈判仍然遥不可及。

在2009年12月的第七届部长会议上，多哈回合谈判原本有望于2010年年底结束。然而，当各方就非农产品市场准入模式与农业模式即将达成一致，谈判结束在即之时，不幸的是，两个成员在发展中国家实施农业特殊保障机制的进口触发机制门槛问题上存在分歧。在同一时期，在其他领域，如

服务、规则及贸易便利化方面的进展似乎即将到来。

会议达成了广泛的共识，数量不断增多的双边和区域贸易协定对多边贸易体制而言是一个问题，并需要确保这两种贸易开放的方式能够继续互相补充。有些成员支持将两种方式最终融合起来。然而，也有一些成员质疑将区域背景下提供的利益扩展到所有WTO成员的观点。

有成员建议，尽管WTO区域贸易协定透明度机制运作得相当不错，该机制仍存在改进空间，可使该机制永久化，重点完善不同区域贸易协定的共同要素，以及并对其进行年度评估（主席总结）。

在第八届部长级会议上，部长们意识到谈判处于僵局，而且并非所有多哈发展回合的要素都能在不远的将来同时达成。因而，成员们需要充分发掘不同的谈判方法，以使他们能够在一揽子完成的任务中的某些领域达成可能的结果。可以利用部长宣言做到这一点，它允许成员在协商一致的基础上达成临时性或有确定条件的协议，不必等一揽子完成谈判任务。

部长们看重发展的中心地位。许多部长强调了需要优先考虑关乎最不发达国家利益的议题，包括棉花。相当多的部长提及农业谈判中所有三大支柱的重要性问题。还有众多部长提到了贸易便利化、特殊与差别待遇、特殊与差别待遇监控机制和非关税措施。此外，他们还提到，要化解当前僵局就要使新兴市场和发达经济体之间的贡献与责任达到平衡。

同时，部长们指出了区域贸易协定数量的快速增长，并强调需要确保区域贸易协定补充而不是替代多边贸易体制。在这方面，许多部长着重指出，WTO需要解决区域贸易协定对多边贸易体系的系统性影响问题，还应该对区域贸易协定的趋势进行研究，并报告给第九届部长级会议(WT/MIN(11)/11)。

巴厘第九届部长级会议可交付成果

WTO计划于2013年12月3—6日在印度尼西亚巴厘岛召开第九届部长级会议。这次部长级会议将推动多哈回合贸易谈判走出目前关于可交付成果的僵局，特别是在三个主要问题上达成一致，即贸易便利化、一些农业问题和发展问题。

在会议前，谈判的时间表在10月份就已经被设计出来，以便在今年11月能为收尾工作做好准备。在这段倒计时期间，要完成对第九届部长级会议结果的现实评估。

贸易便利化

贸易便利化谈判始于2004年7月，其目标在于澄清关贸总协定条款，包括第5条过境自由，第8条与进口和出口相关的费用和手续，及第10条关于贸易法规的发布和管理等。

贸易便利化的最新草案是第16稿草案（2013），包括了关于规则的15个条款。第一部分明确规定，海关手续在诸多方面的细节及对发展中国家的灵活性。第二部分规定了WTO成员在三个门类下的执行时间表。列表A是立即遵守的规定；列表B是需要一些宽限期的规定；列表C是一些需要能力建设援助及其关于其他灵活性的规则，如，成员可以明确各自遵守的规则与时间表，允许在列表B与列表C之间的规则改动，延长宽限期及在争端解决谅解诉讼下请求和平条款。

然而，WTO成员在贸易便利化问题上仍然分为两个集团。第一集团由牙买加和多米尼加领导，代表了非洲、加勒比和太平洋国家和最不发达国家。它们要求在三个问题上获得灵活性，即a)对协议的实施给予财政援助；b)两年期限提交列表B要求的规则；c)3年半期限通知列表C程序，包括按列表C通知捐赠者与受益者之间的协议，向委员会明确，在临时基础上实施的时间表，以及最终实施通知。第二集团由美国等发达国家和一些不接受金融援助条件的发展中国家组成。这些国家认为，提议的时间表时间过长且不必要，此外，列表C要求下的实施程序太过复杂烦琐，包括直到第四年才明确实施时间表。作为技术援助的捐助者，它们希望提前得到实施时间表，而且可能倾向于列表B与列表C的灵活性程序能够在同一方向。

在贸易便利化文本中，仍然存在重大分歧亟待解决。在第一部分，我们可能会发现一些用来表达不同层次承诺的语言，如"可能、应当、努力"，等等。贸易便利化与其他关贸总协定协议之间的联系；信息保密，海关措施的定义和规则，如先行裁决、授权运营商、处罚和中转等。在第二部分，对于受益的发展中国家，我们有灵活性条件。如在每个列表中的通知时间表、在列表B与列表C之间的规则变化条件、将灵活性条件、语言和承诺水平及技术与资金援助联系起来等。

贸易便利化协议肯定会对大多数发展中国家产生影响，它们可能需要修改海关手续方面的法律、法规。能力建设，如技术和资金援助，可能是成功实施的关键。当然，发展中国家贸易额扩大的速度比发达国家的扩大速度更快。如果发展中国家能够履行WTO关于海关手续中法律和法规的最低标准，与发展中国家进行的贸易将更加方便，贸易额最终会以更高的速率扩大。

农业问题

关税配额管理的谈判已经进行到了一定程度，正如在草案模式修改稿4中进行了规定，这一成果注定是第九届部长级会议的早期收获。

关税配额管理的实质是在关税配额制度下，尤其为农业进口管理制定规则；如果空缺配额问题持续不断，并且贸易双方都进行了投诉，那么该问题需要解释，或在关税配额管理方法方面进行改变。

该问题由二十国集团提出，其他WTO成员没有明确的反对意见。农业特别会议委员会（COASS）主席随即将这个问题归为"非毒丸"问题。

出口竞争

二十国集团提出了在巴厘计划的出口竞争中实行首付。具体为，让发达国家修改它们的预算支出承诺，使其低于50%，补贴量承诺基于2003—2005年的平均水平。此外，出口信贷的还款期不得超过540天。

尽管美国与欧盟被赋予该项措施，它们仍然反对这一提议。美国希望将它作为讨价还价的筹码来与其他议题做交换。欧盟认为，该项提议只将美国与欧盟挑选出来，这违背了平行性原则。

粮食安全的公共储备：33国集团特别是印度尼西亚、中国和印度希望在第九届部长级会议早期收获中将粮食安全措施和发展中国家农产发展措施、不论市场价格如何从小型和贫穷的农户手中购买粮食用于粮食安全的公告储备等纳入政府服务项目或"绿箱"项目。发达国家反对粮食安全公共储备，因为它们将其视为发展中国家的个例，并不是发展中国家普遍存在而需要修改的问题，它们也不同意在"绿箱"计划中设置价格支持措施。

发展问题

特殊及差别待遇监督机制：自2002年以来，总理事会已决定建立特殊及差别待遇监督机制，此后该文本一直在贸易与发展委员会特别会议中协商，到目前为止正处于主席编译文本阶段。成员认为，监督机制应该是一个中立且务实的组织，以跟进特殊及差别待遇条款的实施，但成员对于监督条款授权是否应该添加或加强所包含的特殊及差别待遇条款，有不同意见。发达国家反对给予监控机制过于宽泛的授权。

目前，大多数成员在以下监控机制的形式上趋于达成一致：

监控机制不是依据特殊及差别条款的谈判机构；

监控机制的建议不应该对特殊和监控条款抱有偏见；

监控机制的任何建议都不能更改不同WTO协议所规定的权利和义务；

监督机制应该作为贸易与发展委员会的一部分运行，并被视为贸易与发展委员会的专用部分。

由埃及领导的非洲集团和获得中国和印度支持的由尼泊尔领导的最不发达国家集团，提出增加额外文本以增强监控机制的作用，使它成为所有议题的关键点，有权就加强对发展中国家有利的特殊差别待遇条款提出谈判建议。但发达国家如美国、欧盟、日本、澳大利亚和加拿大希望限制监控机制，只将它作为特殊差别条款落实的监控机构，而对于特殊差别条款修改问题，如《实施卫生与植物卫生措施协议》或者进口许可问题则留给技术委员会去考虑，因为贸易与发展委员会没有这样的技术知识和专长。

坎昆特殊及差别待遇协议的28条具体建议：在第八届部长级会议上贸易与发展委员会被指定对28条完善WTO协定的建议进行总结评估，这些建议早在10年前的坎昆会议上得到部长们的原则性同意。WTO秘书处草拟了矩阵表格形式的简报，通报了这些建议的状态。大部分的建议仍然有效，只有6个建议需要在《与贸易有关的知识产权协议》及免关税免配额问题上进行更新。代表最不发达国家的尼泊尔提议修改6条建议，但并未与美国进行正式磋商。据主席告知，一些成员希望就其余的22条建议进行磋商，以便对当前状况的含义形成共识。这不会被视为重开谈判，而且将由成员协商后才能决定。

大多数成员同意接受这些建议及晚些时候被替代的6条建议的完善意见。

最不发达国家议题

免关税/免配额：2005年在中国香港，WTO部长级会议决定给予最不发达国家免关税/免配额待遇，为此发达国家要给予最不发达国家出口免关税/免配额待遇至少97%的关税细目，其他发展中国家一旦准备好也要这样做。

过去，一些成员已经给予了最不发达国家免关税/免配额待遇，比如，日本（98%的关税细目/99%贸易价值），瑞士（全部），欧盟（除武器之外的全部关税细目），印度（85%的关税细目/92.5%贸易价值），韩国（80%的关税细目，后期还会增加），巴西（80%关税细目），中国（在最初阶段为

60%的关税细目,将会对那些建立外交关系的国家增加至95%的关税细目)。

代表最不发达国家的尼泊尔于2013年5月31日向贸易谈判委员会提交议案并作为巴厘计划中的一部分。对于发达国家而言,该议案明确了发达国家实施免关税/免配额承诺的确切时间,并要求其他发展中国家对最不发达国家的免关税/免配额比例要达到97%。

由于除美国之外,所有发达国家都履行了免关税/免配额承诺,最不发达国家要求将免关税/免配额包括在巴厘计划中。为了说服国会并获得免关税/免配额的批准,美国要求主要发展中国家也要给予最不发达国家免关税/免配额待遇。

美国以一揽子完成多哈回合谈判为条件,将其免关税/免配额比例从82.5%调高到至少97%,不发达国家小组委员会将就此议题另议。

原产地规则:最不发达国家的代表尼泊尔于2013年5月31日提交了一份建议,根据免关税/免配额计划,按原产地规则估算本地内容比例,就好像产品经过分类后,利益方的游说就会出现,也因此产生不透明性和贸易扭曲。

这个问题是最不发达国家计划的一部分,将与其他支柱联系起来。如果其他支柱得不到支持,最不发达国家计划可能会落空,因为这是其单边要求。在谈判中,其他成员可能会向最不发达国家寻求澄清其建议的范围。

棉花:C-4(贝宁、布基纳法索、乍得和马里)长期以来提出要对棉花实施比其他农产品更大幅度的短期国内农产品补贴削减政策,目前此建议将要包括在第九届部长级会议早期收获中。C-4提出了相同的文件,TN/AG/GEN/32和TN/AG/SCC/GEN/32作为第九届部长级会议的基础,考虑更新文本,并宣布在新定义和更多技术援助条件下,暂停棉花补贴。这一提议没有得到其他成员的明确支持。

最不发达国家服务豁免:第八届部长级会议批准决定,对最不发达国家实行15年贸易优惠服务豁免政策,但不含互惠。成员可以自己定义给予最不发达国家的贸易优惠范围和条件,但必须向CTS告知此项承诺。

《与贸易有关的知识产权协议》

延长最不发达国家的过渡期:《与贸易有关的知识产权协议》第66条第1款给予最不发达国家10年的过渡时期,为遵守2006年1月1日结束的协议,该期限延伸至2013年7月1日。第八届部长级会议要求《与贸易有关的知识产权协议》理事会应该充分考虑最不发达国家延长过渡期的要求。此外，依照多哈《与贸易有关的知识产权协议》和《公共卫生》宣言，《与贸易有关的知识产权》理事会于2002年给予过渡期，直到2016年1月不必遵守最不发达国家在药品专利方面的协议。

于2012年11月6—7日进行的《与贸易有关的知识产权协议》理事会会议上，海地代表最不发达国家要求理事会考虑将过渡期延长至2013年7月结束，并提出额外请求，即

只要成员仍为最不发达国家，没有新过渡期的结束日期；

没有"非反复"条款；以及

过渡期和技术援助之间没有联系。

发达国家与最不发达国家可以达成双方都能接受的协议，2013年6月11—12日召开的《与贸易有关的知识产权协议》理事会会议同意将8年的过渡期延长至2021年，并削弱"非反复"条款及进行无条件技术援助。(JOB/IP/8)

暂停《与贸易有关的知识产权协议》非违反条款及情况投诉：根据1994年关贸总协定第23条第1款，如果在WTO承诺下，它所带来的任何直接或间接好处无效或者有损WTO承诺，即便它没有违反协定，WTO成员也有权向WTO投诉。然而，《与贸易有关的知识产权协议》的第64条第2款已经放弃了关贸总协定1994第23条第1款(b)和(c)关于"非违反"及5年情况投诉的内容，该协议的第64条第3款指导《与贸易有关的知识产权协议》理事会去考虑范围和形式并向部长级会议提起建议草案。该禁令被多次部长级会议（2001年、2005年、2009年和2001年）和总理事（2004）延长，并指导《与贸易有关的知识产权协议》理事会考虑范围和形式，并向下一届部长级理事会提出建议。与此同时，成员不可提出"非违反"和情况投诉（第八次部长级会议的决定-WT/L/842）。

几乎所有WTO成员（发达国家和发展中国家，包括最不发达国家）均推动长期不在《与贸易有关的知识产权协议》框架下使用"非违反"和情况投诉，或者延长暂停令。只有两个成员，即美国和瑞士推动遵循在《与贸易有关的知识产权协议》下争议解决，实施"非违反"和情况投诉。

关于修订《与贸易有关的知识产权协议》的议定书：《与贸易有关的知识产权协议》修改议定书(WT/L/641)由总理事会于2005年12月6日批准。该议

定书使贫穷国家更容易地获得更便宜的专利药品的仿制版本,不用考虑《与贸易有关的知识产权协议》中可能会阻碍在强制许可条件下生产药品的出口条款。

然而,如果得到2/3的WTO成员(103个成员)的批准,该议定书将开始生效。目前,该议定书需要另外34个成员的批准。批准的时间期限在2007年、2009年和2011年的三次总理事会上获得延长。最后的时间为2013年年底(WT/L/829)。WTO秘书处认为,这种灵活性不会产生额外的承诺,也就不会产生国内法律的修正案,因此敦促成员国批准。相反,一些成员发现国内专利法需要修正,以遵守这样的协议,这样也许还需要进行议会程序的时间。

非农业市场准入

《信息技术协议》扩大版:从1996年到现在,WTO的48个成员加入了《WTO信息技术协议》,覆盖了97%的世界贸易。该协议是诸边协议的形式,但最惠国待遇适用于所有WTO成员国。该协议成员发起新一轮的谈判以取消更多信息技术产品的关税,达成谈判的时间为2013年7月,并作为第九届部长级会议结果。

目前,有25个WTO成员正在谈判,即美国、欧盟、日本、韩国、中国台北、瑞士、哥斯达黎加、加拿大、挪威、中国香港、澳大利亚、新西兰、中国、马来西亚、新加坡、菲律宾、泰国、以色列、克罗地亚、毛里求斯、土耳其、黑山、萨尔瓦多、冰岛和危地马拉。

尽管成员打算按照时间表结束谈判,但它们仍然在一些产品组合上有不同立场,如消费类电子产品、电气设备、医疗设备,等等。此外,它们正在准备自己的敏感列表,于2013年6月前与其他成员进行交流,该会议的最后谈判阶段在2013年7月结束。

其他议题

电子商务:这一主题最初于1998年第二届WTO部长级会议进行过讨论。主要的问题在于,是否将实际交付的产品与电子交付的数字化产品作为商品或服务进行分类。商品或服务之间形成的差异在于以下几方面:

如果是商品,关贸总协定的最惠国和国民待遇原则将得以应用,且不含禁止或定量限制,但其进口关税可能会按照其义务应用,并受其他协议,如贸易救济措施、补贴、技术性贸易壁垒和原产地规则等约束。

如果算作服务,根据《服务贸易总协定》,成员可以要求最惠国豁免、

限制市场准入和国民待遇。然而《服务贸易总协定》并没禁止进口或进口关税条款，但有6条市场准入规定，如，外资参股、市场准入、服务提供者的数量、服务类型、外国劳动力服务价值及数量等。

由于成员没有对它们是否属于商品或服务得出结论，因而在如何对待IT产品方面，尚无明确的说明与指南。

在以往和上一次WTO部长会议上，通过起草电子商务及暂停对电子交易征收进口关税的工作计划的方式，电子商务被提到议事日程。会议决定是：

实施电子商务工作计划，如技术援助和电子商务可访问性的能力建设等。

由于成员们尚未得出结论，将暂停对电子交易征收进口关税做法的时间延至下一次部长级会议。

欧盟、澳大利亚和新西兰等发达国家支持这一工作计划，其他成员也没有提出任何反对意见，但古巴和其他一些国家希望该工作计划能够更加清晰。

加入WTO:2012年黑山共和国、萨摩亚、俄罗斯和瓦努阿图分别加入WTO，成为其第154—157个成员。2013年2月2日,老挝已成为WTO的第158个成员，2013年3月2日,塔吉克斯坦成为第159个WTO成员。

还有许多"入世"程序正在实施，并已取得了很大进展。2013年将重点讨论2个最不发达国家和4个非最不发达国家（即塞舌尔、哈萨克斯坦、波黑和塞尔维亚）的"入世"问题。

这6个国家的集中加入是否能成为第九届部长级会议的可交付成果，还要取决于入世国与感兴趣成员之间的谈判结果所取得的进展。部长级会议之前,我们能够更清楚地了解入世谈判的进展，知道哪些成果可以在下一次部长级会议上交付。WTO成员重视并努力推动加入WTO进程，对最不发达国家入世的双边谈判给予特别的灵活性。

区域贸易协定谈判对多哈发展议程的贡献

多哈发展议程作为一揽子承诺的达成需要159个成员的一致同意，其难度可想而知。由于多哈回合谈判停滞时间太久，成员们必须着手采用不同的方法，比如次序法。成员正试图集中精力，在争议最小的，具有可行性和可交付性的贸易便利化、发展和一些农业问题上达成一致。这样的协议将为成员提供动力去进一步处理更困难的问题。如果成员在巴厘岛未能这样做，那么多边贸易体制在推动多哈发展议程方面将陷入困难，也许不得不满足于管理现有的协议、争端解决机制和贸易政策审议机制。

相反，区域贸易协定的参与方数量是有限的，但谈判的问题范围很广。在不久的将来，在与发展中国家，特别是最不发达国家建立信任进程后，多哈发展议程所处理的议题将得到扩展，从而包括《部长宣言》中的授权的所有议题。一些地区自由贸易安排正处于扩员过程之中，方式有制定新协定，如跨太平洋伙伴关系协定；扩大现有的协定，如欧盟；联结已有的协定，如《泰日经济伙伴协定》和《日本—东盟全面经济伙伴关系协定》，以及合并已有协定等。

区域贸易协定不受WTO的最惠国待遇约束，但遵守WTO相关协议的条款所列的条件。当其成为规则时，大部分的区域贸易协定通常会比照适用WTO规则。然而，区域贸易协定可以采用更高的标准或建立增加值更大的机制，譬如建立联合委员会来解决它们之间诸如《实施卫生与植物卫生措施协议》，技术性贸易壁垒等问题，或也可以覆盖更广泛的议题，如投资、环境和劳工。

WTO秘书处宜保留区域贸易协定各方在诸多议题上承诺的记录，并分析它们在这些相关承诺上能走多远。WTO秘书处可以像它们就非农产品市场准入所做的模拟那样，在就每个议题的谈判结束之后，向成员们确保结果。如果这种区域贸易协定的承诺能够以任何可能的方式，譬如我们设计出的这种联结方式，通过最惠国待遇在WTO普及，那将是非常理想的。

区域贸易协定在规则方面不能代替多边贸易体制，尤其在农业、贸易政策审查和争端解决机制方面，其有效性不及WTO，但是它们仍可以成为多边贸易系统的补充或者垫脚石。既然WTO花费了很多时间制定新规则，研究现代贸易议题，也许区域贸易协定可以更及时地应对快速变化的贸易环境，这种快速变化体现在诸如电子商务、无纸化交易、全球供应链、消费者保护、投资、竞争政策、政府采购、贸易与金融、贸易与技术等领域。

（石磊　译）

亚太合作日程：
从区域合作向全球领导角色转变

美国夏威夷东西方中心主任

查尔斯·E.莫里森

APEC成就与挑战

当APEC庆祝成立25周年时，本地区和世界已发生了巨大变化。自1989年以来，大多数亚洲发展中国家尤其是中国取得了显著的经济增长；通过减少政治和监管障碍联动，生产链和供应链兴起，地区一体化进程获得了长足的进步；地区机构以及更加自由的贸易和投资安排如雨后春笋般涌现。本地区对各种机构包括国际组织展示具体成果的呼声也越来越高，在这样的背景下，有些人质疑本地区取得的成就中是否真的有APEC的什么贡献。

事实上，不管用哪一种方式都很难将APEC这个组织与这些成果挂钩。即便是减少贸易壁垒也与茂物目标关系不大，而更多的是得益于各方履行对WTO的承诺、谈判达成的协定，或者单方面义务。然而，该地区发生的各种积极变化又是与APEC密不可分的。毫无疑问，部长级会议和领导人会议的先后定期举行为国际互动和一体化提供了积极的氛围。在APEC出现之前，亚太地区并没有这样的会议机制；区域合作根本就没有，或者仅限于次区域或高度专业化的组织，谈不上涵盖广泛的区域利益和利益融合；亚太在全球问题上的参与是零散和不连贯的。①

相比公众或者对政治和政策更为敏感的利益攸关者，APEC的成就对外交和贸易部官员来说更为显而易见。APEC已被证明是本地区领导人会晤的有效平台。APEC帮助强化了一些常识，如国际经济准则、价值观，坚持国际贸易体系。APEC为那些对WTO体系不甚了解的经济体提供了一个更好地理解国际贸易体系规则、义务及福利的平台。

尽管作为自愿、非约束性的合作组织，APEC并不是一个自由贸易区正式谈判的机构，然而此类自贸协定的灵感却是和APEC进程不无关系的。贸易与投资的自由化是20年来APEC不懈追求的目标。今天，本地区的所有经济体几乎都在进行着一项或者几项主要的自由贸易谈判——跨太平洋伙伴关系（TPP）、区域经济合作伙伴关系（RCEP）、太平洋联盟（PA）。尽管APEC本身并不是一个规则制定机构，但它强化了各经济体遵守国际规范和规则意识，并在次区域及多边层面倡导了更为自由的贸易规则制定。

美国加入东亚峰会（EAS）之后，APEC不再是唯一的跨太平洋组织。如果我们认为APEC和EAS是跨太平洋合作和一体化进程中两个互补的机构，那么这个进程在未来数十年中面临着两个严峻的挑战：这个进程能否有效地促进域内各经济体的国际合作，应对众多持续存在且不断深化的挑战？或许更为重要的是，亚太区域能否在全球体系中起到领导作用？

以亚太为核心的全球世纪

东亚、东南亚和南亚人口超过全世界总人口的一半，两个世纪以来将首次快速地重新获得在世界生产总值中的相同份额。尽管存在周期性变化，以及由于赶超式发展结束和人口老化，较为发达的亚洲国家长期看增速下降，但是有许多理由相信，亚洲在全球体系中将继续保持相对上升态势。个中原因包括人力资本提升、经济一体化深化、技术跨越式发展以及中产阶级的增长等。根据有多种实力元素构成的综合指数，美国国家情报委员会预测，中

---

① Charles E. Morrison, "Four Adjectives Become a Noun: APEC and the Future of Asia-Pacific Cooperation," in APEC at 20: Recall, Reflect, Remake, eds. K. Kesavapany and Hank Lim (Singapore: Institute of Southeast Asian Studies, 2009), 30.

国21世纪中期将小幅度超过美国，成为世界上最强大的国家。① 虽然中国和印度的实力和影响力将持续上升，亚洲整体分量也在增长，但是在未来的国际体系中没有一个国家能够拥有美国在20世纪后期所拥有的影响力。

亚洲崛起引发"亚洲世纪"的猜测。随着权力持续扩散，下一个世纪更有可能成为一个全球世纪。然而，国际体系的核心将是跨太平洋区域，因为这里占有世界大部分的经济实力并在进一步制定未来国际规范与规则和深化合作方面具有领导潜力。从这个意义上看，我们或许可称之为"亚太世纪"。现在产生两个问题：人口占全球总数较小、全球产品的份额下降（不足25%）的北美依然重要吗？太平洋两岸的国家真的能有效地使用它们的实力，发挥全球领导作用吗？第一个问题的答案为"是"，第二个问题的答案取决于具体情况。

北美的角色不是简单地建立在人口和经济规模基础之上，还建筑在美国社会的创新活力之上。这种活力因新移民而不断得到充实，因商界、政府和学术界之间独特互动而形成的企业家文化——硅谷就是一个典型的例子——而不断得到充实。美国和加拿大不但不会摒弃其作为国际"大熔炉"的历史渊源，反而会继续对高水平和日益多样化的移民持开放态度，从世界各地引进人才。据推测，如今在美国3.1亿总人口中在外国出生的人数为4580万，为一个世纪以来的最高比例。② 加拿大的这一比值更高，总人口数为3000万，在外国出生的人数达到730万。移民不但有助于美国继续保持高等教育、先进研究和前沿技术的全球中心地位，同时也防止美国向"孤立主义"倒退。美国很可能会继续提供全球公共产品的主要份额，特别在国际安全、灾难救援和金融系统等领域。

第二个问题关于亚太区域是否会承担起全球领导作用，这取决于一系列因素，并值得更多的关注。这只是一种可能，并非板上钉钉。要成为有效的核心领导区，本地区需要满足以下一系列条件。

一是各经济体需要成为稳定和安全的单位，能参与合作，坚持国际承诺。这点看起来是正面的。尽管遇到了许多挑战，区域内大多数经济体治理

---

① 美国国家情报委员会，"Global Trends 2030: Alternative Worlds," Washington, DC, December 2012.

② 联合国经济和社会事务部 "Trends in International Migrant Stock: The 2013 Revision," http://esa.un.org/unmigration/TIMSA2013/migrantstocks2013.htm。

质量得到了持续改善。二是区域内各社会以及跨政府组织之间需要构建和谐与合作的国际关系，制定共同的价值观、规范和行动计划。这点目前存疑。如果领土争议持续，会转移应对重大地区和全球问题与挑战的注意力和资源，那将限制本区域发挥全球作用。只有通过在亚太地区加强大家庭意识建设，本区域才能成为世界和平与秩序建设的有效力量。三是需要继续加强一体化进程和互联互通建设。这是APEC进程的关键目标，目前正在做。从贸易量来说，亚洲主要经济体一体化程度要高于北美，几乎和欧盟持平。持续开展这一进程，并改善区域内交通和通信方面的互联互通，将成为亚太持续增长的重要力量。四是区域内各经济体需要通过利用国内社会全部资源，实现国内的包容性。APEC包容性增长的目标从这个角度来说是重要的，对促进实现"稳定和安全的单位"这一首要目标也是重要的。五是APEC经济体要具有国际包容性，也即考虑区域外国家敏感问题和利益。最后，本区域需要建立知识、政策和教育中心，来开拓创新政策思路，培养拥有区域和全球视角的领导力。正如欧洲需要扎根于欧洲各民族并敏于感知欧洲机遇和挑战的人才一样，亚太地区也需要此类拥有广泛的区域视角和全球知识的人才。

最后一项要求是教育必须成为APEC工作议程中的重要目标。作为本书[①]的主要议题，APEC经济体之间应该相互学习彼此经验，同时必须努力建设各种网络，将对区域和全球历史与挑战以及对解决问题的理想途径有着类似看法的人员联合起来。留学生、合资企业、跨国教育项目的流动性日益增大，可有助于建立这类网络，建立一个真正的亚太区域领导教育中心也可促进这一目标的实现。

APEC的超级议程

APEC在25年之际遇到了哪些挑战？这本集子的撰稿人无疑会提供许多具体且有用的思考方向。以下将侧重讨论正在形成的与全球议程相关的长期的区域挑战。

第一个挑战，也是应对其他挑战的基本条件，是加强区域的国际合作关系。面临这一挑战，需要解决历史问题，并且专注于APEC大家庭共同关心

---

① 指的是《亚太地区一体化新进展及未来发展方向》。

的问题。在过去，APEC和其他区域机构总是被用于为地区紧张局势降温，向民众保证领导人一直保持接触。但在最近几年，领导人未再将APEC用作此途，这可能导致地区误解和紧张局势。

第二，无论在亚太地区内，还是在亚太区域与全球系统中或其他区域系统之间，都存在着架构问题。任何一个机构，包括APEC在内，都没有特别的理由需要在目前的形式或名称下存在下去。从长远看来，重要的是，亚太合作和经济一体化进程持续进行。目前，包含不同元素的区域合作制度化架构仍未完成。东亚峰会以东盟为基础，侧重政治安全问题，而APEC议程则侧重社会经济议题，有必要厘清二者之间的关系。合作的破碎化为不同的进程，尽管暂时是必要的，但仍然影响了政治关注和承诺。此外，需要填补次区域合作架构的建设。东南亚、大洋洲和美洲之间有着良好的合作，而东北亚和北太平洋地区的合作相当有限。

第三，APEC应该在其经济体范围内扩大利益相关者的群体，并且更有力地展示其有效性以及作为一个整体为各经济体所带来的好处。在大多数情况下，对APEC的了解和兴趣仅局限于官僚机构。正如APEC只有一个顾问委员会，即APEC工商咨询理事会所表明的一样，APEC与非政府部门的联络多数是与工商界打交道。虽然工商界是APEC服务的基本部门，但是要推进区域一体化进程，还需要与国会议员，甚至地方政治人物，以及非政府组织建立平行联系。这样的参与确实存在，但通常只限于APEC核心事务的外围。

第四，众所周知，亚洲和太平洋的部分国家面临着全世界最严重的人口、环境和健康挑战。如果APEC能够在这些领域创造合作模式，它们会很自然地将亚太地区推到全球领导地位。例如东北亚，有些地方的人口出生率是全世界最低的。日本和俄罗斯人口已经下降。许多APEC经济体的城市化达到了高水平或者正以高速度进行。如何将新市民融入城市社区，为他们提供强大而公平的服务，同时保持农村地区的活力，不仅仅是关系他们自身的重要问题，还牵扯到了社会的整体福祉以及国际合作的质量。随着人口密集度上升，以及快速变化的饮食和生活方式，亚洲还面临着许多健康和环境挑战。尽管医疗方面在其他论坛中得到了很好的处理，一般健康政策仍是APEC合作中正当和重要的课题。对所有经济体来说，资源可持续利用和环境议程已经成为一个尖锐的问题，正如中国领导人誓言，要高度重视，提供清洁空气和水。然而，关于这方面的亚太地区合作议程还有待开发。最后，如上文所述，APEC应该更多关注教育议程，培养本地区的人民，使他们能够建设21世纪经济，挑起全球领导责任，这一任务尤为重要。

政治引领者

增强APEC合作，加强亚太地区对全球的领导力，最终将由政治领导人（特别是来自大经济体）的水平、想象力和关注度所驱动。没有这样的领导，合作模式就会僵化和官僚化，进步就会缓慢。不幸的是，如今领袖的注意力总是集中在层出不穷的复杂的国内治理问题上，被动式应对而非积极主动解决外交政策问题；但我们有一些新的区域领导人正用新的眼光看待APEC和更广泛区域的一体化进程。或许这一群新的区域领导人可以有助于构建一个新的、可行的亚太梦想。

（李子昕　译）